कालजयी नारियाँ

कालजयी नारियाँ

जवाहर सिंह गंगवार, एडवोकेट
गीता सिंह

राधा पब्लिकेशन्स
नई दिल्ली-110002

संस्करण : 2017

ISBN : 81-7487-680-5

ISBN 81-7487-680-4

9788174876805

राधा पब्लिकेशन्स

4231/1, अंसारी रोड, दरियागंज,

नई दिल्ली-110002

फोनः 23247003, 23254306

Email : radhapublications@rediffmail.com

Website : www.radhapublications.com

श्री नितिन गर्ग द्वारा राधा पब्लिकेशन्स के लिए प्रकाशित तथा
एशियन ऑफसेट प्रिंटर्स, मौजपुर, शाहदरा, दिल्ली में मुद्रित।

Kaaljay Nariyan

by Jawahar Singh Gangwar / Geeta Singh

कीर्तिशेष माँ सरोजादेवी
एवं
विश्व की अनेक संघर्षशील सन्नारियों
को
सादर समर्पित

मंगलाशा

हजारों साल से नारी को सामाजिक उपेक्षा, तिरस्कार व अपमान का सामना करना पड़ रहा है। आज भी नारी की स्थिति संतोषजनक नहीं है। सही मायने में आंकलन किया जाए तो नारी की स्थिति दलितों से भी निम्न स्तर की है। पहले पिता, भाई, पति तथा बाद में बेटे द्वारा ताने व उलाहने सुनना नारी की नियति बन गयी है।

आज नारी के उत्थान का युग शुरू हो चुका है और देश में नारी सशक्तिकरण की चर्चा जोरों पर है। जीवन के प्रत्येक क्षेत्र– धर्म, विज्ञान, साहित्य, तकनीक तथा खेल कूद के क्षेत्र में नारी प्रगति के उच्च सोपान छू रही है।

श्रीमती गीता सिंह ने अपने अधिवक्ता पति श्री जवाहर सिंह गंगवार के साथ मिलकर 'कालजयी नारियाँ' लिखकर उत्कृष्ट कार्य किया है, जिसकी मैं भूरि-भूरि प्रशंसा करती हूँ। जीवन के प्रत्येक क्षेत्र में संघर्षरत नारी को पुस्तक से निश्चित रूप से मार्गदर्शन प्राप्त होगा। लेखक द्वय के भाव न केवल गम्भीर हैं बल्कि प्रभावोत्पादक भी हैं। पुस्तक अंधकार में भटक रही नारी जाति का पक्ष आलोकित करेगी, ऐसी मेरी कामना है। कालजयी नारियाँ मात्र एक ग्रन्थ नहीं वरन् एक साहित्यिक सद्भावना यात्रा है। पुस्तक के प्रभाव से नारीदमन की सियासत धराशायी होगी, ऐसा मेरा विश्वास है। मैं पूर्णतया आश्वस्त हूँ कि इस प्रकार के साहित्य से रोज-रोज की खबरों– महिलाओं के साथ दुष्कर्म व छेड़छाड़, कन्या भ्रूण हत्या, दहेज हत्या में कमी आएगी। महिलाएँ अपनी सुरक्षा स्वयं करने में समर्थ होगी तथा समाज में नई उम्मीदों का जन्म होगा।

आदरणीय गीता जी व श्री जवाहर सिंह गंगवार ने समाज में व्याप्त लैंगिक विषमता को समाप्त कर नारी जाति को बराबरी का दर्जा देने हेतु श्रमसाध्य कार्य किया है। नारी कल्याण हेतु क्रान्तिदूत की भूमिका का निर्वाह करने के लिए लेखक द्वय को अनेक साधुवाद। मैं लेखक द्वय को एक बार पुनः इस महत्वपूर्ण

ग्रन्थ के लेखन के लिए हार्दिक बधाइयाँ प्रेषित करती हूँ तथा भविष्य में सतत् प्रभावी व विचारोत्तेजक लेखन के लिए मंगलकामनाएँ।

सरीन उपचार केन्द्र
लोहाई रोड़, फर्रूखाबाद

डॉ. रजनी सरीन
संस्था प्रमुख-अभिव्यंजना
साहित्यिक सांस्कृतिक संस्था फर्रूखाबाद
तथा पूर्व अध्यक्ष उ.प्र. हिन्दी साहित्य सम्मेलन

प्राक्कथन

भारत में आज 'दलित विमर्श' और 'स्त्री विमर्श' पर खूब चर्चा हो रही है और दोनों विमर्शों का अतिवादी दृष्टिकोण सामान्य व्यक्ति को पचता नहीं है। यद्यपि इन विषयों पर विस्तृत चर्चा करने की अपेक्षा है और चर्चा होनी भी चाहिए; क्योंकि न जाने कितनी सदियों से नारी और दलित समाज को तिरस्कृत, उपेक्षित और अकारण अपमानित किया जाता रहा है। दलितों के साथ किया जाने वाला व्यवहार तो बद से बदतर था। सवर्ण का पानी जानवर से छू जाए तो कोई बात नहीं, दलित से छू जाए तो अपेय हो जाता था और तो और जमीन पर चलने पर उनके पगचिह्न भी सवर्णों को अपवित्र कर देते थे। अमानवीयता की हद थी। स्त्री तो उपभोग की सामग्री मात्र थी। अवगुणों की खान, आठ विकारों से युक्त और सुमार्ग की बाधिका थी। यद्यपि सिद्धान्त रूप में हमारे विद्वान मनीषी 'यत्र नार्यस्तु पूजयन्ते' कहकर नारियों की महानता के कसीदे पढ़ते चले आ रहे हैं; पर व्यवहार पक्ष कुछ और ही था। नारी पति को परमेश्वर मानकर उसकी सेवा करे, पतिव्रत धर्म का पालन करे, उस पर भी पति की प्रताड़ना सहे, पर मुँह से कुछ भी न बोले, बोले तो कुल्टा, कुलकलंकिनी की पदवी से विभूषित हो। घर की चारदीवारी में बन्द रहे, परदे और अवगुण्ठन में चेहरे को छिपाए रहकर कुण्ठा का शिकार बनती रहे, पुरुष की यही नियत थी। नारी के समान अधिकार की बात करना तो बेमानी ही होगी।

आज समय परिवर्तित हुआ है, समाज बदला है, कुहाशापूर्ण रात्रि बीत चुकी है, नया सवेरा हुआ है। सोते हुए नारी समाज ने आँखें खोली हैं। सूरज का खुला प्रकाश, स्वछन्द वातावरण उन्हें भी अच्छा लगने लगा है। आज वह घूंघट और परदे को हटाकर घर की चारदीवारी लांघकर घर से बाहर निकली है। अपने अधिकारों के प्रति उनमें भी चेतना जागृत हुई है। अब वे पुरुषों के पौरष को ललकारती हैं। प्रत्येक क्षेत्र में स्त्रियों ने अवाधगति से प्रगति की है। चाहे वह क्षेत्र राजनीति का हो, समाज का हो, धर्म का हो, साहित्य का हो, विज्ञान का हो, साहसपूर्ण कार्यों का हो, सभी क्षेत्रों में नारियों ने अपनी जबरदस्त उपस्थिति दर्ज

की है। अब वे किसी के तिरस्कार या उपेक्षा को सहन करने को तैयार नहीं हैं, होना भी नहीं चाहिए। यद्यपि पूर्व इतिहास के पृष्ठों पर भी कुछ नारियों ने अपने अमिट हस्ताक्षर किए हैं, किन्तु पुरुषों के अनुपात में वे बहुत ही कम हैं।

अधिवक्ता श्री जवाहर सिंह गंगवार व उनकी यशस्वी पत्नी गीता सिंह ने कालजयी नारियाँ नामक ग्रंथ लिखकर विश्व की कुछ उन नारियों के व्यक्तित्व और कृतित्व का परिचय करवाया है, जिनके सद्कृत्य, जिनका साहस, जिनका त्याग-बलिदान, जिनकी उदारता एवं दयालुता, जिनका सेवाभाव, जिनकी ममता, जिनका सोच विचार और चिन्तन, जिनका आविष्कार, जिनकी विद्वता, जिनकी कला ने पूरे विश्व को प्रभावित किया है और जिनका चरित्र हम सबके लिए अनुकरणीय है।

श्री गंगवार जी प्रगतिशील विचारधारा के पोषक हैं। वे पूँजीवादी, साम्राज्यवादी, सामन्तवादी और जातिवादी व्यवस्था के परम विरोधी हैं। अतः इस ग्रंथ में उन्होंने सभी वर्ग की विशिष्ट नारियों को अपने लेखन का विषय बनाया है, किन्तु दबे-कुचले समाज की विशिष्ट स्त्रियों को विश्लेषित विवेचित करने में विशेष रुचि दिखाई है। वे सामन्तवादियों के मिथ्या अहंकार, उनके अन्याय और अत्याचार को बड़ी ही हेय दृष्टि से देखते हैं और बेवाक शब्दों में उनका अनावरण भी करते हैं। इसी प्रकार जहाँ कहीं भी निम्न वर्ग की नारियों के त्याग और बलिदान के प्रति रचनाकारों, इतिहासकारों ने उपेक्षाभाव दिखलाया है, उससे भी उनका मन बहुत ही क्षुब्ध व खिन्न होता है। जैसे 1857 की महान क्रांतिकारी वीरांगना रानी लक्ष्मीबाई की वीरता और बलिदान का वर्णन करना, स्मरण करना, कृतज्ञ राष्ट्र का कर्त्तव्य है, किन्तु झलकारी बाई के बलिदान व उत्सर्ग को विस्मृत कर देना उचित नहीं है। लेखक के लेखन को किसी वाद के घेरे में रखना उचित नहीं होगा। उनकी कलम ने उन सभी नारियों को प्रणाम किया है, जिनका सद्चरित्र, सद्कृत्य, बलिदान, साहस, त्याग आदि इतिहास की थाती बन चुका है।

1857 की क्रांति में महिलाओं की हिस्सेदारी पुरुषों से कम महत्त्वपूर्ण नहीं है। काशी में जन्मी मणिकर्णिका, जो बाद में झांसी की रानी लक्ष्मीबाई के नाम से प्रसिद्ध हुई, भारत नेपाल के बीच की तराई में स्थित तुलसीपुर की असगरी बेगम, त्यागी परिवार की भगवती देवी, पश्चिमी उत्तर प्रदेश की आशादेवी, इन्द्रकौर, गूजर परिवार की हबीबा, पठान परिवार की जमीला, चरवाहे परिवार की मामकौर, कानपुर की अजीजनबाई, बिठूर की मैनावती, आदिवासी भील परिवार की सुरमा, आगरा की बीजाबाई, काशी की तवायफ हुस्नाबाई, चाँदबीबी, कलकत्ते की मिस अलकेसी, पुणे

की चन्दाबाई आदि ने 1857 के प्रथम स्वतंत्र्य समर में आहुतियाँ दीं। किसी को फांसी पर लटकाया गया, किसी को कारागार में डालकर प्रताड़ित किया गया, किसी को गोली से उड़ा दिया गया तो किसी को जिन्दा आग के हवाले किया गया। आज कितने लोग इन वीरांगनाओं के विषय में जानते हैं। लेखक द्वय ने कुछ ऐसे ही विस्मृत नारी पात्रों के चरित्रों को उद्‌घाटित करने का महत्त्वपूर्ण कार्य किया है। ऐसे ही पात्रों में प्रमुख हैं ऊदा देवी पासी और झलकारी बाई, बेगम हजरत महल, अवन्ती बाई आदि। नेताजी सुभाष चन्द्रबोस की आजाद हिन्द फौज की कैप्टन लक्ष्मी सहगल को भी उन्होंने प्रणाम निवेदित किया है। कठमुल्लापन का विरोध करने वाली नारी स्वातंत्र्य की हिमायती तसलीमा नसरीन, अफगानिस्तान की शेरनी सीमा समर, शान्तिदूत मलाला, साहस का पर्याय क्रांति ज्योति दामिनी, न्यायपूर्ण मांगों के लिए चौदह वर्ष से अनशन कर रही मणिपुर की इरोम शर्मिला, पृथ्वी तो पृथ्वी अन्तरिक्ष को माप लेने वाली कल्पना चावला, सुनीता विलियम्स, अपने पौरष और साहस से दुनिया को चौकाने वाली बछेन्द्री पाल, सन्तोष यादव, अन्याय के विरुद्ध प्रतिरोध करने वाली फूलन देवी, सेवा भाव को ही जीवन का साध्य मानने वाली मदर टेरेसा, राजहित में अपनी ममता का बलिदान करने वाली पन्ना धाय, संगीत की विशिष्ट शैली पण्डवानी द्वारा महाभारत की कथा का प्रचार, प्रसार करने वाली तीजन बाई तथा अन्य विभिन्न क्षेत्रों में अपने कृतित्व से विश्व-पटल पर अपना नाम अंकित करने वाली अन्य नारियों के भी व्यक्तित्व और कृतित्व का मूल्यांकन श्री गंगवार जी ने बहुत ही रोचक और प्रभाविष्णु शैली में किया है।

विद्वान लेखक श्री गंगवार का यह चौथा ग्रंथ है। इसके पूर्व व्यष्टि से समष्टि तक शिलालेख और 'समरथ को नहिं दोष' का प्रकाशन हो चुका है, जिनसे लेखक के विस्तृत ज्ञान और अध्ययनशीलता का परिचय मिल चुका है। यह ग्रंथ भी अपने में कई दृष्टियों से महत्त्वपूर्ण है। एक तो यह कि लेखक ने अनेक ऐसे चरित्रों से परिचय कराया है, जिनकी उपेक्षा न केवल इतिहास ने की है, बल्कि हम सबने की है, लेखक की यह कृतज्ञता स्तुत्य है। दूसरा यह है कि ग्रंथ की भाषा-शैली अति परिमार्जित है और पाठक को बांधे रखने की अद्‌भुत क्षमता रखती है। मुझे पूर्ण विश्वास है कि यह कृति पाठकों द्वारा पूर्ण समादृत होगी।

—डॉ॰ राजकुमार सिंह
एसोसिएट प्रोफ़ेसर एवं विभागाध्यक्ष, हिन्दी विभाग
दुर्गा नारायण महाविद्यालय, फतेहगढ़, फर्रुखाबाद

संवेदन-प्रवाह गंगा बने

साहित्यकार के हाथ में सधा सम्वेदन मेरे लिए वन्द्य है। भैया जवाहर में मैंने साहित्यकार को देखा है। वह दर्द देखा है, वह पीड़ा पाई है, वह तड़प और बेचैनी समझी है, जो उन्हें चैन नहीं लेने देती। खुली आँखें खोजती रहती हैं। समाज ने कितनी उपेक्षा की है, कितना सताया है, कितना भूला है और अकारण ही नीचे गिरी धारा में असहाय छोड़, सभी का कितना अहित किया है, कहा नहीं जा सकता। समझना और उन सबको ऊपर उठा, समाज का प्रकाश बनाना हमारा धर्म है।

क्या विश्व में पन्ना धाय सा कोई उदाहरण खोजे मिलेगा। जिसके कर्म को महान कर्म और महान कर्म को श्रेष्ठ कर्त्तव्य और श्रेष्ठ कर्त्तव्य को ऊपर उठाते हुए श्रेष्ठतम धर्म का जामा पहिना दिया। मातृत्व को दायित्व निर्वाह की बेदी पर बलि चढ़ा दिया। अपनी गोदी के उछलते प्यार को राजवंश की रक्षा के लिए अपने हाथों तलवार के नीचे कटने के लिए लिटा दिया। है कोई सैनिक, जो यह रक्षा धर्म निर्वाह करे। नमन है इस वीरता को, नमन है इस दायित्व निष्ठा को, नमन है इस विश्वास को और नमन है इस धर्म को।

जवाहर ने एक नहीं अनेक पृष्ठ खोजे हैं। कहीं मैडम क्यूरी जैसी विद्वता है, तो कहीं सेवा, कहीं त्याग है तो कहीं अनुराधा गांधी जैसा आक्रोश कहीं ईरोम शर्मिला की लक्ष्य प्राप्ति की लालसा तो कहीं रानी चेन्नम्मा और झलकारी बाई जैसा अदम्य साहस, कहीं व्यक्ति उन्नयन है तो कहीं लोक न्याय। है सर्वत्र निर्माण का स्वर, सृजन का चरण, कल्याण का पग। इतना मसाला है कि एक नहीं अनेक पुस्तकें सामने आ सकती हैं।

इन सबको जवाहर ने समेटा है। बड़ी मेहनत से समेटा है। उनका सम्वेदन, खींच-खींचकर एक दर्द और एक भाव सामने लाया है। वर्जन किया है, न भय दिखाया है और न कहीं संकोच किया है। कहीं-कहीं सावधानी ने, जो अधिवक्ता परक है, प्रवाह को मोड़ा है। खुलकर दिशा दी है।

मैं चाहता हूँ कि उनमें बैठा हुआ साहित्यकार जगे। जल है, जल का प्रवाह है, मगर वह गंगाजल का प्रवाह बने। वह घाटी, वह मोड़, वह धरातल, वह खनिज, वह दिव्य औषधि, वह रगड़, वह मौज, वह घर्षण, वह संस्पर्श और वह सम्पर्क बहे। प्रवाह में आलोड़न और विलोड़न जन्मे, चले कि जल का बिन्दु-बिन्दु गंगाजल बने, गंगत्व सरसे, सबका हित हो।

मुझे पूरा विश्वास है, लिखने वाला मेरी अपेक्षा का साहित्यकार निकलेगा। तथ्य एक हो या अनेक, विषय छोटा हो या बड़ा, भाव गहरा होगा, बड़ा होगा, प्रभावी होगा। साहित्यकार का सम्वेदन हर कण और हर क्षण नहीं बटोरता, किन्तु वह प्रकाश देता है, जो सभी को आलोकित कर दे। कोई प्रकृति में रमता है पंत की भांति, तो कोई निराला की तरह मानवता में। कोई राम और राष्ट्र को गाता है तो कोई बाला को और कोई बच्चन की भांति मधुशाला को। किंतु गाता भरपूर है।

भाई जवाहर में लोक कल्याण का भाव है, राष्ट्र का सोच है, निर्माण का स्वर है और उसी के लिए सब ओर देखते हैं। जो मन में कौंधता है, उसे शब्दों में उतार देते हैं। रास्ता खुला है, अपार सम्भावनाएँ है, राष्ट्र बहुत कुछ पाने को बेचैन है। विश्वास है, यह होगा।

(डॉ॰ ब्रह्मदत्त अवस्थी)

पूर्व प्राचार्य भारतीय महाविद्यालय फर्रूखाबाद

लेखकीय

नर और नारी सृष्टि की अनुपम कृति है। दोनों का पृथक अस्तित्व है, लेकिन एक के बिना दूसरा अधूरा। दोनों मिलकर सृजन कर सृष्टि को गतिमान करते हैं। दोनों संसार के नियामक हैं और दोनों ही परिवार की आधारशिला। प्रकृति ने नर और नारी की एक तत्व से ही संरचना की है। अतः जो नर के लिए सम्भाव्य है, वह नारी के लिए भी असम्भव नहीं हो सकता। ज्ञान और विज्ञान के क्षेत्रों पर नर और नारी दोनों का समान अधिकार है। नर और नारी का एक दूसरे के स्वतंत्र अस्तित्व है, दोनों को अपने व्यक्तित्व विकास के लिए समान रूप से सभी कार्य करना चाहिए।

अधिकांश पुरुष स्त्रियों को गाय, बैल की भांति अपनी सम्पत्ति मानते हैं और अपने को स्त्रियों का भाग्यविधाता मानते हैं। यह दुःखद एवं दुर्भाग्यपूर्ण है कि अनेक प्रयासों के बाद भी स्त्रियों को पुरुषों के समकक्ष बराबरी का दर्जा नहीं दिया जाता। पुरुष नारी को अपनी दासी मानता है। पुरुष प्रधान समाज नारी को बराबरी का दर्जा देने से हिचकता है और उनके विरुद्ध अनेक प्रकार की धार्मिक व सामाजिक बंदिशें लगाकर सदैव अपनी चेरी बनाए रखना चाहता है। इस कारण आज की अधिकांश नारियां अनेक प्रकार की सीमाओं और वर्जनाओं के अन्दर घुट-घुटकर जीने को विवश है। पुरुष वर्चस्ववादी समाज या तो नारी को देवी बनाकर पूजा करता है या उसे दासी बनाकर घर की चारदीवारी में बन्द कर उसे चूल्हे-चौके तक ही सीमित रखना चाहता है। दोनों ही बातें ठीक नहीं है।

प्राचीन काल में भारत में मातृसत्तात्मक सामाजिक व्यवस्था थी। नारियां घर-परिवार की स्वामिनी हुआ करती थीं और नारियों का ही अनुशासन परिवार व समाज पर चलता था। आज भी कबीलाई संस्कृति में सत्ता प्रमुख रूप से नारियों के हाथों में होती है। केरल प्रान्त में यह व्यवस्था आज भी प्रचलित है। इससे तो यह सिद्ध नहीं होता कि पुरुष हीन है तथा नारियां श्रेष्ठ तथा नारियों की अधिक महत्ता है। चाहे बात पुरुष की हो या नारी की हीनता व श्रेष्ठता की ग्रंथि अच्छी

बात नहीं है। वस्तुतः जिनके हाथों में धनोपार्जन की व्यवस्था होती है, वह इस पूँजीवादी युग में बड़ा माना जाने लगता है। जैसे-जैसे समाज विकसित होता गया, आर्थिक विकास की गति तीव्र होती गई, आर्थिक सत्ता धीरे-धीरे पुरुषों के हाथों में सिमटती गई, जिससे स्त्रियों की स्वतंत्रता पर अंकुश लगाए जाने लगे। सामान्यतया आज पुरुष ही धनार्जन कर पूरे परिवार के लिए आवश्यक सुख-सुविधाएं जुटाते हैं। इस कारण पुरुषों को अधिक महत्त्व दिया जाता है। यह अर्थतंत्र की एक प्रतिक्रिया मात्र है। मानवीय अधिकारों और मूलभूत आस्था पर इसका प्रभाव नहीं पड़ना चाहिए। स्त्रियां पुरुषों से हेय या दासी हैं, यह मान्यता सामाजिक न्याय के भी सर्वथा प्रतिकूल है। परस्पर प्रेम और सद्भाव से नर और नारी की अपूर्णता पूर्ण होती है। प्रेम व सौजन्य से स्त्री-पुरुष दो शरीर और एक आत्मा बन जाते हैं। यह कार्य बन्धनों, प्रतिबन्धों तथा अनेक प्रकार की वर्जनाएं लगाकर कदापि सम्भव नहीं है।

प्रत्येक व्यक्ति चाहे वह नर हो या नारी, समान नागरिक अधिकार लेकर जन्म लेता है। प्रत्येक मानव प्राणी के मूलभूत अधिकारों का सम्मान किया जाना चाहिए। जब तक पुरुषों द्वारा नारियों पर प्रतिबन्ध लगाकर कैद में रखने की प्रवृत्ति बनी रहेगी, तब तक आधी आबादी गुलामों की गुलाम बनी रहेगी। देश के संविधान द्वारा सभी व्यक्तियों को समता, समानता का अधिकार प्राप्त है, लेकिन दुर्भाग्य से आज भी स्त्रियों के रूप में आधी दुनिया अपने इस अधिकार से वंचित है। आज भी नारी अपने भाग्य की विधाता नहीं हैं, उनके जीवन के निर्धारण के निर्णय का अधिकार पुरुषों के पास ही है। इसका सबसे बड़ा उदाहरण कन्या भ्रूण हत्या है। आज जब हम इक्कीसवीं सदी में जी रहे हैं, फिर भी हमारी सोच विकासवादी व वैज्ञानिक नहीं है। यौन हिंसा, बलात्कार जैसे घृणित अपराध दिन व दिन बढ़ते जा रहे हैं। आज देश की अधिकांश महिलाएं सुरक्षित नहीं हैं।

आज देश की आधी आबादी कही जाने वाली महिलाओं का भारतीय राजनीति में प्रतिनिधित्व लगभग 5% है, जबकि इन्दिरा गांधी, मायावती, सोनिया गांधी, शीला दीक्षित, ममता बनर्जी, जय ललिता और सुषमा स्वराज जैसी राजनैतिक हस्तियाँ अपनी राजनीतिक कुशलता व दक्षता का प्रदर्शन कर चुकी हैं या कर रही हैं। भारतीय प्रशासनिक सेवाओं में महिलाओं की भागीदारी मात्र 2% है, जबकि किरन बेदी, निरुपमा राव, सुजाता सिंह, चन्दा कोछर, सुनीता नारायण, इन्द्रा नुई, ऋचा शर्मा सदृश्य नारियां अपने-अपने क्षेत्रों में कौशल का डंका बजा चुकी हैं और लोगों ने उनका लोहा माना है। जहाँ एक ओर देश की महिलाएं प्रधानमंत्री,

राष्ट्रपति, राज्यपाल, मुख्यमंत्री, न्यायाधीश, प्रशासनिक अधिकारी, शिक्षाविद, कवयित्री व लेखिकाएं, बड़ी-बड़ी कंपनियों की निदेशिकाएं, मुख्य कार्यकारी अधिकारी, नृत्यांगनाएं, मूर्धन्य गायिकाएं, अभिनेत्रियां, खिलाड़ी, डॉक्टर व इंजीनियर आदि बनकर अपने दायित्वों का कुशलतापूर्वक निर्वाह कर रही हैं, वहीं दूसरी ओर अधिकांश महिलाएं शारीरिक व मानसिक यातनाओं, गरीबी, जुल्म, उत्पीड़न, शोषण, अन्याय व अन्यान्य कष्टों को झेलने हेतु विवश हैं।

यह विडम्बना ही है। हमारी चिन्ता है कि महिलाओं के प्रति पुरुषवादी समाज का यह व्यवहार भारतीय लोकतंत्र की चूलें न हिला दे। यदि हमें लोकतंत्र को सुदृढ़ करना है तो सभी वर्ग की महिलाओं का समग्र विकास करना पड़ेगा और उनके मानवीय अधिकार अक्षुण्ण बनाने पड़ेंगे।

स्वस्थ व विकसित समाज के लिए महिलाओं का शिक्षित होना अनिवार्य हैं। शिक्षित व जागरुक महिलाएं ही समाज में व्याप्त जातिप्रथा, छुआछूत, ऊँच-नीच, दहेज प्रथा, भ्रूण हत्या, महिला उत्पीड़न तथा पाखण्ड व अंधविश्वास आदि कुरीतियों के विरुद्ध आवाज बुलन्द कर सकती हैं। शिक्षा प्राप्त करके ही महिलाएँ शासन-प्रशासन में सक्रिय भागीदारी कर सकती हैं। पढ़-लिखकर ही महिलाएँ जीवन के प्रायः प्रत्येक क्षेत्र में ऊँचे स्थानों पर पहुँची हैं। इन्द्रा नुई, चन्दा कोछर, ऋचा शर्मा आदि ने बड़ी-बड़ी कंपनियों की बागडोर संभालकर तथा अपनी विद्वता व क्षमताओं को सिद्ध किया है। खेल जगत में मेरी कॉम, पी॰टी॰ऊषा, सायना नेहवाल, सानिया मिर्जा, कुंजारानी आदि ने अपने को विश्व स्तर पर स्थापित किया है। प्रशासनिक क्षेत्र में किरण बेदी, निरुपमा राव, सुजाता सिंह जैसी महिलाएं अपनी प्रतिभा का डंका बजा चुकी हैं। बछेन्द्री पाल व संतोष यादव ने एवरेस्ट की ऊंचाई नापकर हौंसले बुलन्द किए हैं। उच्च शिक्षित अनुराधा गांधी जनजाति व वनवासी क्षेत्रों में जाकर व उनके अधिकारों के लिए संघर्ष कर अपने प्राणों का बलिदान कर चुकी हैं। मणिपुर की ईरोम शर्मिला अपनी न्यायपूर्ण मांगों के लिए विगत 14 वर्ष से अनशन पर रही हैं। इन महान नारियों ने अपने व्यक्तित्व से यह सिद्ध कर दिया है कि जो कार्य पुरुष कर सकते हैं, वे कार्य महिलाएँ भी कर सकती हैं।

पुस्तक लिखने का उद्देश्य सुप्त नारी समाज को जागृत कर उन्हें समाज में सम्मानजनक स्थान दिलाना है। पन्ना धाय सदृत ऐतिहासिक नारी मात्र से निश्चित प्रेरणा प्राप्त होगी। एनी बेसेन्ट, भगिनी निवेदिता तथा मदर टेरेसा जैसी प्रबुद्ध नारियों, जिन्होंने विदेशी धरती पर जन्म लेकर सदा-सर्वदा के लिए इसी देश

की होकर रहीं, को भी पुस्तक में समाहित किया गया है। कुछ विदेशी पात्र जैसे मैडम क्यूरी, सिमोन द बोउआर बेटी फ्राइडन आदि को भी उनके भिन्न-भिन्न क्षेत्रों में उल्लेखनीय योगदान के लिए पुस्तक में स्मरण किया गया है। फूलन देवी, सम्पत पाल, भंवरी देवी के जीवन संघर्ष निश्चित तौर पर प्रेरणा देंगे, जिन्होंने अपने अदम्य साहस व संघर्ष से समाज को आंदोलित किया है। क्रांति ज्योति दामिनी और शान्तिदूत मलाला जैसे आलेखों में उनके पात्रों के जीवन संघर्ष प्रेरक व मार्गदर्शक होंगे, ऐसा लेखक द्वय का विश्वास है। पुस्तक में प्रकाशित नारी पात्रों के विषय में विस्तृत विवरण नहीं, बल्कि यह पुस्तक परिचयात्मक है। सीमित कलेवर के कारण विस्तार भय से अनेक महान नारी पात्रों जैसे इंदिरा गांधी, महादेवी वर्मा आदि को पुस्तक में स्थान नहीं दिया जा सका है। इसका आशय यह कदापि नहीं कि उनके महान योगदानों की उपेक्षा की जा रही है। पुस्तक में पात्रों की अनुमानित जन्मतिथि के अनुसार क्रमबद्ध करने का प्रयास किया गया है। इसमें यदि कोई त्रुटि हुई हो तो लेखक द्वय उसके लिए क्षमाप्रार्थी हैं। हमें आशा है कि पुस्तक भावी पीढ़ी के लिए प्रेरक व उपयोगी सिद्ध होगी।

अन्त में हम अपने सुधी पाठकों साहित्य सेवी डॉ॰ रजनी सरीन, गुरुवर डॉ॰ राजकुमार सिंह तथा सभी शुभचिन्तकों का आभार प्रदर्शन करते हैं, जिन्होंने समय-समय पर हमारा मार्गदर्शन किया है। साथी विजय दुबे जोकि स्वयं एक साहित्यकार है का भी आभारी हूँ। अपनी प्रिय पुत्री दिव्या, दामाद चि॰ विवेक दौहित्र चि॰ व्यान के अकथनीय सहयोग के लिए हम उनके उज्ज्वल भविष्य की कामना करते हैं।

हम राधा पब्लिकेशन के स्वामी नितिन गर्ग के भी आभारी हैं, जिन्होंने अल्प समय में पुस्तक का प्रकाशन कर उपकृत किया है। सुधी विज्ञ पाठकों की रचनात्मक प्रतिक्रियाओं का सदैव स्वागत है।

जवाहर सिंह गंगवार
गीता सिंह
अम्बेडकर तिराहा, फतेहगढ़
09452008002, 09621628477

अनुक्रम

1. अमर बलिदानी माँ पन्ना धाय

राजपूताना के राजपूतों की तो बढ़-चढ़कर प्रशंसा की जाती है तथा उनके यशोगान में भाटों व चारणों ने अनेक ग्रंथों का सृजन किया है। लेकिन उस महान माँ को बहुत ही कम लोग जानते हैं जिसने सिसोदिया राजवंश की रक्षा हेतु अपने दुधमुंहे पुत्र का बलिदान किया था। उसका त्याग और बलिदान एक राजवंश की रक्षा हेतु मात्र अपने बेटे का बलिदान ही नहीं है, अपितु युग की आवश्यकता की देहरी पर ममता और ममत्व व बलिदान है। आज राजस्थान में प्रायः सभी बड़े-बड़े बांकुरे राजाओं के नाम पर राजप्रसाद और स्मारक हैं और उनके शौर्य और पराक्रम की बढ़ा-चढ़ाकर चर्चा की जाती है लेकिन पन्ना धाय जैसी त्यागमूर्ति बलिदानी माँ के नाम पर शायद ही कोई स्मारक हो, यह ऐतिहासिक विडम्बना है। पहले स्कूली पाठ्यक्रम में पन्ना धाय की चर्चा होती थी, अब तो पाठ्यक्रम से भी उनका नाम हटा दिया गया है। कहना पड़ता है कि यदि पन्ना धाय उच्च कुल की नारी होती तो उसके साथ ऐसा कभी नहीं होता। वह तो बेचारी एक दलित जाति से सम्बन्ध रखती थी, यह बात अलग हैं कि उसने अपना दुग्धपान करवा कर शिशु उदयसिंह का पोषण किया और उनकी रक्षा के लिए अपनी कोख से जन्में शिशु चन्दन को रक्त पिपासु बनवीर के हवाले कर दिया था। पन्ना धाय की बलिदानी गाथा विश्व इतिहास की अप्रतिम व अद्वितीय है।

पन्ना धाय राजस्थान की एक दलित जाति 'खीची' में जन्मी थीं। वह सर्वथा अनपढ़ थीं। मेवाड़ के महाराणा संग्राम सिंह और महारानी कर्मावती के पुत्र उदयसिंह, जोकि महाराणा प्रताप सिंह के पिता थे, के शैशवकाल में पन्ना

की नियुक्ति शिशु उदय सिंह को दूध पिलाकर लालन-पालन के लिए धाय के रूप में हुई थी। पन्ना अपने पति तथा अपने दुधमुंहे पुत्र चन्दन के साथ राजप्रासाद में ही रहती थी। राणा संग्राम सिंह व महारानी कर्मावती के वरिष्ठ पुत्र विक्रमाजीत तथा कनिष्ठ पुत्र उदय सिंह थे। उनके एक अन्य पुत्र भोजराज, जिनकी पत्नी मीरा थीं।

गुजरात के सुल्तान बहादुर शाह द्वारा मेवाड़ पर आक्रमण के दौरान महारानी कर्मावती ने महल की तेरह हजार स्त्रियों के साथ सामूहिक अग्नि में कूदकर जौहर किया था। जौहर से पूर्व महारानी कर्मावती ने अपने पुत्र उदय सिंह को पन्ना धाय के हवाले कर दिया था।

पन्ना धाय ने महल में ही रहकर युवराज उदय सिंह को अपना दूध पिलाकर लालन पालन किया। उदयसिंह की ही आयु का उनका पुत्र चन्दन भी था, जोकि महल में ही रहता था। अब तक बालक उदय सिंह 14 वर्षीय किशोर बन गया था। राणा संग्राम सिंह के बड़े पुत्र विक्रमाजीत को बनवीर ने 19 वर्ष की आयु में मार डाला था और वह उदय सिंह को भी मारकर मेवाड़ का राजा बनना चाहता था क्योंकि उदय सिंह के जीवित रहते वह मेवाड़ का अधिपति नहीं बन सकता था। इस कारण वह बालक उदय सिंह को मार डालने के लिए तिकड़में करने लगा क्योंकि उसकी महत्वाकांक्षा की पूर्ति में उदय सिंह बहुत बड़ा रोड़ा था। बनवीर राणा संग्राम सिंह के बड़े भाई पृथ्वीराज की एक रखैल पूतनदे का पुत्र था और उसकी दुष्टता के कारण राणा संग्राम सिंह द्वारा उन्हें राज्य से निष्कासित कर दिया गया था। वह गुजरात के सुल्तान बहादुरशाह की शरण में पहुँच गया तथा बाद में विक्रमादित्य (विक्रमाजीत) पर प्रभाव डालकर वह चित्तौड़ के दरबार में ही रहने लगा था। बाद में विक्रमाजीत की छल से हत्या कर उदय सिंह को भी मार डालने के उपक्रम करने लगा।

पन्ना धाय को बनवीर के मंसूबों का पता चल गया था, वह सशंकित रहती थी कि अवसर पाकर बनवीर उदय सिंह के प्राण ले सकता है। इस कारण वह उदय सिंह की रक्षा हेतु सदैव चिंतित रहती थी। एक दिन पन्ना ने बनवीर को नंगी तलवार लिए महल में आते देखा। वह बनवीर का आशय समझ गई। उसने अपने हृदय पर पत्थर रख होशियारी से अपने कलेजे के टुकड़े इकलौते पुत्र चन्दन को उदय सिंह की शैय्या पर लिटा दिया और उदय सिंह को चन्दन के स्थान पर साधारण खटोले पर लिटा दिया। जब नृशंस बनवीर हाथ में नंगी तलवार लिए पन्ना के पास आया और उसने कड़कड़ाती आवाज में कहा कि उदय सिंह कहाँ

है? उस समय पन्ना ने बिना किसी विलम्ब के उस शैय्या की ओर उंगली का संकेत किया, जिस पर उदय सिंह नहीं, उसका पुत्र चन्दन सो रहा था। बनवीर ने बिना चेहरा देखे पलंग पर ही तलवार से भीषण प्रहार किया। सोने वाले किशोर का सिर धड़ से अलग हो गया। पलंग पर रक्त की धारा बह गई और बनवीर विजयी मुद्रा में महल से बाहर चला गया।

धन्य पन्ना धाय! उसके मुँह से क्षीण कराह भी नहीं निकली। यदि वह उस समय रो पड़ती तो बनवीर को संदेह हो जाता। उदय सिंह बच गया। पन्ना ने रानी कर्मावती को जौहर से पूर्व दिए उदयसिंह की रक्षा के वचन को अपनी ममता की बलि चढ़कार भी निभाया। उसने कितना बड़ा बलिदान दिया दूसरे के लिए, ताकि मेवाड़ राजवंश का उत्तराधिकारी जीवित रहे। इतना बड़ा मोल पन्ना धाय के अतिरिक्त और कौन चुका सकता था। उसने अपनी जिन्दगी और परिवार का आशादीप हत्यारे बनवीर के हवाले कर दिया था और उसके मुँह से आह का चीत्कार भी नहीं निकला। उसने अपना धैर्य और संयम भी नहीं खोया। अपने विवेक का पालन करते हुए उसने अपने पति को जगाया और एक टोकरी मंगाकर उसमें बालक उदय सिंह को लिटा दिया। इसके बाद बारिन को बुलाकर ढेर सारी पत्तलें मंगाई। बारी जाति भी एक दलित जाति है, जोकि खाना खाने के बाद पत्तलें उठाने का कार्य काती है। बारिन अपने पति के साथ पत्तलें लाई, जिन्हें टोकरी में उदय सिंह के ऊपर रख दिया गया। पन्ना ने अपने पति तथा बारिन व उसके पति के सहयोग से चुपचाप उदय सिंह को पत्तलों की टोकरी के बहाने सुरक्षित महल से बाहर निकाल दिया। महल से निकलकर यह चारों प्राणी कुम्भलगढ़ पहुँचे, जहाँ दुर्ग में उदय सिंह को सुरक्षित पहुँचा दिया गया। इस प्रकार राणा संग्राम सिंह के वंशज के प्राणों की रक्षा दलितों के निस्वार्थ त्याग व बलिदान से हो सकी।

बनवीर ने यह जानकर उसने उदय सिंह की हत्या कर दी है, अपने को मेवाड़ का महाराजा घोषित कर दिया। वह समझता था कि उसके रास्ते का आखिरी कांटा उदय सिंह समाप्त हो गया है। इधर कुम्भलगढ़ में धीरे-धीरे उदय सिंह बड़े हो रहे थे। बाद में जानकारी होने पर बनवीर उदय सिंह को सदैव अपनी आँखों की किरकिरी मानता रहा।

बड़े होने पर उदय सिंह का विवाह पाली (मारवाड़) के राजा सोनगरा अखैराज की पुत्री से हुआ। अखैराज की पुत्री उदयसिंह की रानी बनकर

कुम्भलगढ़ आयीं और यही पर प्रताप सिंह का सन् 1540 में जन्म हुआ। उदय सिंह इसी वर्ष चित्तौड़ की गद्दी पर विराजमान हुए थे। बनवीर से इसके बाद भी छोटे-मोटे युद्ध होते रहे। इन युद्धों में भीलों आदि ने उनका दिल खोलकर साथ दिया।

आगे पन्ना धाय का क्या हुआ और वह किस हाल में रही, इतिहास इस बात पर मौन है। वह बेचारी मरी या जिई, कोई नहीं जानता। वह स्वयं जिन्दा भी होती तो सेविका ही रहती, रानी तो बन नहीं जाती। उसने अपनी स्वयं की सन्तान की आहुति देकर अपनी ममता का बलिदान दिया और सिसौदिया राजवंश की रक्षा की। अब यह प्रश्न उठता है कि सिसौदिया राजवंश ने उसे क्या दिया? उसने तो अपनी आंखों के सामने अपने इकलौते पुत्र को दम तोड़ते देखा था। पन्ना धाय का यह बलिदान और उत्सर्ग विश्व इतिहास की अप्रतिम घटना है। क्या कभी पन्ना धाय के नाम पर कोई स्मारक या किसी चिकित्सालय आदि का नामकरण कर उसके ऋण से मुक्त होने का प्रयास किया जाएगा? शायद कृतज्ञ समाज कभी इस पर विचार करेगा?

2. राजमाता जीजा बाई

माँ सदैव यह चाहती है कि उसका पुत्र भविष्य में एक अच्छा आदमी बनकर अपने घर और समाज का नाम ऊँचा करे और अपने कार्यों से कुल का नाम रोशन करे। संसार में कुछ ऐसी माँएं भी हुई हैं, जिन्होंने अपनी बुद्धि व विवेक से अपने पुत्रों को एक विशेष ध्येय निरंतर संघर्ष करने और अपनी जान पर खेलने तक की प्रेरणा दी। उन्होंने अपने पुत्रों को ममता, प्रेम के साथ-साथ वीरता, धैर्य, त्याग व संयम का पाठ पढ़ाकर इस योग्य बनाया कि वे अपने लक्ष्य की प्राप्ति हेतु अपने जीवन तक का उत्सर्ग कर सकें। लेकिन ऐसी सौभाग्यशाली माँएं इतिहास में बहुत ही कम हैं, जिन्होंने अपने जीवन काल में ही अपने स्वप्न साकार होते देखे हों। ऐसी महान और सौभाग्यशाली माँओं में माँ जीजाबाई, जोकि छत्रपति शिवाजी महाराज की माँ थी, का नाम सर्वोपरि है। उन्होंने बचपन से ही बालक शिवा को दबे कुचले समाज को सम्मान देने तथा स्वराज्य की स्थापना हेतु प्रेरित किया। अपनी माँ के कठोर अनुशासन, प्रेरणा व शिक्षाओं के ही बल पर शिवाजी ने तत्कालीन मुगल साम्राज्य के विरुद्ध शौर्य व पराक्रम से विजय श्री प्राप्त कर स्वतंत्र राज्य की स्थापना की। महाराष्ट्र के एक साधारण जागीरदार का राजपद सुशोभित करना इतिहास की एक महान घटना है। विशेष तौर पर तब जब स्वयं शिवाजी के पिता शाह जी भोंसले बीजापुर के सुल्तान के दरबार में नतमस्तक होते थे और तत्कालीन ब्राह्मणी व्यवस्था में अनेक ताकतें उनके विरोध में खड़ी थीं।

लखूजी जाधव सिंहखेड़ के राजा के जागीरदार थे। अहमदनगर के सुल्तान की ओर से उन्हें पाँच हजार की मनसब मिली हुई थी। उनको दरबार में ऊंचा स्थान प्राप्त था और सम्मान से लोग उन्हें राजा कहते थे। इन्हीं लक्खूजी जाधव के घर में जीजाबाई का जन्म सन् 1597 में हुआ। जीजाबाई का बाल्यकाल बहुत लाड़ प्यार से बीता, वे अपने पिता की आंखों का तारा थी।

शिवाजी के दादा मालोजी भोंसले लखोजी जाधव के अधीन थे, उनकी अच्छी दोस्ती थी। कहा जाता है कि एक बार होली के अवसर पर मालोजी भोंसले अपने पुत्र शाहजी भोंसले के साथ लक्खूजी जाधव के दरबार में आए, उस समय जीजाबाई और शाहजी एक दूसरे के साथ होली खेल रहे थे। उस समय दोनों बच्चे बहुत सुन्दर दिखाई दे रहे थे। लक्खूजी ने दोनों की छवि देखकर अनायास उनके मुंह से निकल पड़ा कि जोड़ी कितनी अच्छी है। लक्खूजी के मुँह से निकली इस बात को मालोजी ने गांठ बांध लिया और समय की प्रतीक्षा करने लगे। बाद में जब मालोजी ने लक्खूजी के समक्ष विवाह का प्रस्ताव किया, तो लक्खूजी को अच्छा नहीं लगा। वे अपने अधीन एक छोटे आदमी की बेटी के साथ अपने पुत्र की शादी करने को तैयार नहीं थे। मालोजी अपनी बात पर अड़े थे, इस कारण दोनों परिवारों की काफी दिनों तक अनबन रही और बोल-चाल बन्द हो गई। जब इस घटना की जानकारी अहमदनगर के सुल्तान को हुई, तब उन्होंने हस्तक्षेप कर दबाव से शाहजी और जीजाबाई का विवाह करवा दिया। इसके बाद भी दोनों परिवारों में क्लेश और मनमुटाव बना रहा। जीजाबाई सारे जीवन पति और पिता के परिवारों का अभिशाप ढोती रही। बाद में अहमदनगर के सुल्तान ने लक्खूजी जाधव व उनके बेटों की निमर्म हत्या करवा दी। बचपन की इन घटनाओं का जीजाबाई के मन पर गहरा प्रभाव पड़ा और उन्हें अनेक कष्टों व परेशानियों का सामना करना पड़ा। इस प्रकार वे एक साहसी व दृढ़ निश्चयी महिला बन गईं।

10 अप्रैल 1627 को शिवनेर के किले में जीजाबाई के गर्भ से शिवाजी का जन्म हुआ। जीजाबाई ने अनेकानेक कठिनाइयों व मुसीबतों का सामना कर शिवाजी का लालन-पालन किया। उन्होंने बचपन से ही शिवाजी को कठोर परिश्रम व अनुशासन का पाठ पढ़ाया। वे शिवाजी को रामायण और महाभारत आदि प्राचीन ग्रंथों की कहानियाँ सुनाकर उन्हें इतिहास के महान पात्रों के विषय में बताया करती थीं, जिनका शिवाजी के जीवन पर गहरा प्रभाव पड़ा। उन्होंने शिवाजी को धर्म का गूढ़ तत्व भी समझाया तथा ऐतिहासिक गाथाएँ सुनाकर बालक शिवाजी को वीरता, शौर्य तथा देशप्रेम का पाठ पढ़ाया। सामान्य पढ़ाई-लिखाई के साथ माँ जीजाबाई ने शिवाजी को घुड़सवारी, तलवार बाजी तथा तीर कमान चलाना भी सिखाया। इस प्रकार वे सैन्य शिक्षा में पारंगत हो गए। भविष्य में शिवाजी जो कुछ भी कर सके वह उनकी माँ जीजाबाई की शिक्षाओं और प्रेरणा के कारण ही सम्भव हो सका था।

उस समय देश में मुगल बादशाह औरंगजेब का शासन था। एक-एक कर लगभग सभी देशी राजा उसकी अधीनता स्वीकार कर चुके थे राजपूत उसकी सेना की सबसे बड़ी ताकत थे तथा राजा जयसिंह तो स्वयं औरंगजेब के सेनापति थे। शिवाजी ने समाज के दबे कुचले गरीब किसान, मजदूरों को संगठित कर सुदृढ़ सैन्य बल का गठन किया और वे माँ जीजाबाई के संरक्षण में छोटी-छोटी लड़ाइयाँ लड़कर जीतने लगे। इस प्रकार वे मुगल बादशाह औरंगजेब की आँखों की किरकिरी बन गए थे। गौरिल्ला युद्ध शैली से वह चुपचाप दुश्मन की बड़ी सेना पर आक्रमण करते और तत्काल गायब हो जाते थे। औरंगजेब ने उनके विरुद्ध कई प्रयास किए कि उन्हें पकड़ लें, लेकिन वह सदैव नाकाम रहा और शिवाजी उसके लिए सिरदर्द बने रहे।

एक कूटनीति के तहत औरंगजेब ने शिवाजी को मिलने के लिए आमंत्रित किया। शिवाजी बहुत ही चतुराई से उससे मिलने आगरा गए, जहाँ उन्हें छल से बन्दी बना लिया गया। उस समय राज्य का संचालन माँ जीजाबाई अत्यन्त सूझबूझ व कुशलता से करती रही। जीजाबाई अत्यन्त साहसी व तेजस्वी महिला थीं। उन्हें राज्य की प्रजा सम्मान से जिजाऊ माँ साहब कहते थे। जब शिवाजी अपनी कूटनीतिक कुशलता व चतुराई से औरंगजेब की कैद से छूटकर वापस आए तो माँ जीजाबाई ने सगर्व कहा था कि अब उन्हें पूर्ण विश्वास है कि उनका बेटा अब सुराज्य की स्थापना करेगा।

माँ जीजाबाई प्रत्येक युद्ध में शिवाजी का मार्गदर्शन करती थीं। जब शिवाजी ने रायगढ़ के किले पर विजयश्री प्राप्त की तो माँ ने अपनी इच्छा प्रकट की शिवाजी का राज्याभिषेक होना चाहिए। उस समय बाहरी सत्ता शिवाजी को मात्र एक जागीरदार शाहजी भोंसले का पुत्र ही समझते थे। इसके लिए राजा होना आवश्यक था। मुगल, आदिल शाह, अंग्रेज व पुर्तगालियों की गुलामी से देशवासियों को मुक्त करने के लिए शिवाजी महाराज ने माँ जीजाबाई की प्रेरणा से अपना राज्याभिषेक करवाने का निर्णय लिया। शिवाजी की इस घोषणा से तत्कालीन ब्राह्मण समाज में भूचाल आ गया। इस कार्य के लिए महाराष्ट्र का कोई ब्राह्मण तैयार नहीं था। उनका मानना था कि शिवाजी शूद्र हैं, अतः उनका राज्याभिषेक नहीं किया जा सकता। माँ जीजाबाई को यह सब देखकर बहुत आघात लगा। दुर्भायपूर्ण बात है कि जिन ब्राह्मणों ने शूद्र होने के काराण शिवाजी का राज्याभिषेक करने से मना किया, उन लोगों ने मुस्लिम राजाओं का कभी विरोध नहीं किया था। यह देखकर कष्ट होता है कि मुसलमानों का साथ देने वाले ब्राह्मण शिवाजी

के विरोध में लामबन्द थे। उस समय के गरीब किसान मजदूर व छोटी जातियों के लोग शिवाजी के पक्ष में खड़े थे। उन विषम परिस्थियों में माँ जीजाबाई ने बनारस से गागाभट्ट नामक ब्राह्मण को बुलाकर, उसे रिश्वत देकर शिवाजी (?) का राज्याभिषेक करवा दिया।

शिवाजी अब तक राज्याभिषेक के उपरान्त छत्रपति शिवाजी महाराज बन गए थे, जिसका पूरे महाराष्ट्र के ब्राह्मणों द्वारा विरोध किया गया था। माँ जीजाबाई इस अपमान को अधिक दिनों तक सहन न कर सकीं और शिवाजी के राज्याभिषेक के ठीक दस दिन बाद ही 17 जून 1674 को इस संसार सागर से मुक्त हो गईं। माँ जीजाबाई जो प्रजा की प्रिय जिजाऊ माँ साहब थीं और स्वराज्य की संस्थापक थीं का असमय जाना बहुत दुःखद था। यद्यपि कुछ इतिहासकार उनकी मृत्यु को प्राकृतिक नहीं एक षड्यंत्र का हिस्सा मानते हैं। माँ जीजाबाई जाते-जाते स्वराज्य स्थापना का स्वप्न साकार कर गयी थीं।

माँ जीजाबाई अत्यन्त पराक्रमी, विद्वान, साहसी और प्रजावत्सल थीं। उन्होंने जीवन भर अनेक कष्ट व मुसीबतें झेलीं। वे कभी झुकी नहीं और अनेक विषम व प्रतिकूल परिस्थितियों में भी कभी विचलित नहीं हुई। उन्होंने सदैव शिवाजी महाराज का मनोबल बनाए रखा। वे बड़े से बड़े संकट में भी नहीं घबराई और जब शिवाजी राजा बन गए तथा उनके अच्छे दिन थे, तब 70 वर्ष की आयु में दिवंगत हो गई। रायगढ़ पांचाड़ गाँव में आज भी माँ जीजाबाई की समाधि बनी हुई है।

वस्तुतः छत्रपति शिवाजी महाराज अपने जीवनकाल में जो कुछ भी कर सके, वह माँ जीजाबाई (जिजाऊ माँ साहब) के संस्कार कठोर अनुशासन कुशल मार्गदर्शन व प्रेरणा से ही कर सके। माँ जीजाबाई भारतीय नारी एवं समाज के लिए आदर्श की उज्ज्वल प्रतीक हैं।

3. अहिल्याबाई होल्कर

मालवा की रानी अहिल्या बाई होल्कर एक धर्म परायण कुशल शासिका थीं। उन्होंने अपने साहस, शौर्य व उदारता से मालवा राज्य की बहुत प्रगति की तथा अपने श्वसुर, पति, दामाद व पुत्र की मृत्यु के उपरांत होल्कर राज्य की बागडोर सम्भाली और इतिहास में अपना नाम स्वर्णाक्षरों में अंकित करवा दिया।

अहिल्या बाई का जन्म औरंगाबाद के चौड़ी ग्राम में 1725 में हुआ। उनके पिता मानकाजी शिंदे सहज व सरल स्वभाव के थे तथा उनकी माँ सुशीला बाई धर्म परायण महिला थीं। अहिल्या बाई अपने माता-पिता की लाड़ली बेटी थीं। माता-पिता के संस्कारों का अहिल्याबाई पर बहुत प्रभाव पड़ा था। उनका विवाह मालवा के सूबेदार मल्हार राव होल्कर के पुत्र खाण्डेराव होल्कर के साथ हुआ था। मल्हार राव होल्कर अत्यन्त साहसी व वीर थे, लेकिन उनके पुत्र खाण्डेराव स्वभाव के विपरीत शांत स्वभाव के थे, उन्हें अस्त्र-शस्त्र चलाना नहीं आता था तथा वे राजकाज में रुचि नहीं लेते थे। अहिल्याबाई से विवाह के उपरांत खाण्डेराव की सोई हुई वीरता जागृत हुई और वे अस्त्र-शस्त्र चलाने लगे तथा उन्होंने राज्य के कार्यों में रुचि लेना प्रारंभ कर दिया। अहिल्याबाई राज-काज में अत्यन्त दक्ष थीं। उनकी बुद्धि व विवेक से उनके श्वसुर मल्हार राव होल्कर बहुत प्रभावित थे। मल्हार राव अनेक गंभीर मामलों में अहिल्याबाई से राय लेते थे और जब वे कहीं चले जाते थे, शासन की बागडोर अहिल्याबाई को सौंप कर जाते थे।

एक युद्ध में उनके पति खाण्डेराव को वीरगति प्राप्त होने के बाद अहिल्याबाई पर मुसीबतों का पहाड़ टूट पड़ा। तत्कालीन परंपरा के आधार पर मल्हार राव होल्कर ने अहिल्याबाई को सती नहीं होने दिया और उन्हें ही शासन की बागडोर सम्भालने के लिए तैयार किया। अहिल्या बाई के दुःखों का यहीं पर अन्त नहीं हुआ। उसने प्रजा की सेवा प्रारंभ की ही थी कि उनके श्वसुर मल्हार राव की मृत्यु

हो गई। उनकी मृत्यु के उपरांत उनका पुत्र मालेराव होल्कर गद्दी पर आसीन हुआ। मालेराव अत्यन्त क्रूर व विलासी प्रवृत्ति का था, वह प्रजा पर अत्याचार करता था। अहिल्या बाई ने मालेराव को समझाया कि राजा प्रजा का पालक होता है और वह प्रजा के दुःख और कठिनाइयों को दूर करता है, लेकिन आततायी मालेराव पर अहिल्याबाई की सीख का कोई प्रभाव नहीं पड़ा और वह प्रजा के साथ अत्याचार करता रहा। इसी कारण मालेराव को अपने प्राणों से अल्पायु में ही हाथ धोना पड़ा।

पहले पति के वियोग बाद में पुत्र वियोग से उनके ऊपर कष्टों व मुसीबतों का पहाड़ टूट पड़ा, लेकिन उन्होंने धैर्य नहीं खोया। अहिल्याबाई ने शासन की बागडोर अपने हाथ में लेने की घोषणा कर दी। इसका चारों ओर विरोध हुआ। लोग एक महिला को शासक के रूप में स्वीकार करने को तैयार नहीं थे। मराठा, पेशवा बालाजी राव के पुत्र रघुनाथ राव (राघोवा) ने एक संदेश भेजकर अहिल्याबाई से कहा कि शासन करने का अधिकार महिलाओं का नहीं पुरुषों का है, इस कारण शासन की बागडोर उनके हवाले कर दें। अहिल्याबाई इस बात से किचिंत मात्र भी विचलित नहीं हुई और अपनी हिम्मत व हौंसले से राज्य की स्थिति सम्भालने लगी।

अहिल्याबाई ने अपनी सेनाओं को सुदृढ़ किया। उन्होंने महिलाओं को सेना में भर्ती कर उन्हें अस्त्र-शस्त्र चलाने का प्रशिक्षण दिया तथा उन्हें युद्धकला में प्रवीन किया। राज्य की जनता उनके साथ थी तथा सम्मान से उन्हें माँ साहब कहती थी। जब पेशवा राघोवा ने होल्कर राज्य को हड़पने के लिए सशस्त्र सेना के साथ आक्रमण किया, तब उज्जैन में क्षिप्रा नदी के तट पर उसका अहिल्याबाई से घनघोर युद्ध हुआ, जिसमें राघोवा और उसकी सेना को मुँह की खानी पड़ी।

होल्कर राज्य में चोर-डकैतों का आतंक बड़ गया था। इस कारण अहिल्याबाई को बहुत कष्ट हुआ। प्रायः रोज ही कोई न कोई वारदात राज्य में होती थी। अहिल्याबाई ने एक युवक यशवंत राव फणसे की सहायता से सशस्त्र बलों का प्रयोग कर राज्य को डाकुओं के आतंक से मुक्त किया। बाद में इसी युवक यशवंत राव की वीरता से प्रभावित होकर अहिल्याबाई ने उसका विवाह अपनी पुत्री मुक्ताबाई से कर दिया। यशवंत राव की असमय मृत्यु हो गई। एक बहुत बड़ा मुसीबत का पहाड़ उनके ऊपर टूट पड़ा। पहले पति की मौत बाद में श्वसुर, पुत्र और दामाद की मौत ने उन्हें झकझोर दिया। लेकिन इस संकट की घड़ी में भी उन्होंने अपना धैर्य व संतुलन नहीं खोया।

अहिल्याबाई अपनी प्रजा को पुत्रवत् मानती थी और होल्कर राज्य की प्रजा भी उन्हें माँ साहब कहकर सम्मानित करती थी। वे एक कुशल शासक थीं। वे प्रजा के सुख-दुःख का सदैव ध्यान रखती थीं। कोई भी उनसे महल में जाकर अपनी बात या फरियाद कर सकता था तथा उनकी समस्याओं का शीघ्र निस्तारण होता था। वे प्रजा की भलाई के लिए सदैव तैयार रहती थीं। वे बहुत दयावान तथा उदार थी। उन्होंने जनहित के अनेकों कार्य किए। तीर्थ स्थलों पर घाट, मंदिर व धर्मशालाएँ भी उन्होंने बनवाई। निर्धन व अनाथों के लिए भोजन व कपड़ों की व्यवस्था वे दिल खोलकर करती थीं।

अहिल्याबाई का संपूर्ण जीवन कष्टों व मुसीबतों में बीता। ऐसे क्षणों में भी उन्होंने कभी धैर्य नहीं खोया। अपने जीवन काल में वे सदैव प्रजा की भलाई के लिए कार्य करती रहीं तथा अपनी निष्ठा व सूझबूझ से होल्कर राज्य का संचालन करती रही। उनकी 60 वर्ष की आयु में मृत्यु हो गई। अहिल्याबाई पुरुषार्थ, दूरदर्शिता व महानता में अद्वितीय हैं। आचार्य विनोबा भावे ने अहिल्याबाई के संबंध में निम्न उद्‌गार व्यक्त किए हैं--

''अहिल्याबाई का व्यक्तित्व वज्र समान कठोर परंतु फूल सा कोमल था। संसार व्यक्ति की पूजा नहीं करता अपितु उनके दृष्टिकोण व कार्य की पूजा करता है।''

4. रानी चेन्नम्मा

कर्णाटक प्रांत में धारवाड़ और बेलगाँव के मध्य एक छोटी सी रियासत थी, इसका नाम था कित्तूर। उस समय कित्तूर राज्य में राजा मल्लसर्ज का शासन था। उनके राज्य में प्रजा सुखी थी, राजा बहुत दयालु व न्यायप्रिय थे। उन्होंने काकति के मुखिया की पुत्री चेन्नम्मा से विवाह किया था। विवाह के बाद चेन्नम्मा कित्तूर राज्य की रानी बनीं।

चेन्नम्मा बचपन से ही बहुत साहसी थीं और सभी अस्त्र-शस्त्र चलाना जानती थीं तथा घोड़े पर सवारी करती थीं। चेन्नम्मा की हिम्मत व वीरता की कहानियाँ घर-घर में प्रचलित थीं। वे पुरुष वेश में निर्द्वन्द घूमती थीं तथा जंगल में जाकर धनुष बाण से शिकार भी करती थीं। चेन्नम्मा के इन्हीं गुणों से प्रभावित हो राजा मल्लसर्ज ने चेन्नम्मा का हाथ उसके पिता, जोकि काकति के मुखिया थे, से मांगा था और उनसे विवाह कर उन्हें अपनी रानी बनाया था।

राजा मल्लसर्ज ने 1782 से 1816 तक कित्तूर पर लगभग चौतीस वर्ष तक शासन किया। राजा चेन्नम्मा की सूझबूझ व राजकौशल से अत्यन्त प्रभावित थे और वह राज्य संचालन में उनसे राय लेते थे। एक बार पेशवा द्वारा उन्हें धोखे व छल से बंदी बना लिया गया तथा वे लंबे समय तक बंदीगृह में रहे। इस कारण धीरे-धीरे राजा मल्लसर्ज का स्वास्थ्य गिरता गया। रानी चेन्नम्मा ने उनकी बहुत सेवा सुश्रूषा की, लेकिन वह उन्हें काल के क्रूर गालों से बचा नहीं पाई और वे दिवंगत हो गए।

यह ऐसा समय था जब एक ओर पेशवा और दूसरी ओर अंग्रेज कित्तूर राज्य को हड़प लेना चाहते थे। इन खतरों से सचेत रानी चेन्नम्मा ने कित्तूर की राजगद्दी पर अपने पुत्र शिवलिंग रुद्रसर्ज को बैठाया और स्वयं राज्य की संरक्षक बन गई। रुद्रसर्ज शारीरिक रूप से कमजोर था और वह अक्सर बीमार रहता था। काफी

उपचार के बाद भी उसे स्वास्थ्य लाभ नहीं हुआ और वह असमय ही काल कल्वित हो गया। अब कित्तूर राज्य के उत्तराधिकारी का प्रश्न सामने था। रानी चेन्नम्मा चाहती थीं कि राज्य के उत्तराधिकारी के रूप में पुत्र को गोद ले लें, लेकिन अंग्रेज अधिकारी इस बात के लिए तैयार नहीं थे। अंग्रेज अपनी चालों से कित्तूर राज्य को हड़पना चाहते थे और वे विभिन्न प्रकार की चालें चलने लगे। रानी अंग्रेजों की इन चालों से बेखबर नहीं थीं। उन्होंने प्रण किया कि जीते जी कित्तूर राज्य को अंग्रेजों के हवाले नहीं करेंगी। चेन्नम्मा ने अंग्रेज अधिकारियों को अपना मन्तव्य स्पष्ट कर दिया था।

रानी ने अपनी प्रजा का मनोबल बढ़ाते हुए उसे अंग्रेजों के विरुद्ध प्रतिरोध करने हेतु उकसाया तथा अपनी सैन्य तैयारियाँ प्रारंभ कर दीं। रानी की प्रजा अंग्रेजों के विरुद्ध किसी भी प्रकार के संघर्ष के लिए तैयार थी। वे रानी के कहने मात्र से स्वाधीनता के लिए बड़े से बड़ा बलिदान देने को तैयार थे। दरबारियों और जनता में जोश की लहर दौड़ गई।

अंग्रेजों को कित्तूर की स्वतंत्रता खटक रही थी और वे इस अवसर की तलाश में थे कि कित्तूर को हड़प सके। एक दिन अंग्रेज कलेक्टर थैकरे ने कित्तूर की घेराबंदी कर दी। अंग्रेज कित्तूर के किले में घुसने का प्रयास कर रहे थे। रानी ने अपने सरदारों को आदेश दिया कि अंग्रेजों को कुचल डालो और अंग्रेजों को खदेड़कर राज्य के बाहर भगा दो। देखते ही देखते रानी के सेना के रणबांकुरों ने अंग्रेजी सेना को तहस-नहस कर दिया। अंग्रेजी सेना जान बचाकर भाग खड़ी हुई। रानी की सेना ने अंग्रेजों के चालीस लोगों को बंदी बना लिया, जिनमें कुछ महिलाएँ व बच्चें भी थे। रानी ने बंदी सैनिकों को बंदीगृह में डाल दिया, लेकिन महिलाओं और बच्चों को सुरक्षित अपने अतिथि-गृह में रख लिया। रानी ने अंग्रेजों के यहाँ संदेश भेजकर कहा कि वे महिलाओं व बच्चों को ले जाएँ। रानी महिलाओं व बच्चों को ससम्मान अंग्रेजों को सौंप दिया। रानी की उदारता एवं सहृदयता से अंग्रेज बहुत प्रसन्न व प्रभावित हुए। कलेक्टर थैकरे भी रानी के इस उदारतापूर्ण व्यवहार से प्रभावित हुए बिना नहीं रह सके। यह रानी चेन्नम्मा की सहृदयता व उदारता ही थी। रानी के मुट्ठीभर लोगों ने अंग्रेजों के हौंसले पस्त कर दिए थे।

इस अपमानजनक हार के बाद कलेक्टर थैकरे ने कई बार प्रयास किया कि रानी उनकी आधीनता स्वीकार कर कित्तूर राज्य को उनके हवाले कर दे, लेकिन उनके सभी प्रयास विफल हुए। कलेक्टर थैकरे से व्यक्तिगत रूप से मिलकर रानी को समझाने का प्रयास किया, लेकिन रानी ने उसे टके-सा जवाब दे दिया। अंत

में कलेक्टर ने कित्तूर दुर्ग पर तोपें लगवा दीं और कित्तूरवासियों को चेतावनी दी कि यदि दुर्ग का फाटक नहीं खोला गया तो वह तोपों से दुर्ग को धराशायी कर देगा। रानी चेन्नम्मा के ऊपर इस चेतावनी का किंचित मात्र भी प्रभाव नहीं पड़ा और वे दुर्ग के अंदर अपनी तैयारी करती रहीं। रानी ने दुर्ग के परकोटे से जैसे ही आह्वान किया और दुर्ग का फाटक खुल गया। दुर्ग के अंदर से रानी की सेना बिजली की गति से अंग्रेजी सेना पर टूट पड़ी। अंग्रेज इस बात की कल्पना भी नहीं कर सके थे। रानी की जुझारू और बहादुर सेना के जवानों ने अंग्रेज सेना को मौत के घाट उतारना शुरू कर दिया, जिससे अंग्रेज सेना में खलबली मच गई और उनके पैर उखड़ गए तथा उन्होंने जान बचाकर भागना शुरू कर दिया। इस भीषण युद्ध में कलेक्टर थैकरे को अपने प्राण गंवाने पड़े। यह देख अंग्रेजी सेना में हाहाकार मच गया। इस युद्ध में अंग्रेजों के कलेक्टर के अतिरिक्त अन्य कई जिम्मेदार अधिकारियों को अपने प्राणों से हाथ धोना पड़ा। रानी की बहुत बड़ी जीत हुई थी और अंग्रेज रानी के नाम से ही थर्राने लगे थे। लोगों को विश्वास ही नहीं हो रहा था कि रानी की मुट्ठीभर सेना ने यह कारनामा दिखाया है।

जब अनेक प्रलोभनों के बाद भी जब कित्तूर की रानी ने अंग्रेजों की आधीनता स्वीकार नहीं की, तब अंग्रेजों ने कई देशी राजाओं को मिलाकर एक बार पुनः कित्तूर पर आक्रमण करने की योजना बनाई। अंग्रेजों ने एक बार पुनः दिसम्बर 1824 में कित्तूर पर आक्रमण कर दिया। रानी के पास सैन्य बल अंग्रेजों की तुलना में बहुत कम था लेकिन उनके हौंसले बढ़े-चढ़े थे। रानी पुनः अंग्रेजों का प्रतिरोध किया। पांच दिन तक भयंकर युद्ध होता रहा। चारों ओर लाशें ही दिखाई देती थीं। रानी अपने जवानों में उत्साह भरकर अंग्रेजों को खदेड़ने के लिए संकल्पित थीं। 5 दिसम्बर 1824 को अंग्रेजों ने कित्तूर के किले को ध्वस्त कर दिया और युनियन जैक फहरा दिया। रानी चेन्नम्मा को बंदी बना कर बेनहोंगल किले के वंदीगृह में डाल दिया गया। 2 फरवरी 1829 को रानी की मृत्यु हो गई। रानी की वीरता, साहस व पराक्रम देशवासियों के लिए सदैव प्रेरणास्रोत रहेगी। कित्तूर के खण्डहर आज भी अपने अतीत की गौरव गाथा गाते हैं। बेनहोंगल में रानी चेन्नम्मा का स्मारक तथा धारवाड़ में बना कित्तूर पार्क आज भी रानी की वीरगाथा कह रहा है।

5. फ्लोरेंस नाइटेंगल

इंग्लैण्ड के एक सम्भ्रांत व धनाढ्य परिवार में जन्मी फ्लोरेंस नाइटेंगल का नर्सिंग व सेवाक्षेत्र में बहुत ऊँचा स्थान है। उन्होंने धनी परिवार की मर्यादाओं को तोड़कर क्रीमिया के युद्ध में घायल व बीमार लोगों की पूरी लगन व निष्ठा से सेवा की तथा नर्सिंग को समाज में सम्मानजनक स्थान दिलाया।

फ्लोरेंस का जन्म इटली के फ्लोरेंस शहर में 12 मई 1820 को एक धनाढ्य परिवार में हुआ था। बाद में कतिपय कारणों से उनका परिवार इंग्लैण्ड चला आया, वहीं पर फ्लोरेंस की शिक्षा-दीक्षा हुई। फ्लोरेंस की प्रारंभिक शिक्षा घर पर ही हुई। उन्होंने अंग्रेजी, इटैलियन, लैटिन व फ्रेंच का अच्छा ज्ञान प्राप्त कर लिया। बाद में फ्लोरेंस ने इतिहास, दर्शनशास्त्र का भी अध्ययन किया। उन्होंने अपने पिता के साथ अनेक देशों की यात्रा की।

फ्लोरेंस बहुत दयालु व प्रकृति प्रेमी महिला थीं तथा दूसरों की दिल खोलकर सहायता करती थीं। वह लोगों के कष्ट व परेशानियों से विह्वल हो जाती थीं। उस समय समाज में नर्सिंग का कार्य सम्मान की दृष्टि से नहीं देखा जाता था और समाज में नर्सों की प्रतिष्ठा नहीं थी। फ्लोरेंस नर्स बनकर दुखियों और पीड़ितों की सेवा करना चाहती थीं, लेकिन नर्सिंग उस समय सम्मानजनक कार्य नहीं माना जाता था। अतः फ्लोरेंस के माता-पिता ने प्रारंभ में उनका विरोध किया, लेकिन वे दृढ़निश्चयी फ्लोरेंस को रोक नहीं सके और अन्ततः उन्हें इस कार्य के लिए फ्लोरेंस को अनुमति देनी पड़ी।

उस समय अस्पतालों की दशा बहुत खराब थी। उनमें बहुत गंदगी होती थी। महिलाएँ नर्सिंग का कार्य नहीं करती थीं। अस्पताल में मरीजों के बिस्तर व कपड़े नहीं बदले जाते थे तथा अस्वास्थ्यकर वातावरण होने के कारण अक्सर नर्सिंग

कार्य करने वाले बीमार हो जाते थे। हद तो यह थी कि नर्सों को भी मरीजों के निकट एक कटघरे में सोना पड़ता था। मरीजों को दिया जाने वाला खाना भी निम्न स्तर का होता था। नर्सों को न तो अच्छा वेतन दिया जाता था और न ही उन्हें सम्मान की दृष्टि से देखा जाता था।

फ्लोरेंस को नर्सिंग का प्रथम अवसर तब प्राप्त हुआ, जब उनकी दादी बीमार पड़ीं। उन्होंने अपनी दादी की पूरे मनोयोग से सेवा कर लोगों को प्रभावित किया। फ्लोरेंस ने नर्सिंग का विधिवत कोई प्रशिक्षण प्राप्त नहीं किया था, अतः उन्हें प्रारंभ में अनेक परेशानियों का सामना करना पड़ा। उन्होंने धीरे-धीरे घर पर पुस्तकें पढ़कर दवाओं और नर्सिंग के विषय में पर्याप्त जानकारी प्राप्त कर ली थी। फ्लोरेंस ने परिवार व समाज की परवाह किए बिना नर्स बनने की योजना बना ली। उन्होंने पास के गाँव के बीमार लोगों के बीच जाकर प्राण-पण से सेवा कर उनका उपचार किया। बाद में उन्हें जर्मनी जाने का अवसर प्राप्त हुआ, जहाँ उन्होंने अस्पतालों में नर्सिंग का प्रशिक्षण प्राप्त किया। वापस इंग्लैंड लौटकर वे लंदन की एक संस्था 'केयर आफ सिक्स' (Care of Sicks) की सुपरिटेंडेंट बन गईं। उन्होंने नर्सिंग का प्रशिक्षण देना प्रारंभ कर दिया। इस कार्य के लिए उनकी चर्चा दूर-दूर तक होने लगी।

सन् 1854 में क्रीमिया का युद्ध प्रारंभ हुआ, जिसमें बहुत रक्तपात हुआ। सरकार ने फ्लोरेंस को चालीस नर्सों का इंचार्ज बनाकर सन्टरी इन टर्की भेजा। उस समय सन्टरी का अस्पताल युद्ध में घायल सैनिकों से पटा पड़ा था और अस्पताल में बहुत गंदगी थी। फ्लोरेंस ने अस्पताल की सफाई कर मरीजों की सेवा की। उनके प्रयास से अस्पताल और मरीजों की दशा में बड़ी तेजी से सुधार हुआ। उन्होंने व्यक्तिगत रुचि लेकर मरीजों के बिस्तरों और कपड़ों की व्यवस्था की और अस्पताल की रसोई में सफाई कर साफ व स्वास्थ्यवर्द्धक खाना मरीजों को दिया जाने लगा। फ्लोरेंस अपना पूरा समय मरीजों के सानिध्य में ही बिताती थीं, जिससे घायल मरीज शीघ्र स्वस्थ होने लगे। मरीज फ्लोरेंस के व्यवहार से बहुत प्रसन्न रहते थे और उनका देवी सदृश बहुत सम्मान करते थे। वह रात के अंधेरे में अपने हाथों में लैम्प लेकर मरीजों का हाल-चाल लेने जाती थीं। इस कारण उन्हें 'द लेडी विद द लैम्प' कहा जाने लगा और वे अन्त तक इसी नाम से प्रचलित हुईं।

कठोर परिश्रम के कारण फ्लोरेंस स्वयं बीमार हो गई, लेकिन वे घायल मरीजों को छोड़कर इंग्लैंड वापस जाने को तैयार नहीं हुई। 1860 में उन्होंने नर्सों के प्रशिक्षण के लिए 'नाइटेंगल नर्सिंग स्कूल' स्थापित किया। उनके प्रयास से नर्सिंग को सम्मानजनक और प्रतिष्ठित व्यवसाय माना जाने लगा। नर्सिंग के क्षेत्र में बड़े व प्रतिष्ठित परिवारों की महिलाएँ उनके प्रयास से आने लगीं। उनके प्रयास से अस्पतालों की दशा में भी सुधार हुआ। 13 अगस्त 1910 को लंदन में इस देवी का निधन हो गया। नर्सिंग के क्षेत्र में फ्लोरेंस नाइटेंगल का नाम स्वर्णाक्षरों में अंकित है।

6. प्रथम भारतीय शिक्षिका, सावित्रीबाई फुले

देश में सर्वत्र अज्ञान व अंधकार था। चारों ओर सामाजिक विषमता, छुआछूत, अविद्या, बाल विवाह, सतीप्रथा, कन्यावध, विधवा विवाह निषेध जैसी सामाजिक बुराइयाँ व्याप्त थीं। सर्वत्र शूद्रादि छोटी जातियों के प्रति विभिन्न प्रकार के अत्याचार हो रहे थे तथा समाज में नारियों की घोर उपेक्षा हो रही थी। उनके प्रति अनेक प्रकार की बंदिशें थीं और उनका कार्यक्षेत्र चूल्हे-चौके तक ही सीमित था। ऐसे घटाटोप अंधकार में महात्मा फुले और उनकी पत्नी माँ सावित्रीबाई फुले का आगमन दबे कुचले निरीह जनमानस के लिए किसी फरिश्ते के अवतरण से कम नहीं था।

सामान्यतया माना जाता है कि सावित्रीबाई ने अपने पति के कार्यों में ही हाथ बंटाया, जबकि वास्तविकता यह है उन्होंने अपने पति का मार्गदर्शन भी किया। स्वयं महात्मा फुले ने स्वीकार किया है कि यदि उनके जीवन में सावित्रीबाई नहीं होती तो वह अपना कार्य नहीं कर सकते थे। कहा भी जाता है कि प्रत्येक महापुरुष के पीछे किसी महिला का हाथ अवश्य होता है। फुले दम्पत्ति के विषय में यह कहावत शत-प्रतिशत चरितार्थ होती है। घर गृहस्थी की अपनी जिम्मेदारियाँ निभाते हुए सावित्री बाई सार्वजनिक जीवन को अंगीकार करने वाली वस्तुतः प्रथम भारतीय महिला थीं।

सावित्री बाई का जन्म महाराष्ट्र के सतारा जिले की खण्डाला तहसील के एक छोटे से गाँव जलगाँव में 3 जनवरी 1831 को हुआ था। उनके पिता खण्डोजी नेवसे पाटिल थे, जोकि स्वयं उच्च कुलीन थे। खण्डोजी को पेशवाई व अंग्रेजी दोनों शासनों में सम्मान प्राप्त था। सम्पन्न परिवार में जन्म लेने के बाद भी

सावित्री बाई को महिला होने के कारण ज्ञानदीप से दूर रखा गया। उस समय स्त्रियों को शिक्षा से दूर रखा जाता था। अशिक्षित होने के बावजूद सावित्री बाई अत्यन्त शालीन, सुसंस्कृत, सुन्दर तथा गृहकार्यों में प्रवीण थीं। उस समय बाल विवाह का प्रचलन था अतः 9 वर्ष की अल्पायु में उनका विवाह ज्योतिबा राव फुले से कर दिया गया, जिनकी भी आयु मात्र 13 वर्ष थी। वर्ष 1840 की यह घटना मात्र दो व्यक्तियों का मिलन ही नहीं था अपितु दो महाशक्तियों के मिलन के साथ ही भविष्य के क्रांतिकारी कार्यों के वृक्ष का अंकुरण था।

ज्योतिबाराव ने शादी के बाद अपना खेती-बाड़ी का कार्य करते हुए सावित्री बाई को आम के वृक्षों की छाया में बैठकर लिखना-पढ़ना सिखाया। आगे चलकर वे अंग्रेजी भाषा का ज्ञान प्राप्त कर एक महान शिक्षिका और एक सम्वेदनशील कवियत्री भी बनीं। ज्योतिबाराव स्त्री शिक्षा के प्रबल समर्थक थे और समाज की लड़कियों को शिक्षित करने के उनके संकल्प की शुरुआत उन्होंने सावित्री बाई को शिक्षित कर की। जिस प्रकार वे एक आदर्श पति थे, उसी प्रकार एक आदर्श गुरु भी थे।

उन्नीसवीं शताब्दी में पुणे ब्राह्मणी धर्म, संस्कृति का केन्द्र था, जहाँ ब्राह्मणों के मनगढ़ंत तथा पाखण्डी धर्मशास्त्रों का अड्डा था। महात्मा फुले ने पुणे को ही अपने क्रांतिकारी आंदोलन का केन्द्र बनाया। उनका मानना था कि बहुजनों की मुक्ति शिक्षा के प्रसार से ही संभव है, अतः वे कहते थे–

विद्या बिना मति गई, मति बिनी नीति गई।
नीति बिना गति गई, गति बिना वित्त गया।
इतना सब अनर्थ हुआ, अकेले विद्या बिना।।

अशिक्षित सावित्री को शिक्षित बनाकर महात्मा फुले समझ गए थे कि उनका शिक्षा का मिशन अब पूरा हो जाएगा। सावित्री बाई जिस प्रकार ज्योतिबाराव की अर्धांगिनी थीं, उसी प्रकार वे उनके क्रांतिकारी आंदोलन की भी अर्धांगिनी थीं। ज्योतिबा राव के समान उनमें भी धैर्य, लगन, समर्पण व त्याग की भावना थी। अपने इन अलौकिक गुणों के कारण सावित्री बाई ने अपना घर, परिवार का सुख त्यागकर अपने पति के सार्वजनिक कार्यों में बढ़-चढ़कर साथ दिया। उन्होंने सामाजिक कटाक्ष, उपहास, अपमान सहन कर संकटों से खुलकर मुकाबला किया। वे कदापि विचलित नहीं हुई। फुले दम्पत्ति परस्पर एक दूसरे के लिए प्रेरणा स्रोत थे। ज्योतिबाराव के रिश्ते की

दूर की बहन सगुणा बाई जोकि विधवा थीं, जिन्होंने ज्योतिबा राव की माँ की मृत्यु के उपरान्त देखभाल की थी। सगुणा बाई ने भी सावित्री बाई के साथ पढ़ना-लिखना प्रारंभ किया और दोनों ने मराठी का बहुत अच्छा ज्ञान प्राप्त कर लिया।

सन् 1948 में ज्योतिबा राव ने शिक्षा के अपने मिशन का शुभारंभ करते हुए पुणे में देश का प्रथम कन्या विद्यालय खोला और सावित्री बाई इसमें प्रथम शिक्षिका बनीं। उस समय पुणे में मिशेल नाम की एक ब्रिटिश मिशनरी महिला नार्मल स्कूल चलाती थीं। सावित्री बाई और सगुणा बाई ने इस विद्यालय में प्रवेश लेकर अध्यापन कार्य का प्रशिक्षण प्राप्त किया। इसके बाद वे अपने विद्यालय में पढ़ाने लगीं तथा घर-घर जाकर लड़कियों को पढ़ने-लिखने के लिए प्रेरित करने लगीं। इससे तत्कालीन सनातनी हिन्दू समाज में हड़कम्प मच गया। वे लोग कहते थे कि सावित्री बाई उनकी लड़कियों को बरबाद कर रही है। ऐसे तत्वों सावित्री बाई के ऊपर गोबर, कीचड़ फेंक कर मारते थे तथा उन्हें भद्दी-भद्दी अश्लील गालियाँ भी देते थे। सावित्री बाई तत्कालीन सामाजिक व्यवस्था से भली-भांति परिचित थीं, अतः वह गोबर, कीचड़ की गंदगी को उपहार मानकर अपने मिशन में मनोयोग से लगी रहीं और किंचित मान भी विचलित नहीं हुई।

चूंकि प्राचीन हिन्दू व्यवस्था के अनुसार समाज में शूद्रों और स्त्रियों के लिए शिक्षा ग्रहण धर्म विरोधी आचरण कहा गया है, इयलिए कट्टर सनातनी हिन्दुओं ने फुले दम्पत्ति की शिक्षा क्रांति के कदमों को रोकने के लिए अनेकों प्रकार की बाधाएँ खड़ी कीं और उनके विरुद्ध जोरदार अभियान चलाया गया। इन बाधाओं से विचलित हुए बिना सावित्री बाई अपने पति के साथ निरन्तर अपने मिशन को कामयाब करती रहीं। जब मनुवादी शक्तियाँ अपने अभियान में सफल नहीं हुई तो उन्होंने फुले के पिता को मोहरा बनाया। ज्योतिबाराव के पिता ने उनसे कहा कि स्कूल चलाओ तो उनका घर छोड़ दो। फुले दम्पत्ति ने स्कूल चलाना न छोड़कर पिता का घर छोड़ना स्वीकार किया। वे अपने ध्येय से नहीं भटकीं और अनवरत शिक्षण कार्य में लगी रहीं।

पिता के घर से निर्वासित होने के उपरान्त फुले दम्पत्ति को दर-दर की ठोकरें खानी पड़ी और उन्हें अपने सगे सम्बन्धियों के घर पर भी आश्रय नहीं मिला। अन्ततः उन्हें एक प्रगतिशील मुस्लिम उस्मान शेख के घर पर आश्रय प्राप्त हुआ। उस्मान शेख ने अपनी पत्नी फातिमा शेख को भी सावित्री के साथ मिशन में जोड़

दिया। सावित्री बाई ने फातिमा शेख को भी शिक्षण का प्रशिक्षण दिलाकर अध्यापिका बना दिया। उल्लेखनीय है कि फातिमा शेख मुस्लिम समाज की सर्वप्रथम शिक्षिका हैं।

नारी शिक्षण के क्रांतिकारी कार्य में सावित्री बाई ने अप्रतिम योगदान दिया। अपने पति की तरह उन्होंने भी तत्कालीन पुराण पंथियों के प्रखर विरोध का सामना करते हुए अनवरत शिक्षण कार्य जारी रखा। उन्होंने क्रमशः अट्ठारह विद्यालयों की स्थापना कर हजारों कन्याओं को शिक्षित किया, जिनको शिक्षा से वंचित कर घर की चारदीवारी में बंद कर दिया गया था।

सन् 1863 में महात्मा फुले ने 'बाल हत्या प्रतिबंधक गृह' की स्थापना की, जिसमें लगभग 100 विधवाओं ने अवैध बच्चों को जन्म दिया यह बहुत बड़ा क्रांति कारी कार्य था। इस आश्रम का संचालन पूर्णरूपेण सावित्री बाई के हाथों में था। उन्होंने इन अनाथ बच्चों को पालपोसकर, पढ़ा-लिखाकर जिम्मेदार नागरिक बनाया। काशीबाई नाम की एक ब्राह्मण विधवा अपने सगे-संबंधियों की कामवासना का शिकार होकर गर्भवती हो गई थी और उसके पास आत्महत्या के अतिरिक्त अन्य कोई विकल्प नहीं था और इसी प्रयोजन से नदी में कूदना चाहती थी। उसी समय फुले दम्पत्ति ने वहाँ पहुँचकर उसे सान्त्वना देकर आत्महत्या करने से रोका। वे उसे बाल हत्या प्रतिबन्धक गृह में ले आए और उसके प्रसव आदि की व्यवस्था की। उससे उत्पन्न बच्चे को पालपोसकर बड़ा किया और उसे गोद ले लिया। फुले दम्पत्ति ने उसे पढ़ा लिखाकर उसका नाम यशवन्त राव रखा तथा उसे अपना उत्तराधिकारी बनाया। पता नहीं काशी बाई जैसी कितनी महिलाएँ तत्कालीन सामाजिक तिरस्कार और उत्पीड़न की शिकार होकर मनुवादी कुटिल इतिहास के पन्नों पर दबकर रह गई हैं। फुले दम्पत्ति का सहारा पाकर काशीबाई प्रकाश में आई।

यह भारतीय इतिहास की विडम्बना है कि सामाजिक जीवन में नारी को कभी भी सम्मानजनक स्थान प्राप्त नहीं हो सका। सन् 1818 में पेशवाशाही के पतन के उपरान्त ब्रिटिश शासन की स्थापना हो गई थी, फिर भी नारी जाति की दयनीय दशा बरकरार थी। नारी स्वतंत्रता एवं समानता के आंदोलन भारत के इतिहास में कभी सफल नहीं हो सके। इस दौरान अनेक धर्म-सम्प्रदाय जन्मे और पनपे, लेकिन उनमें से किसी में भी नारी स्वतंत्रता को कहीं स्थान प्राप्त नहीं हो सका। सभी धर्मों में नारी का संबंध पापों से ही जोड़ा गया। फुले युगीन भारत में नारी स्वातन्त्रय की प्रथम पुरोधा थीं।

फुले युग में बाल विधवाओं के बालों को नाई द्वारा जबरन कटवा दिया जाता था। उस समय बालिका निरीह जानवरों की भांति रोती बिलखती थी, लेकिन उस का करुण क्रन्दन सुनने वाला कोई नहीं था। सावित्री बाई ने अपने पति से मिलकर 1823 में राधाबाई नामक विधवा को सती होते देखा था। उन्होंने देखा था कि वह जबरन चिता में डाल दी गई थी, जबकि वह बचने के लिए बाहर भागने का प्रयास कर रही थी। चिता के चारों ओर खड़े लाठी डंडों से लैस अनेक लोग उसे वापस चिता में ढकेल देते थे। चिता के पास ही भजन कीर्तन हो रहा था। उस समय धर्म के नाम पर वह महिला पाशविक अमानवीय व्यवहार झेलने के लिए विवश थी। तत्कालीन लोकमान्य कहे जाने वाले तिलक महाराज जैसे कट्टरवादी ब्राह्मण नेता का विचार था कि नारी शिक्षित होने के बाद कुमार्ग पर चलती है। फुले दम्पत्ति का मानना था कि शिक्षा पुरुषों की अपेक्षा महिलाओं के लिए अधिक जरूरी है। भारत में नारी शिक्षा का प्रथम प्रयास फुले दम्पत्ति ने ही किया था।

सन् 1876-77 में महाराष्ट्र में भयंकर अकाल पड़ा। खाद्य सामग्री के अभाव में हजारों लोग असामयिक मौत के मुँह में जा रहे थे। सावित्री बाई ने अपने पति के साथ पूरे मनोयोग से खाद्य सामग्री आपूर्ति कर सत्य शोधक समाज की ओर से सहायता शिविर लगाए। सावित्री बाई ने इस कार्यक्रम में अपने पति के साथ रात-दिन एक कर महत्वपूर्ण भूमिका का निर्वाह किया।

अपने पति के जीवन काल में सावित्री बाई ने अपने पति के कंधे से कन्धा मिलाकर प्रत्येक क्षेत्र में अपनी क्रांतिकारी भूमिका निभाई। पति की मृत्यु के उपरांत सत्य शोधक समाज का वर्ष 1891 से 1897 तक नेतृत्व कर सावित्री बाई ने महत्वपूर्ण योगदान दिया। 1893 में पुणे के निकट सासवड में सावित्री बाई की अध्यक्षता में सत्य शोधक समाज का अधिवेशन आयोजित किया। महात्मा फुले के अनन्य सहयोगी महाधर पाटिल ने 1891 में महात्मा फुले का प्रथम जीवन चरित्र प्रकाशित किया। उसमें वे लिखते हैं–"ज्योतिबाराव के जीवन काल में ही उनके संपूर्ण कार्यों की जिम्मेदारी सावित्री बाई ने संभाली है। आज उनकी मृत्यु के उपरांत सत्य शोधक समाज की संपूर्ण जिम्मेदारी सावित्री बाई ने उठाई है।" अपने कार्यकाल में सावित्री बाई ने सत्य शोधक समाज से संबंधित सभी संगठनों का भली-भांति संचालन किया। वे प्रत्येक कार्य को पूरे मनोयोग से करती थीं।

उस समय व्याप्त एक कुप्रथा के अनुसार विधवाओं के सिर के बाल जबरन नाई से कटवा दिये जाते थे। इस कुप्रथा के निर्मूलन से सावित्री बाई ने अपने पति के साथ मिलकर नाई समाज को संगठित कर विधवाओं के बाल न काटने के लिए राजी कर लिया। नाइयों ने विधवाओं के बालों का मुण्डन करने से मना कर दिया। फुले दम्पत्ति के इस क्रांतिकारी कार्य से तत्काल कट्टरपंथी ब्राह्मण समाज बौखला गया और वे स्वयं उस्तरा लेकर विधवाओं का केश कर्तन करने लगे। ब्राह्मण समाज अधिक समय तक नाइयों का यह कार्य नहीं कर सका और अन्ततः उन्होंने उन्हें अपने हथियार डालने पड़े। इस प्रकार समाज को विधवाओं के मुण्डन की घिनौनी प्रथा से मुक्ति मिल गई।

सावित्री बाई ने अपने पति के सहयोग से छुआछूत व अस्पर्श्यता उन्मूलन का कार्य किया। उन्होंने पानी भरने के लिए अछूतों के लिए अपने घर का कुआं खोल दिया। उपेक्षितों व वंचितों के प्रति उनके मन में गहरी सहानुभूति थी। उन्होंने एक बार अपने भाषण में कहा था– "दो हजार वर्षों से ऊँची जाति के लोगों ने शूद्रों को ज्ञान, सम्पत्ति व सत्ता से वंचित रखा है। इस कारण विदेशियों ने आक्रमण कर इन ऊँची जातियों को पराभूत किया। हम केवल देखते ही नहीं रहे अपितु आने वाले विदेशियों की सहायता भी करते रहे। यही सच्चा इतिहास है। क्या इसके लिए ऊँची जाति के लोग जिम्मेदार नहीं है? वे ज्ञान, सत्ता और सम्पत्ति से उन्मुक्त, हमें पूछते भी नहीं थे। देश की बार-बार पराजय के लिए वे ही जिम्मेदार हैं। यह कहने का अधिकार हमें शिक्षा ने ही दिया है। अज्ञान, मजबूरी, लाचारी और पाखण्डवाद के चक्रव्यूह में फंसे शूद्रों में शिक्षा से ही चेतना का निर्माण होगा।" फुले दम्पत्ति दलित बस्तियों में जाकर लोगों को समझाते और उनके बच्चों को स्कूल में भर्ती करने हेतु प्रोत्साहित करते थे।

सावित्री बाई द्वारा किए गए अनेक सामाजिक कार्यों से उनके निकटतम परिवारीजन भी प्रसन्न नहीं थे। जब उनके भाई ने उनसे कहा—"तू और तेरा पति जाति से बहिष्कृत हैं। तुम महार-मांग आदि अछूतों के लिए जो कार्य कर रहे हो, यह बात अच्छी नहीं है और इससे हमारे परिवार पर कलंक लग रहा है। इसलिए मेरा कहना है कि तुम पति-पत्नी को जाति प्रथा के अनुरूप और भट-ब्राह्मणों द्वारा निर्देशित आचरण करना चाहिए।" इस पर सावित्री बाई ने अपने भाई को उत्तर दिया—"भाई, तेरी बुद्धि संकीर्ण है और भट-ब्राह्मणों की शिक्षा से दुर्बल हो गई है। तू गाय-बकरी आदि जानवरों से प्रेम करता है तथा नागपंचमी पर नागों को दूध पिलाता है। महार-मांग भी तेरे जैसे इंसान हैं, तू उन्हें अछूत मानता है। ये भट

लोग ही पूजा करते समय तुझे अपवित्र मानते हैं और तुझ जैसों को महार ही मानते हैं। महार मांग लोगों को भी शिक्षा ग्रहण कर इंसानों की तरह जीना चाहिए। इसके लिए मेरे स्वामी ज्यातिबाराव सतत संघर्ष कर रहे हैं। उन्हें शिक्षित कर रहे हैं और मैं भी इस कार्य के लिए उनके साथ लगी हूँ, इसमें अनुचित क्या है? यह कार्य कितना सुखद है और इससे मुझे प्रसन्नता होती है।" इस वार्तालाप से ही सावित्री बाई की भावनाओं को समझा जा सकता है और उनके पति के साथ उनकी निष्ठा को भी समझा जा सकता है। इससे उनका दृढ़ संकल्प भी परिलक्षित होता है। वे मानती थीं कि शूद्रों और अतिशूद्रों के आपसी भेदभाव से ही ब्राह्मणवाद को बढ़ावा मिलता है।

सावित्री बाई उच्च कोटि की कवियत्री भी थीं। अपने ओजस्वी काव्य पाठ व भाषण से वे लोगों को झकझोर देती थीं। उन्होंने अपने पति के साथ अछूतोद्धार के साथ ही खेतिहर किसानों, मजदूरों आदि की सेवा, लगान माफी, प्रौढ़ शिक्षा, महिला शिक्षा, भ्रूण हत्या आदि सामाजिक कार्यों में सक्रिय भूमिका निभाई। मराठी के प्रसिद्ध जीवनी लेखक धनंजय कीर ने लिखा है–"ज्योतिबा की पत्नी सावित्री बाई बाल हत्या प्रतिबन्धक गृह के बच्चों की वात्सल्य भाव से सेवा करती थीं। उनकी अपनी कोई संतान नहीं थी, फिर भी उन्होंने दयाशीलता, उदारता और वात्सल्य से अनाथ बच्चों को जी जान से चाहती थी तथा उनके साथ घुल-मिलकर रहने से उन्हें सुख व संतोष मिलता था।"

उनका जीवन अत्यन्त संघर्षमय रहा। अपने पति की मृत्यु के बाद भी वह उनके कार्यों को कुशलतापूर्वक करती रहीं। उनकी तुलना किसी से भी नहीं की जा सकती। महाराष्ट्र में फुले के समकालीन अनेक उच्चवर्गीय समाज सुधारकों ने जन्म लिया। उनमें से किसी ने भी अपनी पत्नी को सार्वजनिक कार्यों में भाग नहीं लेने दिया। इसके विपरीत शूद्र कुल में जन्मी निरक्षर सावित्री बाई ने शिक्षा प्राप्त कर अध्यापन कार्य किया और साथ ही अंग्रेजी भाषा का भी ज्ञान प्राप्त किया। ज्योतिबाराव फुले का संपूर्ण ऐश्वर्य, तेज, धैर्य और महानता उनकी पत्नी सावित्री बाई फुले के कारण ही तेजोमय हो सका था।

1897 में महाराष्ट्र में हैजे का प्रकोप हुआ, जिससे हजारों को अपने प्राण गंवाने पड़े थे। लोग गाँव छोड़कर भाग कर जंगलों में शरण ले रहे थे। ऐसे संक्रमण काल में पुणे और उसके आसपास फुले दम्पत्ति ने सत्य शोधक समाज की ओर से अनेक सेवा केन्द्र खोले। उन्होंने अपने दत्तक पुत्र यशवन्त राव की सहायता से हजारों रोगियों को रोगमुक्त किया। एक दिन सावित्री बाई ने रोग

से पीड़ित महार जाति के लड़के को सड़क के किनारे तड़पते देखा। उसका इलाज करना तो दूर लोग उसे छूना तक पसन्द नहीं करते थे। सावित्री बाई ने उसे कंधे पर लादकर स्वयं अपने पुत्र के दवाखाने में पहुँचाया। इस कारण संक्रमण से वह स्वयं हैजे की रोगी हो गयीं और भयंकर रूप से बीमार हो गयीं। उनके दत्तक पुत्र ने उनका इलाज किया, लेकिन उन्हें बचाया नहीं जा सका। अन्ततः वह 10 मार्च 1897 को इस संसार को छोड़कर सदा सर्वदा के लिए चली गईं। यह ज्ञान ज्योति बुझने से पूर्व पता नहीं कितने अंधकार में डूबे लोगों की प्रगति का पथ आलोकित कर गईं।

महात्मा फुले और सावित्री बाई फुले के जीवन का गहन अध्ययन करने वाली लेखिका फुलबन्ताबाई झोडगे ने अपने एक लेख में लिखा है—"अपने देश की महिलाओं में सावित्री बाई प्रथम शिक्षित स्त्री, प्रथम अध्यापिका, भारत की सभी जातियों में महिलाओं की नेता और छुआछूत कुप्रथा का प्रखर विरोध करने वाली पहली महिला कार्यकर्ता थीं। अपनी स्पष्टवादिता, शूद्र-अतिशूद्र समाज में क्रांतिकारी परिवर्तन लाने की उनकी दूर दृष्टि सद्वचन, विद्या प्रेम, विलक्षण जिद और उसके साथ दृढ़ निष्ठा आदि गुणों के कारण उनकी महानता द्विगणित होती है। उन्होंने अपना संपूर्ण जीवन पद दलित वर्ग, किसान, गरीब तथा मजदूरों के उत्थान के लिए समर्पित किया था। नए आचार-विचारों की एक महान परंपरा अपने कार्य से शुरू कीं।"

7. वीरांगना झलकारी बाई

भारतीय इतिहासकारों ने विद्वेष व स्वार्थवश अपनी कमजोरियों पर पर्दा डालकर सत्य को छिपाने के लिए छोटी जातियों के लोगों के बलिदानों को छिपाने के षड्यंत्र के तहत बहुजन क्रांतिकारियों को विस्मृत करने का प्रयास किया है और उच्च जातियों के पूर्वजों को सर्वोच्चता प्रदान करने के लिए उनके चरित्रों को बढ़ा-चढ़ाकर अंकित किया है। प्रसिद्ध हिन्दी कवयित्री सुभद्राकुमारी चौहान ने महारानी लक्ष्मी बाई का महिमामण्डन कर उनका गुणगान किया और तत्कालीन शूद्र नायकों यथा-झलकारी बाई, सुन्दर बाई, मोती बाई आदि महिला पात्र जिन्होंने अपने अदम्य साहस, शौर्य व बलिदानों से रानी झांसी की सेना में रहकर अंग्रेजों के विरुद्ध सशस्त्र संघर्ष का शंखनाद किया, की अपने काव्य में चर्चा भी नहीं की। निःसंदेह इसमें जातीय विद्वेष, ईर्ष्या की मानसिकता की गंध आती है। यदि दलित चिन्तक और विचारक जागरूक न होते तो झलकारी बाई आदि के बलिदानों पर प्रश्न चिह्न लग जाता और उनकी चर्चा भी नहीं होती।

यह ऐतिहासिक विडम्बना है कि "स्त्री शूद्रों न विद्या न धीयताम" के दौर में झलकारी बाई कोरी के बलिदान को महिमा मण्डित करने वाला कोई इतिहासकार नहीं था। झलकारी बाई का त्याग और बलिदान इसलिए अधिक महत्वपूर्ण है, क्योंकि उसके समक्ष न तो किसी राज-पाट का स्वप्न था और न ही सिंहासन का लोभ। रानी झांसी यदि जीत भी जातीं, तो भी वह बेचारी दासी ही बनी रहती। इससे अधिक तो और कुछ नहीं।

देश में व्यापारी बनकर आए अंग्रेजों ने ईस्ट इंडिया कंपनी के माध्यम से धीरे-धीरे पूरे देश पर अपना प्रभुत्व स्थापित कर लिया और वे देश के एक क्षत्र

शासक बन गए। धीरे-धीरे देशी राजाओं में अंग्रेजों के विरुद्ध विद्रोह की ज्वाला सुलगने लगी, जिसकी परिणति 1857 में हुए सैनिक विद्रोह में हुई, जिसे भारतीय स्वतंत्रता का प्रथम संग्राम कहा जाता है। इस संग्राम में जहाँ एक ओर अंग्रेजों के विरुद्ध देशी राजा और नवाब थे, वहीं दूसरी ओर हिन्दू-मुसलमान, किसान, बुद्धिजीवी व व्यापारी भी थे। बहुत से लोग देशी रियासतों में सैनिक के रूप में भर्ती हो गए, इनमें पुरुष तो थे ही, महिलाओं की संख्या भी कम नहीं थी। ऐसी ही दलित वीरांगना झलकारी बाई कोरी भी थीं जो झांसी की सेना में अपने पति पूरन कोरी के साथ भर्ती हुई थीं।

झलकारी बाई का जन्म झांसी जिले के भोजला गांव में सन् 1830 में हुआ था। उनके पिता का नाम मूलचन्द कोरी और माँ का नाम धनिया था। बचपन से ही झलकारी अत्यन्त चंचल व गुणवती थी। उनके माँ-बाप उससे बहुत स्नेह करते थे। तत्कालीन व्यवस्था के अनुसार वे पढ़-लिख नहीं सकीं। वे जंगलों से लकड़ियाँ बीनकर लातीं और घर के सभी कामकाज करतीं। वे गृहकार्यों में भी दक्ष थीं। माँ-बाप द्वारा बचपन में सुनी कहानियों का झलकारी के जीवन पर बहुत प्रभाव पड़ा था। वे बचपन से ही बुहत निर्भीक थीं। उनके पिता एक अच्छे पहलवान थे और उन्हें भी खेलों में रूचि थी तथा कुश्ती के दांव-पेंच वे अपने पिता से सीखती थीं। झलकारी बाई नित्य प्रति कुश्ती व मलखम्भ का अभ्यास करती थीं। उन्होंने लाठी, भाला, तलवार तथा बंदूक चलाना भी सीख लिया था। वे प्रतिदिन घोड़े की सवारी करतीं और बंदूक से निशाना लगाना सीखती थीं।

झलकारी के जीवन की एक घटना है, वे एक बार जंगल में लकड़ियाँ काटने गयीं तो उन्हें पता चला कि गाँव के मुखिया रामचन्द्र यादव के घर पर डकैती पड़ रही है। डाकुओं ने मुखिया के हाथ-पैर बाँध रखे थे। उस समय किसी को भी उनके पास जाने का साहस नहीं हो रहा था। झलकारी बाई लाठी लेकर मुखिया के घर कूद पड़ी और एक डकैत के सिर पर लाठी का प्रहार किया, जिससे वह बेहोश होकर वहीं गिर पड़ा। यह देख और शोर-शराबा सुनकर बाकी डकैत भाग खड़े हुए और डकैती नहीं पड़ सकी तथा मुखिया की जान बच गई। इस घटना से प्रभावित होकर मुखिया ने गाँव की बहादुर बेटी झलकारी बाई को बहुत सम्मान दिया तथा उसकी शादी का पूरा खर्च स्वयं उठाने का वायदा किया। जब झलकारी का विवाह पूरन कोरी से हुआ तब मुखिया ने अपना वायदा निभाया और शादी का पूरा खर्च वहन किया।

पूरन के घर पर कपड़ों की बुनाई का कार्य होता था। वह कुश्ती और मलखम्भ में भी बहुत तेज था। पूरन झांसी की सेना में भर्ती हो गया, जहाँ परिश्रम व निष्ठा से रानी की सेना का कुशल गोलन्दाज व तोपची बना।

एक बार किसी कार्यक्रम में रानी लक्ष्मीबाई ने झलकारी को देखा और उसके रूप व कद-काठी को देखकर उसे अपनी सेना में भर्ती होने को कहा। झलकारी ने सहर्ष प्रस्ताव स्वीकार कर सेना में भर्ती हो गई। झलकारी प्रतिदिन रानी के महल में बुलाई जातीं तथा रानी के साथ कुश्ती, मलखम्भ तथा अस्त्र-शस्त्र संचालन का अभ्यास करती। रानी ने झलकारी में अपनी छवि देखी थी, अतः वे झलकारी को सदैव अपने साथ रखती थीं।

झलकारी के कुश्ती, मलखम्भ तथा तलवारबाजी व बंदूक चलाने को लेकर ऊँची जातियों ने विरोध किया। वे एक शूद्र समाज की महिला को यह सब करते कैसे देख सकते थे? उनके विरुद्ध प्रचार किया गया कि झलकारी के बंदूक चलाने से एक ब्राह्मण की बछिया मर गयी है, जबकि वास्तव में बछिया मरी नहीं घायल हुई थी। इस अफवाह से पूरा गाँव झलकारी और उसके पति पूरन के विरुद्ध हो गया। बाद में स्वयं रानी बीच ने मध्यस्थता कर मामले को शांत किया। इस पंचायत में पूरन के विरुद्ध व्यवस्था दी गई कि उसे पूरे गाँव को भोज देना पड़ेगा। पूरन से क्लंक से बचने के लिए झलकारी को जेवरात बेचकर पूरे गाँव को भोज दिया। वाह री ब्राह्मणी व्यवस्था!

21 नवम्बर 1853 को रानी लक्ष्मीबाई के पति गंगाधर राव का देहावसान हो गया। झांसी पर शोक के बादल मंडराने लगे। उस समय तक झलकारी रानी की बहुत विश्वस्त बन चुकी थीं। वे रानी को सांत्वना देती रहीं। दुःख कम होने पर रानी पुनः राज्य के कार्य करने लगी। उस समय उनका दत्तक पुत्र दामोदर बहुत छोटा था और उसे झांसी का उत्तराधिकारी बनाने के लिए गवर्नर जनरल को पत्र लिख दिया गया था। डलहौजी उस समय एक-एक कर कई देसी रियासतों को हड़प कर अपने अधीन बना चुका था। उसकी कोपदृष्टि अब झांसी पर थी। अंग्रेजों ने दत्तक ग्रहण को अवैध घोषित कर दिया और दामोदर राव को राज्य का उत्तराधिकारी नहीं माना। अंग्रेजों ने 7 मार्च 1854 को एक विज्ञप्ति प्रसारित कर झांसी को अंग्रेजी राज्य में मिलाने की अधिसूचना जारी कर दी। 13 मार्च 1854 को यह अधिसूचना लेकर मैलकम एलिस रानी के दरबार में आया और उसने यह अधिसूचना पढ़कर सुनाई। रानी ने अत्यन्त आवेश में चिल्लाकर कहा—"मैं अपनी झांसी नहीं दूंगी" और वे इस परवाने को मानने को कतई तैयार नहीं हैं। उस

समय झलकारी रानी के पास ही थी, उसने कहा कि वह अपनी जान पर खेलकर भी झांसी की रक्षा करेगी।

अंग्रेजों ने अपने भारत विजय के अभियान में देशी राजाओं और नवाबों को तोड़कर अपने पक्ष में कर अनेक राज्यों को हड़पा। वास्तव में अंग्रेजों की शक्ति देश के गद्दार राजे-महाराजे ही थे। अंग्रेजों ने नत्थेखां की सहायता से तीस हजार सेना को लेकर झांसी पर आक्रमण कर दिया। जवाब में पूरन कोरी, झलकारी बाई, गुलाम गौस, भाऊ बख्श, जवाहर सिंह आदि सिपाहसालालों ने रानी की ओर मोर्चा संभाला। इस युद्ध में अंग्रेज पराजित हुए और उन्हें बहुत सा सामान, गोला-बारूद छोड़कर भागना पड़ा। इसके बाद रानी की सेना का एक विश्वस्त पीर अली गद्दारी कर अंग्रेजों से मिल गया। उसने अंग्रेजों को बताया कि जब तक पहाड़ी के ऊपर से झांसी के किले पर तोपें नहीं दागी जातीं, झांसी पर विजय प्राप्त करना संभव नहीं है। अंग्रेजों ने पहाड़ी पर अपनी तोपें तैनात कर लीं और ताबड़तोड़ गोले दागने प्रारंभ कर दिए। तात्या टोपे सेना लेकर रानी की सहायता के लिए चल चुके थे, लेकिन अंग्रेजों ने कालपी के निकट मोर्चाबंदी की, उसे दूसरी दिशा में जाने को विवश कर दिया। झांसी पर कब्जा करने के लिए भयंकर युद्ध हुआ। इस अभियान में भी पीर अली की तरह दीवान दुल्हा ने भी गद्दारी की और वह अंग्रेजों से मिल गया और उसने किले का ओरछा फाटक खोल दिया। अंग्रेजी सेना ने ओरछा फाटक से ही किले में प्रवेश किया। भाऊ बख्श, गुलाम गौस, पूरन और रघुनाथ ने रानी के आदेश पर किले से बाहर निकलकर अंग्रेजी सेना से लोहा लिया। चारों ओर लाशों के ढेर लग गए। एक बड़ी अंग्रेजी सेना से लड़ना अब मुश्किल लग रहा था, तब निर्णय लिया गया कि रानी को सुरक्षित बचाना बहुत आवश्यक है। झलकारी बाई रानी के कपड़े पहनकर अंग्रेजी सेना को उलझाकर युद्ध करने लगी। इसी बीच रानी दामोदर राव को लेकर भण्डारी गेट से पूरन के मोर्चे की ओर गई। पूरन कोरी वीरता से लड़ते हुए वीरगति को प्राप्त हुआ। झलकारी का वेश रानी लक्ष्मीबाई की तरह ही था। उसके चारों ओर के लोगों ने रानी लक्ष्मी बाई की जय का नारा लगाया। झलकारी अंग्रेजी सेना से बराबर युद्ध करती रही। झलकारी को अंग्रेजी सेना ने गिरफ्तार कर लिया। अंग्रेजी सेना में खुशी की लहर दौड़ गई। वे समझ रहे थे कि उन्होंने रानी को बंदी बनाया है। इस बीच रानी अंग्रेजी सेना से बचकर दूर निकल गई। कुछ देर बाद जनरल ह्यूरोज दीवान दूल्हा के साथ आया तो उसने बताया यह लक्ष्मीबाई नहीं झलकारी बाई

है। झलकारी ने गद्दार दीवान दूल्हा को खरी खोटी सुनाई। कहा जाता है कि झलकारी को उसी समय गोलियों से भून दिया गया। झलकारी अपने पति की मृत्यु के बाद भी विचलित नहीं हुई थीं और लगातार युद्ध करती रही थी। उसने जो देशभक्ति, साहस, शौर्य का जो परिचय दिया, वह अद्‌भुत है। उसने मरकर भी नारी जाति का मान बढ़ाया और साथ ही दलित जाति का भी मस्तक गर्व से ऊँचा किया। वह अमर है।

झांसी की रानी को भले ही राष्ट्रीय स्तर पर महिमा मण्डित किया गया हो लेकिन उनमें राष्ट्रीय चेतना कहीं भी परिलक्षित नहीं होती। उनकी लड़ाई तो झांसी के लिए ही थी, क्योंकि जब लार्ड डलहौजी ने उनके दत्तक को नामंजूर कर दिया और इसी आधार पर उन्होंने 7 मार्च 1854 को उत्तराधिकारी के अभाव में झांसी को ब्रिटिश राज्य में मिलाने का परवाना भेजा। यदि उस समय रानी की इसी शर्त के आधार पर यदि उन्हें झांसी मिल जाती, तो शायद वे अंग्रेजों के साथ मिलकर देशवासियों का दमन करतीं। उन्होंने अंग्रेजों से ऐसा वायदा भी किया था ऐसा कहा जाता है। यह भी उल्लेखनीय है कि रानी की मृत्यु के उपरान्त उनके दत्तक पुत्र दामोदार राव को एक छोटी सी जागीर भी दी गई थी। यह सब लिखने का उद्देश्य झांसी की रानी के बलिदान को नकारना नहीं है। मात्र यही कहना है कि उनसे अधिक बड़ा त्याग व बलिदान उनकी विश्वस्त सेविका झलकारी बाई का था।

8. वीरांगना अवन्ती बाई लोधी

भारतीय इतिहास की यह विडम्बना ही है कि देश में अनेक ऐसे महापुरुष, वीर और वीरांगनाएँ हुई हैं, लेकिन विषमतावादी वर्ण व्यवस्था के अभिशाप के कारण उनके नामों की चर्चा नहीं हुई और उनका त्याग और बलिदान विस्मृत कर दिया गया। हमारे इतिहासकारों ने निष्पक्ष आकलन नहीं किया और तमाम शहीदों और क्रांतिकारियों जिन्होंने देश की रक्षा के लिए अपने प्राणों का उत्सर्ग किया, को भुला दिया गया। आज पुनः पक्षपात रहित निष्पक्ष इतिहास के पुनर्लेखन की आवश्यकता है। ऐसी ही अनेक विभूतियों में रामगढ़ की रानी अवन्ती बाई लोधी, जिन्होंने अपना ऐश्वर्य, वैभव त्यागकर देश की रक्षा के लिए अपने को तिरोहित किया, का नाम सर्वोपरि है।

भारत में व्यापारी बनकर आई ईस्ट इंडिया कंपनी धीरे-धीरे देश की शासक बन बैठी और फूट डालो और राज्य करो की नीति से पूरे देश पर अपना अधिपत्य स्थापित कर लिया। उनके इस कार्य में देशी राजाओं का बहुत बड़ा योगदान था, जो अपने पड़ोसी राज्य को नीचा दिखाने के लिए अंग्रेजों का तन, मन व धन से सहयोग कर रहे थे। यह बात अलग है कि वह स्वयं भी अंग्रेजों के शिकार बन गए। अंग्रेज अपनी कूटनीति में सफल हुए और देश के नियामक बन गए। अंग्रेजों ने भारतीय जनता के ऊपर दमन चक्र प्रारंभ कर दिया। इससे जनमानस में धीरे-धीरे विद्रोह की अग्नि सुलगने लगी और इस चिंगारी ने देश को अंग्रेजों के अधिपत्य से मुक्त करने के लिए जनक्रांति का आधार प्रदान किया, जिसकी परिणति 1857 के सैनिक विद्रोह के रूप में हुई। इस क्रांति को बाद में इतिहासकारों ने भारतीय स्वतंत्रता का प्रथम संग्राम कहा।

इस जन क्रांति में देश के हजारों लोगों ने, जो प्रायः प्रत्येक जाति व धर्म के थे, ने अपने प्राणों की आहुति देकर भारतमाता के चरणों में नैवेद्य चढ़ाया। इस क्रांति में झांसी की रानी लक्ष्मीबाई का तो महिमा मण्डन किया गया, लेकिन उनकी एक विश्वस्त सहयोगी झलकारी बाई कोरी, जिसने रानी लक्ष्मीबाई का वेश धारण कर उनकी प्राण रक्षा के लिए अपने प्राण गंवाए, की चर्चा नहीं की गई। उसी तरह मध्यप्रदेश के मण्डला वर्तमान में डिंडोरी जिले के रामगढ़ राज्य की रानी अवन्ती बाई लोधी, जो देशरक्षा हेतु युद्ध क्षेत्र में शहीद हुई, को विस्मृत कर दिया गया। सत्तावनी क्रांति के अनखुले पृष्ठों को खोलकर उनकी पर्तों में दबे अनेक वीर-वीरांगनाओं के नामों को उजागर करने की आज महती आवश्यकता है।

भला हो अंग्रेज इतिहासकारों का, जिन्हें भारत के प्रति कोई सहानुभूति नहीं थी, ने रानी अवन्ती बाई के विषय में पुस्तकें लिखकर उनके विषय में हमें जानकारी दी। विसेन्ट स्मिथ ने अपनी पुस्तक 'रानी अवन्ती बाई की लोकप्रियता', जनरल मालकोस की पुस्तक 'सेन्ट्रल ऑफ इंडिया', सी॰वी॰ विल्स की पुस्तक 'सतपुड़ा पर्वत श्रेणी के राजगौड़ राजाओं का इतिहास' रोडमैन की पुस्तक 'मण्डला डिस्ट्रिक्ट गजटियर' तथा हण्टर द्वारा लिखित 'इम्पीरियल गजटियर ऑफ इंडिया' द्वारा रानी अवन्तीबाई के शौर्य, पराक्रम व रण कौशल पर विस्तृत प्रकाश डाला गया है। विल्स ने तो यहाँ तक लिख दिया कि रानी अवन्तीबाई जैसी वीरांगनाओं के कारण हम बहुत दिन तक इस देश पर काबिज नहीं रह सकेंगे और उन्हें किसी दिन यह देश छोड़ना पड़ेगा। अंग्रेज इतिहासकारों ने रानी के अदम्य साहस व शौर्य की भूरि-भूरि प्रशंसा की है।

मध्य प्रदेश शासन द्वारा प्रकाशित 'मध्यप्रदेश में स्वतंत्रता आंदोलन' में भी रानी अवन्तीबाई के त्याग व बलिदान की चर्चा की गई है। भारतीय इतिहासकार द्वारिका प्रसाद मिश्र जो मध्यप्रदेश के मुख्यमंत्री थे, ने अपने द्वारा सम्पादित ग्रंथ 'मध्यप्रदेश में स्वाधीनता का इतिहास' में रानी के विषय में लिखा है कि उन्होंने युद्ध में अंग्रेजों के दांत खट्टे किए थे। ऐतिहासिक उपन्यासकार वृन्दावन लाल वर्मा ने अपने उपन्यास 'रामगढ़ की रानी' में रानी अवन्ती बाई पर खण्ड काव्य लिखे हैं, इसके अतिरिक्त जनश्रुतियों में रानी की वीरगाथा गायी गई है। रानी अवन्तीबाई पर शोध कर अनेक लोगों ने डाक्ट्रेट की उपाधि प्राप्त की है। केन्द्र सरकार ने रानी की स्मृति में डाक टिकट जारी किया तथा बटुक चतुर्वेदी और गुलजार ने 'रानी अवन्ती बाई के तेरह पन्ने' नामक एक टेलीविजन धारावाहिक का निर्माण

किया है। इन सबके बावजूद रानी को शासन द्वारा वह सम्मान प्राप्त नहीं हो सका, जिसकी वह अधिकारिणी हैं।

रानी अवन्ती बाई का जन्म मध्यप्रदेश के सिवनी जिले की पवित्र मिट्टी व प्रकृति की गोद में 16 अगस्त 1831 में हुआ था। अपने पिता राव जुझार सिंह व माँ कृष्णबाई, जोकि बड़े जमींदार थे, की वह इकलौती सन्तान थीं। बचपन में उन्हें बहुत लाड़-प्यार मिला तथा परिवार के लोग उन्हें प्यार से मोहिनी कहकर बुलाते थे। मोहिनी बचपन से ही अत्यन्त साहसी व कुशाग्र बुद्धि की थीं। उस समय समाज में स्त्री शिक्षा का अभाव था, स्त्रियाँ घर से बाहर निकलकर स्कूल नहीं जा सकती थीं, अतः उनकी पढ़ाई लिखाई घर पर ही हुई। उनके माता-पिता उन्हें धर्म, नीति व इतिहास की कहानियाँ सुनाया करते थे। उनका शरीर बलिष्ट था तथा वे घर पर व्यायाम करती थीं। उन्होंने अपने पिता से घुड़सवारी, बर्छी, तलवार व बंदूक चलाना आदि सैन्य शिक्षा प्राप्त की। वे अपने पिता के साथ जंगलों में शिकार करने जाया करती थीं। इसके अतिरिक्त वे अपने पिता के साथ जमींदारीं के कार्यों में हाथ बंटाती थीं। अवन्ती बाई का विवाह सोलह वर्ष की आयु में मध्यप्रदेश राज्य के मण्डला (वर्तमान में डिंडोरी) जिले के अन्तर्गत खरमेर नदी के किनारे बसे रामगढ़ के राजा लक्ष्मण सिंह के पुत्र युवराज विक्रमादित्य सिंह के साथ हुआ। रामगढ़ अत्यन्त मनोरम व रमणीक स्थान था, जोकि चारों ओर हरेभरे जंगलों से घिरा था। यहाँ के वातावरण में अवन्ती बाई शीघ्र ही रच बस गई। राजा लक्ष्मण सिंह की मृत्यु के उपरान्त युवराज विक्रमादित्य रामगढ़ के राजा बने। रानी ने दो पुत्रों अमान सिंह और शेर सिंह को जन्म दिया।

यद्यपि राजा विक्रमादित्य सिंह अत्यन्त पराक्रमी थे, तथापि उनका धर्म और अध्यात्म की ओर अधिक रुझान था, वे वैराग्य की ओर अग्रसर हो गए। वह अक्सर बीमार रहते थे। राजा की अस्वस्थता और वैराग्य का फायदा उठाकर अंग्रेज गवर्नर जनरल लार्ड डलहौजी ने अपनी राज्य हड़पने की नीति के चलते राजा विक्रमादित्य सिंह को पागल घोषित कर दिया। इस प्रकार अंग्रेजों ने 1400 गाँव वाले और लगभग 1400 वर्ग मील में फैले प्राकृतिक सौन्दर्य से परिपूर्ण, जंगलों और पर्वतों से घिरे रामगढ़ राज्य को हड़पने का प्रयास किया तथा राज्य संचालन हेतु रेजीडेन्ट के रूप में तहसीलदार शेख मोहम्मद को नियुक्त कर दिया। राजा इस अपमान को सहन नहीं कर सके और रानी तथा दो अवयस्क पुत्रों को रोता बिलखता छोड़कर 15 मई 1857 को संसार से विदा हो गए। राजा के

असामयिक निधन के आघात से उबरकर रानी अवन्ती बाई ने रामगढ़ राज्य की बागडोर सम्भाली।

अपनी उदारता, न्यायप्रियता व प्रजावत्सलता से रानी शीघ्र ही जन-जन में लोकप्रिय हो गई। उनके राज्य में सर्वत्र अमन चैन था। चोरी, डकैती, हत्या आदि अपराध बन्द हो गए थे। उनके समय में रामगढ़ राज्य ने बहुत प्रगति की। ऐतिहासिक उपन्यासकार वृन्दावन लाल वर्मा ने अपने चर्चित उपन्यास 'रामगढ़ की रानी' में लिखा है– "रानी का हृदय अत्यन्त उदार था। वे दीन वत्सला थीं, जिससे उनकी प्रजा उनसे मनसा, वाचा, कर्मणा जुड़ गई थी।" रानी के कुशल शासन से चिढ़कर अंग्रेज प्रजा पर अत्याचार करने लगे, जिससे प्रजा में त्राहि-त्राहि मच गई। ऐसे संक्रमण काल में रानी ने पुरुष वेश धारण कर घोड़े पर सवार होकर घूम-घूमकर अपनी सैन्य शक्ति सुदृढ़ की। इससे अंग्रेज और भी आगबबूला हो गए।

सन् 1857 की क्रांति की पूर्व बेला में सारे भारत में क्रांति के प्रतीक कमल व रोटी गाँव-गाँव भेजी जा रही थी, रानी ने इसे सहर्ष स्वीकार किया। अंग्रेजी शासन के शोषण, उत्पीड़न से त्रस्त रामगढ़ और पड़ोसी राजाओं और ताल्लुकेदारों ने रानी अवन्तीबाई के नेतृत्व में अंग्रेजों के विरुद्ध खुले संघर्ष का ऐलान कर दिया। इसी क्रम में रानी ने ताल्लुकेदारों, जमींदारों व जनता को कागज की पुड़िया में रोटी, चूड़ी, बिन्दी रखकर संदेश भेजा कि देश की रक्षा के लिए या तो कमर कस लो या फिर चूड़ियाँ पहनकर व मांग में सिंदूर भरकर घर में बैठो। रानी ने आह्वान किया कि हाथों में तलवार, बर्छी, भाले लेकर आततायी, अत्याचारी अंग्रेजों के विरुद्ध संग्राम करने के लिए तत्पर हो जाओ। "तुम्हें धर्म और ईमान की सौगन्ध है जो कागज की पुड़िया व पत्र का पता बैरी को दो।" इस प्रकार रानी ने जनता में अंग्रेजों के विरुद्ध विद्रोह का शंखनाद कर जनता के रक्त को खौला दिया। जनता अंग्रेजों के विरुद्ध युद्ध करने को तैयार हो गयी। उनके साथ लोधियो, कुर्मियों, गोंडों, राजगोंडों, आदिवासियों तथा बस्तर, जगदलपुर के भीलों, निषादों का जनाधार था।

सर्वप्रथम रानी ने मण्डला राज्य को अंग्रेजों से मुक्त कराने का संकल्प लिया और अपनी मुट्ठीभर संगठित सेना के बल पर मण्डला नगर की सीमा के निकट खेरी गाँव पर अंग्रेजों के विरुद्ध मोर्चा खोल दिया। इस युद्ध में हुई भयंकर मार-काट से अंग्रेज भयभीत हो गए। रानी के सैनिकों ने अंग्रेजी सेनापति वाशिंगटन को बंदी बना लिया। वाशिंगटन रानी के सामने गिड़गिड़ाया और क्षमा

याचना की, तब रानी ने भारतीय परंपरा का निर्वाह कर उसे उसके पुत्र व पत्नी को मुक्त कर क्षमादान दे दिया। इसके बाद रानी ने रामगढ़ की ओर कूँच किया और अंग्रेजों द्वारा नियुक्त रेजीडेंट तहसीलदार शेख मोहम्मद को मौत के घाट उतार कर अपने अपमान का बदला ले लिया। रानी का रामगढ़ राज्य पर अधिपत्य स्थापित हो गया।

रानी द्वारा क्षमादान प्राप्त वाशिंगटन अपने अपमान को भूल नहीं सका। उसने अपने सैन्य संगठन को सुदृढ़ कर रामगढ़ पर कई बार आक्रमण किए, लेकिन उसे हर बार मुँह की खानी पड़ी। लेकिन शोक! महाशोक!! अन्त में वही हुआ जो भारत के पतन का कारण है– अपनों की गद्दारी। राजा रीवा से वाशिंगटन को सहयोग प्राप्त हुआ। उसकी सैन्य शक्ति के सहयोग से उसने रामगढ़ राज्य पर पुनः आक्रमण किया। किले में रसद समाप्त हो जाने के कारण रानी को जंगलों की ओर भागना पड़ा, वाशिंगटन ने उसका पीछा किया। रानी की सेना ने अंग्रेजों की विराट सेना से खरनेर नदी व घुनशी नाले के निकट युद्ध क्षेत्र में घमासान युद्ध किया जिसमें रानी के अधिकांश सैनिक वीरगति को प्राप्त हुए तथा रीवा राजा की गद्दारी के कारण बुरी तरह घिर गई। रानी ने अंग्रेजों द्वारा बंदी बनाए जाने की अपेक्षा अपनी मातृभूमि की रक्षा के लिए अपने प्राण उत्सर्ग कर शहीद होना पसन्द किया। रानी ने अपने अंगरक्षक की कटार से अपने प्राणों की आहुति दे दी। इस प्रकार रानी ने जीवन की आखिरी सांस तक बहादुरी के साथ अंग्रेजों के विरुद्ध युद्ध करते हुए 20 मार्च 1858 को मातृभूमि के रक्षार्थ अपने प्राणों की बलि देकर इतिहास में अपना नाम अमर कर दिया।

9. बेगम हजरत महल

1857 के प्रथम स्वतंत्रता संग्राम की लपटों से लगभग संपूर्ण देश सुलग रहा था। लोगों में देश से अंग्रेजों को भगाने के लिए संकल्प ले रखा था। जगह-जगह क्रांतिकारियों और सैनिकों के विद्रोह हो रहे थे, उत्तरप्रदेश के अवध क्षेत्र में भी आजादी की ज्वाला भड़क रही थी। बेगम हजरत महल ने आसपास के अनेकों राजाओं को संगठित कर अंग्रेजों के विरोध में सशस्त्र संघर्ष का नेतृत्व किया था। 1857 की क्रांति में बेगम हजरत महल का योगदान इतिहास में अमर रहेगा।

बेगम हजरत महल के पूर्व का नाम मोहम्मदी खानम था। उनका जन्म फैजाबाद के साधारण मुस्लिम परिवार में हुआ था। बेगम के पिता ने उनको शाही एजेन्ट को बेच दिया था और वे परी के रूप में नवाब वाजिद अली शाह के शाही हरम में पहुँची थीं। वस्तुतः वे नवाब की रखैल थीं, जो बाद में उनकी बेगम बनीं। शाहजादे विरजिस कदर की मृत्यु के उपरान्त उन्हें सम्मान स्वरूप हजरत महल की पदवी दी गई। वे ताजदारे अवध नवाब वाजिद अली शाह की द्वितीय पत्नी थीं।

सन् 1801 में अवध के तत्कालीन नवाब सआदत अली खाँ द्वारा गवर्नर जनरल लार्ड वेलेजली से हुई संधि पर हस्ताक्षर करने के उपरांत अवध राज्य एकदम पंगु बन गया था, क्योंकि परोक्षतः अवध पर अंग्रेजों की संप्रभुता स्थापित हो गई थी। 1847 में नवाब वाजिद अली शाह अवध की सत्ता पर काविज हुए। नवाब वाजिद अली शाह प्रशासन में अंग्रेजों का हस्तक्षेप पसन्द नहीं करते थे, उन्होंने अनेक सामाजिक एवं सैनिक सुधार लागू किए। यह बात अंग्रेजों को बहुत खटकती थी। अवध के लोगों में नवाब के प्रति बहुत सम्मान व निष्ठा थी।

उस समय गवर्नर जनरल लार्ड डलहौजी छोटी-छोटी देशी रियासतों को हड़प कर अंग्रेजों के अधीन कर रहा था। इस प्रकार अनेक रियासतें अंग्रेजी सत्ता के अधीन बनकर मात्र कठपुतली बनकर रह गयी थीं। 1856 में लार्ड डलहौजी ने नवाब वाजिद अली शाह को अकर्मण्य एवं अक्षम शासक बताकर गिरफ्तार कर लिया और उन्हें नजरबन्द कर कलकत्ता भेज दिया और अवध को अपने अधीन कर लिया। इसके बाद बेगम हजरत महल ने अत्यन्त धैर्य व साहस के साथ शासन की बागडोर सम्भाली और अपने विश्वस्त सहयोगियों के साथ अपनी योग्यता व न्यायप्रियता के बल पर अवध की सत्ता पर मजबूत पकड़ बना ली।

सम्पूर्ण भारत में अंग्रेजों के अन्याय, दमन और शोषण के विरुद्ध प्रतिशोध प्रारंभ हो गया था। मेरठ, दिल्ली, अलीगढ़, मैनपुरी, एटा, बरेली आदि स्थानों पर लोग अंग्रेजों के विरुद्ध लामबंद हो चुके थे। अवध में भी सीतापुर, मुहम्मदी, सिकरौरा, गोंडा, बहराइच, फैजाबाद, सुल्तानपुर, सलोन और बेगमगंज को अंग्रेजों से मुक्त कर लिया गया था। केवल अंग्रेजों का शासन राजधानी लखनऊ तक ही सीमित रह गया था। इसी दौरान बेगम हजरत महल ने शाहजादे विरजिस कदर को अवध का नवाब घोषित कर दिया और स्वयं उनकी संरक्षक बन गई। उन्होंने अपने अदम्य साहस व शौर्य के बल पर अपने सेनापति कुर्मो राजा जयलाल सिंह आदि अपने विश्वस्त सहयोगियों की सहायता से अंग्रजों के विरुद्ध जबरदस्त मोर्चा लिया। 30 जून को चिनहट के पास हुए युद्ध में उन्होंने अंग्रेजों को हराया तथा उन्हें रेजीडेंसी के अन्दर खदेड़ दिया। इस प्रकार लखनऊ से भी अंग्रेजों का अधिपत्य समाप्त हो गया और अंग्रेज रेजीडेंसी तक ही सीमित हो गए।

बेगम ने अपनी योग्यता व कार्यकुशलता से अवध पर अपनी पकड़ मजबूत कर ली। सरकारी कामकाज में उनका महत्वपूर्ण स्थान था। उच्च पदों पर सक्षम व योग्य लोगों को बैठाया गया। विषम परिस्थितियों एवं सीमित साधनों के बावजूद बेगम अपने लोगों में उत्साह भरती रहीं। उन्होंने विभिन्न क्षेत्रों के राजाओं को संगठित कर उन्हें सम्मान दिया। उन्होंने महिलाओं का एक सैन्य संगठन भी तैयार किया तथा कुशल महिलाओं को जासूसी आदि कामों में लगाया तथा उन्हें महल की सुरक्षा में नियुक्त किया।

लखनऊ की रेजीडेंसी में शरण लिए अंग्रेजों को मुक्त करवाने के लिए अंग्रेजों ने अनेक प्रयास किए, लेकिन भारी विरोध के कारण अंग्रेजों को लखनऊ में सेना

व सैन्य सामग्री पहुँचाना बहुत कठिन हो गया था। विद्रोही क्रांतिकारी लगातार रेजीडेंसी पर हमले कर रहे थे। बेगम विभिन्न क्षेत्रों में घूम-घूमकर लोगों का उत्साहवर्द्धन कर रही थीं।

अंग्रेजों की 'फूट डालो और राज्य करो' नीति के तहत देशी रियासतें उनका लंबे समय तक प्रतिरोध नहीं कर सकीं और वे अंग्रेजों की संगठित विशाल ताकत के सामने कमजोर पड़ गई। अब तक परिस्थितियाँ बदल चुकी थीं। दिल्ली के बाद बहादुरशाहजफर को कैद कर रंगून भेज दिया गया था और दिल्ली पर अंग्रेजों का अधिपत्य स्थापित हो गया था। इससे क्रांतिकारी विद्रोहियों के हौसले कमजोर पड़ने लगे थे और धीरे-धीरे आधे लखनऊ में अंग्रेजों का अधिपत्य हो गया था। अंग्रेजी सेनाओं ने बेलीगारद पर कब्जा कर लिया था। हैवलाक और आउट्रम की सेनाओं ने लखनऊ में डेरा डाल दिया था और वे आलम बाग तक पहुँच गई थीं। इस समय भीषण बरसात हो रही थी। दोनों ओर से तोपों के गोले दागे जा रहे थे। ऐसे समय भी बेगम हजरत महल अपने विश्वस्त सेनापति राजा जयलाल सिंह के साथ चारों ओर घूम-घूम कर सैनिकों में उत्साह का संचार कर रही थीं। उनकी प्रेरणा से विद्रोही क्रांतिकारियों में अद्भुत उत्साह का संचार किया था। अन्ततः मार्च 1858 में अंग्रेज रेजीडेंसी में कैद अंग्रेजों को मुक्त करने में सफल हुए और लगभग पूरे लखनऊ पर अंग्रेजों का अधिकार हो गया।

बेगम हजरत महल के विश्वास पात्र सेनापति राजा जय लाल सिंह ने 1857 के प्रथम स्वतंत्रता संग्राम में युद्ध का संचालन कर अंग्रेजों के दांत खट्टे किए थे। राजा ने चिनहट और बन्थरा की लड़ाइयों में अंग्रेजों को बुरी तरह पराजित किया था। जब अंग्रेजों ने धीरे-धीरे अवध पर अपना अधिपत्य स्थापित कर लिया, तब राजा जय लाल सिंह ने शाहजादे विरजिस कदर व बेगम हजरत महल को सुरक्षित नेपाल की राजधानी काठमाण्डू पहुँचा दिया। यह उनकी देशभक्ति की एक मिसाल है। बाद में छल से राजा जयलाल सिंह को अंग्रेजों ने गिरफ्तार कर हजरतगंज स्थित इमली के पेड़ से लटका कर फांसी दे दी। इस स्थान पर आज राजा जयलाल सिंह का स्मारक बना हुआ है। राजा जयलाल सिंह ने उस समय बिठूर के नाना साहब पेशवा को भी नेपाल भेजने में सहायता की थी। राजा ने इस प्रकार भारत नेपाल मैत्री की आधारशिला रखी थी।

नेपाल में पहले तो बेगम हजरत महल को वहाँ के प्रधानमंत्री राणा जंगबहादुर द्वारा अंग्रेजों के भय से शरण देने से स्पष्ट इंकार कर दिया गया था। लेकिन बाद

में उन्हें नेपाल में रुकने की अनुमति प्राप्त हो गई। 1879 में बेगम हजरत महल का नेपाल में ही देहावसान हो गया। उनके शव को काठमाण्डू की जामा मस्जिद स्थित कब्रिस्तान में गुमनामी में दफन कर दिया गया। नेपाल जाने से पूर्व बेगम को मान-सम्मान व पेंशन देने का अंग्रेजों द्वारा प्रस्ताव दिया गया था, जिसे बेगम ने ठुकरा दिया था।

बेगम हजरत महल एक देशभक्त निर्भीक व जनप्रिय शासक थीं। वे अत्यधिक सुन्दर, दयालु थीं तथा उनका व्यक्तित्व भारत की नारी समाज का प्रतिनिधित्व करता है। अवध की प्रजा उनका बहुत सम्मान करती थी। वे सभी धर्मों का समान रूप से सम्मान करती थीं। अंग्रेजों ने उस समय अनेक मंदिरों व मस्जिदों का विध्वंस किया था, बेगम ने खजाने से उनकी मरम्मत करवाई। जनता के कल्याण के लिए बेगम ने अनेक कार्य किए। स्कूल, कालेज व सड़कें बनाने के बहाने धार्मिक स्थलों को तोड़े जाने के लिए बेगम ने अंग्रेजों के विरुद्ध सदैव आवाज बुलन्द की और संघर्ष किया।

बेगम के सम्मान में एक घटना का उल्लेख करना समीचीन होगा। जब क्रांतिकारियों के सरदार दलपतसिंह ने बेगम से कहा कि अंग्रेज कैदियों को उन्हें सुपुर्द किया जाए। वे उन्हें अपंग व अपाहिज बनाकर अंग्रेजों की छावनी में भेजेंगे। तब बेगम ने कठोर लहजे में कहा था कि वह कैदियों व महिलाओं के साथ ऐसा सलूक न खुद कर सकती हैं और वह किसी अन्य को करने देगी। उनके रहते फिरंगी कैदियों व महिलाओं पर कोई जुल्म नहीं कर सकता। कैदियों पर जुल्म ढाने का रिवाज हिन्दुस्तान में नहीं है। इस घटना से ही बेगम हजरत महल की महानता का पता चलता है। बेगम निःसन्देह अवध की शान थी।

10. अमर शहीद ऊदा देवी पासी

1857 के गदर में 36 अंग्रेजों को मौत देने वाली
शहीद वीरांगना ऊदा देवी पासी

1857 के प्रथम स्वतंत्रता संग्राम में अपने प्राणों का उत्सर्ग करने वाली महिलाओं में ऊदा देवी पासी का योगदान अप्रतिम हैं। एक लंबे समय तक उन्हें एक अनाम वीरांगना के नाम से जाना जाता था लेकिन बाद में तत्कालीन ऐतिहासिक दस्तावेज खंगालने पर ज्ञात हुआ कि पीपल के पेड़ पर चढ़कर चुपचाप 36 अंग्रेजों को मौत के घाट पर पहुँचाने वाली तथा बाद में वीरगति प्राप्त करने वाली अनाम वीरांगना दलित ऊदा देवी पासी थी। उनके वंशज आज भी लखनऊ के हुसैनगंज चौराहे के पास रहते हैं।

1857 में अवध स्वतंत्रता संग्राम का केंद्र था। अंग्रेजों ने अवध के नवाब वाजिद अली शाह को कैद कर कलकत्ता ले जाया गया था। बेगम हजरत महल ने शाहजादे विरजिस कदर को अवध का नवाब घोषित कर स्वयं उसकी संरक्षक बनकर राज्य की बागडोर अपने हाथों में संभाल ली थी। बेगम हजरत महल अपने विश्वस्त सिपहसालारों की सहायता से अनेक मोर्चों पर अंग्रेजों के दाँत खट्टे कर रही थीं। उस समय लखनऊ का सिकन्दर बाग क्षेत्र का स्थान पासी महिलाओं के हाथ में था। ये महिलाएँ अंग्रेजों के विरुद्ध लामबंद होकर उनके दांत खट्टे कर रही थीं।

अंग्रेजी सेना सर कालिन कैम्पवेल के नेतृत्व में इस क्षेत्र को अपने हाथों में लेने हेतु प्रयत्नशील थी। उन्होंने 16 नवम्बर 1857 को सिकन्दबाग के चारों ओर घेराबंदी कर दी थी। इसके फलस्वरुप अंग्रेजी सेना और क्रांतिकारी सेनाओं के मध्य घमासान युद्ध प्रारंभ हो गया। इस युद्ध के परिप्रेक्ष्य में जी॰पी॰मलिसन ने अपनी पुस्तक 'इंडियन म्युटिनी' (Indian Mutiny) के

वाल्यूम चार के पृष्ठ संख्या 132 पर लिखा है कि "क्रांतिकारियों ने अपनी जान की बाजी लगाकर पूरी वीरता से युद्ध किया। हमारी सेना रास्ता चीरती हुई अन्दर घुस गई, तब भी युद्ध बंद नहीं हुआ। एक-एक कोने के लिए युद्ध हुआ। इस युद्ध में रक्षक पासी महिलाएँ बाकी सेना के साथ कंधे से कंधा मिलाकर लड़ रही थीं।" फोर्विस मिथाइल ने अपने संस्मरणों में वीरांगना ऊऊदा देवी की वीरता का भरपूर वर्णन किया है। इस वीरांगना के विषय में उसने 93 वीं बटालियन के अंग्रेज सिपाही से सुना था।

युद्ध वाले दिन भीषण गर्मी थी। गोलाबारी से संपूर्ण क्षेत्र तप रहा था। अंग्रेजी सेना की 53वीं बटालियन और 93वीं बटालियन ने अधिकांश क्रांतिकारियों का वध कर दिया था। वहीं सिकन्दरबाग में एक पीपल के पेड़ के नीचे बड़े-बड़े मिट्टी के घड़ों में पानी भरा था। अपने संगी साथियों के मारे जाने के तुरन्त बाद वीरांगना ऊदा देवी पासी उसी पेड़ पर अपने हथियारों से लैस होकर लपक कर चढ़ गई और उन्होंने अपने आपको पीपल के पत्तियों और डालियों में छुपा लिया। फिर उन्होंने मोर्चा संभाल लिया और पेड़ के नीचे आने वाले अंग्रेज सैनिकों को मारना प्रारंभ कर दिया। देखते ही देखते उसने 36 से अधिक सिपाहियों को मौत के घाट उतार दिया। वह तब तक अंग्रेजों को मारती रहीं जब तक उनका गोला बारुद समाप्त नहीं हो गया। इसी बीच मेजर डाउसन उधर से आ गया, उसने देखा कि 36 मृत अंग्रेजी सैनिकों के शव पेड़ के नीचे पड़े हैं, तब उसने कैप्टन वैलेस को आवाज देकर बुलाया। कैप्टन वैलेस एक चतुर सेनानायक था। उसने चिल्लाकर मेजर डाउसन को बताया कि पीपल के पेड़ के ऊपर से कोई निशाना लगाकर अंग्रेजी सैनिकों की हत्या कर रहा है। उसने पीपल के पेड़ के ऊपर निशाना साधकर पत्तों में छिपी ऊदादेवी पर फायर कर दिया। चूंकि ऊदादेवी का गोला बारुद समाप्त हो गया था, अतः वह फायर नहीं कर सकी। गोली लगते ही ऊदा देवी घायल होकर नीचे गिरी और उसकी जीवन लीला समाप्त हो गई। नीचे गिरने से ऊदा देवी की पहने हुई जैकेट फट गई थी जिससे उसने पहचाना कि मरने वाली एक महिला थीं। अंग्रेज सैन्य अधिकारी मृत महिला की वीरता देखकर चकित रह गए। यह देखकर कैप्टन वैलेस जोर-जोर से रोकर कहने लगा कि यदि उसे पता होता कि पेड़ के ऊपर से अंग्रेजों को मारने वाली एक महिला है, तो वह हजार बार अपने प्राण देना पसन्द करता और उसे नहीं मारता। उस समय ऊदा देवी चुस्त पायजामा और जैकेट पहने थी। उसने सचमुच वीरगति पाई थी।

सार्जेन्ट विलियम फोर्ब्स मिचैल ने अपनी पुस्तक 'रिमेरेन्सज आफ दि ग्रेट म्युटिनी' के पृष्ठ सं. 57 व 58 पर इस घटना की पुष्टि की है। दुर्भाग्य से बहुत लंबे समय तक यह वीरांगना एक अनाम महिला ही बनी रही। यदि अंग्रेजों द्वारा यह लिखित दस्तावेज उपलब्ध नहीं होते तो शायद ऊदा देवी का त्याग और बलिदान याद ही नहीं किया जाता। लखनऊ में पासियों का एक गौरवशाली इतिहास रहा है। आज भी लाखन पासी और बिजली पासी के किले के भग्नावशेष लखनऊ में मौजूद हैं। आश्चर्य नहीं कि लखनऊ की स्थापना लाखन पासी ने की हो, जिसे आज हम रामचन्द्रजी के भाई लक्ष्मण द्वारा बसाया गया मानते हैं।

वीरांगना ऊदा देवी की आवक्ष प्रतिमा जोकि सीमेंट की बनी है, को लखनऊ के तत्कालीन महापौर डा. दाऊ जी गुप्त के प्रयास से 30 जून 1973 को उन की प्रतिमा, 1857 स्वतंत्रता संग्राम समिति के द्वारा सिकन्दरबाग में बाउन्डरी के पास स्थापित करवाई गई थी। यह एक अच्छा प्रयास था, अन्यथा ऊदा देवी की चर्चा किस्से कहानियों में ही रह जाती। बाद में ऊदा देवी की एक आदम कद कांस्य प्रतिमा उत्तरप्रदेश सरकार द्वारा सिकन्दरबाग चौराहे पर लगभग 12 लाख रुपए की लागत से स्थापित की गई है। इन दोनों स्थानों पर 30 जून और 16 नवम्बर को भारी संख्या में लोग एकत्र होकर वीरांगना ऊदा देवी पासी को श्रद्धासुमन अर्पित करते हैं।

11. एनी बेसेन्ट

विश्व की अनेक महिलाओं ने भारत के राजनैतिक, धार्मिक एवं सामाजिक उत्थान हेतु अपना संपूर्ण जीवन समर्पित कर इसी धरती की होकर रह गयीं। भगिनी निवेदिता, मीरा बेन, एनीबेसेंट और मदर टेरेसा आदि अनेकों यशस्वी महिलाओं ने जन्म तो इसी धरती पर नहीं लिया अपने व्यक्तित्व और कृतित्व से किसी अन्य भारतीय से कम नहीं थीं। एनी बेसेंट ने जन्म तो आयरलैंड में लिया, पर भारत आकर यहाँ के समाज में रच-बस कर पूर्णतया भारतीय बन गयी थीं और देश की आजादी की लड़ाई में बढ़-चढ़कर योगदान दिया था।

एनी का जन्म एक अक्टूबर 1847 को लंदन में हुआ था। उनकी माँ आयरिश एवं उनके पिता इंग्लैंड के थे। बचपन में एनी के ऊपर आयरिश भाषा एवं आयरिश रहन-सहन का बहुत प्रभाव पड़ा था। उनके पिता का एनी के बचपन में ही देहान्त हो गया था। ऐसी स्थिति में उनकी माँ को इन विषम परिस्थितियों में घोर आर्थिक कठिनाइयों का सामना करना पड़ा। उनकी माँ जीविकोपार्जन के लिए एक छोटा-सा होटल चलाती थीं। आर्थिक संकटों के इस दौर में भी उनकी माँ ने धैर्य नहीं खोया और अपनी बेटी एनी के लिए कोई कमी नहीं आने दी। उनकी माँ ने एनी का पालन पोषण बहुत ही मनोयोग से किया एवं अपनी बेटी को विधिवत संस्कारित किया। उन्होंने एनी को इंग्लैंड के प्रतिष्ठित हैरो कालेज में शिक्षा-दीक्षा दिलवाई। यह उनकी माँ के लिए बहुत ही परिश्रम और जीवट का कार्य था।

उनकी माँ ने उनका विवाह फ्रेंक बेसेंट से कर दिया, जोकि चर्च में पादरी थे। घर में वातावरण बहुत घुटन भरा था, क्योंकि एनीबेसेंट के ईसाई धर्म के उपदेशों के विषय में शंकाएँ होने लगीं, क्योंकि एनी बेसेंट स्वयं एक स्वतंत्र विचारक एवं

जिज्ञासु महिला थी। उन्होंने एक पुत्र व एक पुत्री को जन्म दिया। एनी बेसेन्ट घर की विषम परिस्थितियों से समझौता करते हुए अपने बच्चों का पालन पोषण करने लगीं। घर का वातावरण सुखमय नहीं था और उन्हें घर में गंभीर मानसिक संघर्ष का सामना करना पड़ा। इस कारण उनका स्वास्थ्य धीरे-धीरे गिरता चला गया। अन्ततः 1873 में उनका विवाह विच्छेद हो गया।

आध्यात्मवाद के प्रचार-प्रसार के लिए 1875 में थियोसोफिकल सोसइटी की स्थापना हुई, जिसमें अनेक तत्कालीन उच्च कोटि के विचारक जुड़े थे। एनीबेसेंट स्वयं एक जिज्ञासु व स्वतंत्र विचारक थीं तथा उनका आध्यात्मवाद की ओर उनका झुकाव था। उन्होंने थियोसोफिकल सोसाइटी की सदस्यता ग्रहण कर अपना सम्पूर्ण जीवन अध्यात्मवाद के प्रचार-प्रसार हेतु समर्पित कर दिया। थियोसोफिकल सोसाइटी का उद्देश्य था बिना किसी भेदभाव के विश्व बन्धुत्व की स्थापना करना और प्रकृति के नियमों एवं मनुष्य में छिपी मौलिक शक्तियों का अन्वेषण करना। उन्होंने 1893 में आयोजित शिकागो सर्व धर्म सम्मेलन में थियोसोफिकल सोसाइटी का प्रतिनिधित्व किया। ज्ञातव्य है कि इसी धर्म सम्मेलन में भारतीय प्रतिनिधि के रूप में स्वामी विवेकानन्द, ने प्रतिनिधित्व किया था। इसी सर्वधर्म सम्मेलन में एनी बेसेन्ट स्वामी विवेकानन्द आदि भारतीय प्रतिनिधियों के संपर्क में आई तो उन्होंने भारत जाने का वायदा किया था।

एनी बेसेन्ट 46 वर्ष की आयु में 1893 में भारत आईंऔर फिर सदैव के लिए यहीं की होकर रह गयीं। भारत में आकर उन्होंने भारतीय सामाजिक और धार्मिक स्थिति का विशद अध्ययन किया। वह अनेक भारतीय विद्वानों, विचारकों, धर्म गुरुओं के सम्पर्क में आईं और उनके साथ गंभीर विचार विमर्श किया। उन्होंने अडयार (तमिलनाडु), वाराणसी, मुम्बई, आगरा, लाहौर आदि स्थानों व अपने प्रभावशाली व्याख्यान दिए। उन्होंने महसूस किया कि भारतीय विद्यालयों के पाठ्यक्रमों में धार्मिक व नैतिक शिक्षा का अभाव है, अतः उन्होंने पाठ्यक्रमों में सुधार कर समूल शिक्षा प्रणाली में बदलाव की जोरदार वकालत की। उन्होंने शिक्षा के प्रचार प्रसार के लिए शैक्षिक संस्थाएँ खोले जाने की बात की। उन्होंने पिछड़ी जातियों के कल्याण और उन्हें शिक्षित करने हेतु शिक्षण संस्थाएं खोलने के प्रयास किए। इस प्रकार एनी बेसेंट ने राष्ट्रीय शिक्षा के अभियान में अपने को समर्पित कर दिया। वे एक प्रभावशाली वक्ता एवं श्रेष्ठ लेखिका व प्रचारक थीं। 1907 में वे थियोसोफिकल सोसाइटी की अध्यक्ष पद पर आसीन हुईं। अपने विचारों और

अपनी कार्ययोजनाओं के प्रचार-प्रसार हेतु उन्होंने 'द कामन मैन' एवं 'न्यू इंडिया' नामक समाचार पत्रों का प्रकाशन किया। इन समाचार पत्रों के माध्यम से एनी बेसेन्ट अपने ओजस्वी व जन कल्याणकारी विचारों को जन-जन तक पहुंचाने लगीं। वे नियमित लेखन कार्य करती थीं। उन्होंने धर्म, समाज, शिक्षा एवं राजनीति के संबंध में अनेक ग्रंथों की रचना की, जिनमें उन्होंने भारतीय धर्म-दर्शन, सभ्यता व संस्कृति का गुणगान किया। उनकी रचनाओं का जनमानस पर बहुत प्रभाव पड़ा तथा वह लोकप्रिय हो गयीं। एनी बेसेंट ने श्रीमद्भगवद्गीता का अनुवाद कर 'हन्ट्स आन द स्टडी आफ भगवद्गीता' ग्रंथ का अंग्रेजी भाषा में सृजन किया। इस ग्रंथ के माध्यम से उन्होंने गीता के ज्ञानयोग, कर्मयोग, शक्तियोग तथा इन्द्रिय निग्रह की साधना को स्वीकार किया। बनारस में रहकर वह नित्य प्रति भारतीय पोशाक में गंगा स्नान के लिए जातीं।

एनी बेसेंट को भारत के प्रति असीम लगाव था, वे देश को शिक्षित एवं समृद्ध राष्ट्र के रूप में देखना चाहती थीं। वे अभिव्यक्ति की स्वतंत्रता की प्रबल समर्थक थीं। उनका मानना था कि प्रत्येक व्यक्ति को अपने विचार तथा चिन्तन के परिणामों को स्वतंत्रतापूर्वक व्यक्त करने का अधिकार होना चाहिए।

एनी बेसेंट ने 1898 में बनारस में सेंट्रल हिन्दू कॉलेज की स्थापना की, जिसे बाद में मदनमोहन मालवीय द्वारा 1916 में हिन्दू विश्व विद्यालय का रूप दिया गया। शिक्षा के विषय में एनी बेसेंट का कहना था—"शिक्षा ऐसी होनी चाहिए जो बच्चों को सोचना सिखाए। शिक्षा में देश भक्ति का दृष्टिकोण होना चाहिए, उसे धर्म के मूल तत्व से भिन्न नहीं होना चाहिए और उसे पाश्चात्य विज्ञान और शिल्पतंत्र का अधिक से अधिक लाभ उठाना चाहिए।"

1924 में एनी बेसेंट कुछ समय के लिए इंग्लैंड और अमेरिका गई। बाद में वे देश के स्वतंत्रता आंदोलन में कूद पड़ीं। वे कांग्रेस की सर्वमान्य नेता थीं, लेकिन यह बात अलग थी कि अपने उग्र स्वभाव के कारण कांग्रेस के गरम दल के अधिक निकट थीं। 1917 में वे कांग्रेस के कलकत्ता अधिवेशन में अध्यक्ष बनी। इस पद को सुशोभित करने वाली प्रथम महिला थीं।

एनी बेसेंट गांधीजी के असहयोग आंदोलन से सहमत नहीं थीं। जब असहयोग आंदोलन में हिंसा के प्रयोग पर गांधीजी ने आंदोलन वापस लिया तो एनी बेसेंट ने गांधी जी की आलोचना की थी और कहा था कि हिंसा तो इस आंदोलन का स्वाभाविक परिणाम है। एनी बेसेंट भीख मांगने की राजनीति की विरोधी थीं।

महिलाओं की स्थिति सुधारने के लिए एनी बेसेंट ने वीमन इंडियन ऐसोसिएशन के माध्यम से सरोजिनी नायडू के साथ एनी बेसेंट ने तत्कालीन भारत सचिव माण्टेग्यू की स्थापना की जिसकी बेसेन्ट प्रथम अध्यक्ष थीं, इस एसोशियशन से मिलकर ज्ञापन दिया, जिसमें पुरुषों के समान महिलाओं को वोट देने के अधिकार की मांग की गई थी।

एनी बेसेंट सारी जिन्दगी सक्रिय रही, लेकिन 81 वर्ष की वृद्धावस्था में उन्होंने राजनीति से संन्यास लेकर अपने को पूरी तरह थियोसोफिकल सोसइटी के कामों में लगा दिया। सितम्बर 1933 में 87 वर्ष की आयु में एनी बेसेंट का देहावसान हो गया। एनी बेसेंट सारी जिन्दगी न्याय, सत्य के लिए निरंतर संघर्ष करती रहीं। उन्होंने धर्म और अध्यात्म का मार्ग अपनाकर भारतीय राष्ट्रवाद को सुदृढ़ किया। उनका व्यक्तित्व अन्तर्राष्ट्रीय था। उन्होंने भारत में स्वराज्य के आदर्शों को लोकप्रिय बनाने में महत्वपूर्ण भूमिका निभायी।

12. मैडम क्यूरी

यूरेनियम से सैकड़ों गुना रेडियो एक्टिव तथा सोने से हजारों गुणा कीमती रेडियम की खोज कर और दो-दो बार नोबेल पुरस्कार प्राप्त करने वाली विश्व विख्यात प्रतिभा मैडम क्यूरी का जन्म उस समय हुआ, जब पश्चिमी देशों में भी महिलाओं को उच्च शिक्षा प्राप्त करने का अधिकार नहीं था। मैडम क्यूरी ने उन प्रतिकूल परिस्थितियों में उच्च शिक्षा प्राप्त कर रेडियम का आविष्कार कर इतनी ख्याति अर्जित की, जितनी शायद ही किसी और ने प्राप्त की हो। इस महान आविष्कार का मूल्य उन्होंने अपनी नेत्रज्योति गंवाकर चुकाया और उन्हें अन्ततः कैंसर जैसी घातक बीमारी का शिकार होना पड़ा।

मैडम क्यूरी के बचपन का नाम मारिया स्कलोवोवस्का था। उनका जन्म एक शिक्षक माता-पिता के घर में पोलैन्ड की राजधानी वारसा में 7 अक्टूबर 1867 में हुआ। परिवार की आर्थिक स्थिति दयनीय थी। उनके पिता जारशाही के अत्याचार से पीड़ित थे, इस कारण उन्हें अपनी नौकरी से भी हाथ धोना पड़ा। निर्धनता के कारण उनके परिवार को खाना-कपड़ा भी मुश्किल से ही जुटता था।

मारिया बचपन से ही मेधावी थीं, उन्होंने 16 वर्ष की आयु में विशेष योग्यता के साथ हाई स्कूल की परीक्षा उत्तीर्ण की जिसके लिए उन्हें स्वर्ण पद प्रदान किया गया। वह बचपन में ही अपनी माँ का साथ छोड़ चुकी थीं, इस कारण परिवार में सबसे छोटी होने के कारण उन्हें माँ का अभाव बहुत खला। उन दिनों बारसा विश्वविद्यालय में महिलाओं के लिए दरवाजे बंद थे, अतः उनके पिता ने उन्हें 1891 में उच्च शिक्षा के लिए पेरिस भेजा। पेरिस के सारवोन विश्वविद्यालय से उन्होंने विज्ञान विषय में स्नातकोत्तर परीक्षा में प्रथम स्थान प्राप्त किया। इन्हीं दिनों उनके एक मित्र ने उनकी भेंट पेरिस के सुप्रसिद्ध चिकित्सक के पुत्र पियरी क्यूरी से करवाई और वे 1895 विवाह बंधन में बंध गए। पियरी क्यूरी भी पूरी तरह वैज्ञानिक अनुसंधानों को समर्पित थे। पति-पत्नी ने एक साथ मिलकर

अनुसंधान कार्यों को आगे बढ़ाया और अपना घर भी संभाला। 12 दिसम्बर 1897 में उनके एक पुत्री आयरीन क्यूरी का जन्म हुआ।

अपने अध्ययन के दौरान मैडम क्यूरी ने रेडियोधर्मिता के आविष्कारक प्रोफेसर बरकले की सहायिका के रूप में कार्य किया। प्रो. बरकले ने कई वर्ष पूर्व यूरेनियम के कुछ टुकड़ों को मेज़ की दराज में रख दिया था। एक दिन मैडम क्यूरी ने देखा प्लेटों पर विचित्र सा जाल फैला हुआ है। उन्होंने सोचा कि यूरेनियम में से कुछ ऐसी किरणें निकली हैं, जिन्होंने इन प्लेटों पर जाल फैला दिया है। इन किरणों के रहस्मय स्रोत को खोजने के लिए उन्होंने अपने पति के साथ मिलकर अनुसंधान जारी रखा। यह सिद्ध हो चुका था कि यूरेनियम को काले कागज में लपेट देने पर भी वह फोटोग्राफिक प्लेट को प्रभावित कर सकता है। प्रयोग के दौरान उन्होंने पिचब्लैंड नामक पदार्थ में दो रश्मि विकीर्ण तत्वों का पता लगाया। उनमें से एक का नाम उन्होंने अपनी मातृभूमि के नाम पर पोलोनियम रखा। कुछ दिनों बाद दिसम्बर 1898 में उन्होंने रेडियम नामक दूसरे तत्व का आविष्कार कर लिया। इस महान अनुसंधान के लिए मैडम क्यूरी को अपने पति के साथ 1903 का नोबेल पुरस्कार दिया गया। बाद में पुनः 1901 में उन्हें रेडियम और पोलोनियम प्राप्त करने और तथा तत्वों का अध्ययन के लिए रसायन विज्ञान का दूसरा नोबेल पुरस्कार प्रदान किया गया।

क्यूरी दम्पत्ति ने अपनी पुत्री आयरीन क्यूरी, जोकि स्वयं बहुत मेधावी थीं, का विवाह फ्रैकरिट जूलियट से कर दिया। इन्होंने भी सर्वप्रथम कृत्रिम रेडियोधर्मी तत्व बनाने का आविष्कार किया, जिसके लिए उन्हें संयुक्त रूप से नोबेल पुरस्कार प्रदान किया गया। आधुनिक विज्ञान के विकास में फ्रांस के क्यूरी परिवार की दो पीढ़ियों का बहुत महत्वपूर्ण योगदान है। विश्व में अन्य कोई ऐसा परिवार नहीं हुआ, जिनकी दो पीढ़ियों में पाँच नोबेल पुरस्कार प्राप्त किए हों। क्यूरी परिवार में दो बार मैडम क्यूरी को, एक बार उनके पति पियरी क्यूरी को तथा एक बार उनकी पुत्री आयरीन क्यूरी तथा उनके पति को नोबेल पुरस्कार से सम्मानित किया गया। इससे इस परिवार की विद्वता और विज्ञान के प्रति समर्पण का सहज ही अनुमान लगाया जा सकता है।

रेडियम से सदैव एक प्रकार की नीली रोशनी निकलती रहती है। इसकी किरणें इतनी शक्तिशाली होती हैं कि मोटी-मोटी धातु की चादरों को भी भेदकर निकल जाती हैं। इसके साथ ही यह इतनी खतरनाक भी होती हैं कि मनुष्य के शरीर में इसका एक कण भी शरीर की कोशिकाओं को नष्ट कर मनुष्य को मृत्यु के द्वार तक पहुँचा देता है। रेडियम का सबसे अधिक उपयोग चिकित्सीय कार्यों के लिए होता है।

रेडियम के आविष्कार के बाद क्यूरी दम्पत्ति की ख्याति चरम पर पहुँच गई। ज्यों ज्यों लोगों में रेडियम में रूचि बढ़ती गई और कैंसर रोग के उपचार में उसका योगदान महसूस किया गया, त्यों त्यों रेडियम के मूल्य में बेतहाशा वृद्धि होती गई। लेकिन क्यूरी दम्पत्ति ने अपने रेडियम के आविष्कार का पेटेन्ट नहीं कराया। वे इस कार्य को नैतिकता और विज्ञान की आत्मा के विरुद्ध मानते थे।

19 अप्रैल को मैडम क्यूरी के ऊपर दुःखों का पहाड़ टूट पड़ा, उनका पारिवारिक सुख स्थिर नहीं रह सका। सड़क पार करते समय उनके पति पियरी क्यूरी का मोटर दुर्घटना से देहान्त हो गया। इससे मैडम क्यूरी को बहुत आघात लगा और वह दुःखी रहने लगी। उनकी अपने पति के स्थान पर नियुक्ति हो गई। फ्रांस के इतिहास में वे प्रथम महिला थीं, जिन्हें विज्ञान अकादमी का सदस्य एवं सोखों में प्रोफेसर के पद पर नियुक्त किया गया। बाद में उन्हें 1908 में सारबोन विश्वविद्यालय में प्रोफेसर पद प्रदान किया गया। उन्होंने सन् 1910 में रश्मि विकिरण के संबंध में एक हजार पृष्ठों का विस्तृत इन्साइक्लोपीडिया तैयार किया, जिसके लिए उन्हें दूसरी बार 1911 का नोबेल पुरस्कार प्रदान किया गया।

मैडम क्यूरी ने प्रथम विश्व युद्ध में पेरिस में ही रहकर देश सेवा करने का निश्चय किया। वे हृदय से बहुत दयालु थीं। उन्होंने एक एम्बुलेंस में सभी चिकित्सीय उपकरण लगाकर युद्ध के घायलों का पूरे मनोयोग से उपचार किया। युद्ध की समाप्ति तक उन्होंने फ्रांस की सेना में लगभग 220 एक्सरे विभाग स्थापित कर दिए थे जिनसे लगभग एक करोड़ घायल सैनिकों की चिकित्सा की गई। इस सेवा के लिए उन्हें अमेरिका द्वारा एक ग्राम रेडियम भेंट किया गया।

मैडम क्यूरी अपने जीवन के अंतिम समय तक वैज्ञानिक अनुसंधान कार्यों में लगी रहीं। अपने पति की मृत्यु के कारण वे अन्दर से टूट चुकी थीं। दिन-रात रेडियम के सम्पर्क में रहने के कारण उनके हाथ और आँखें खराब हो गई। काफी उपचार के बाद भी वे स्वस्थ नहीं हो सकीं और भयंकर एनीमिया से ग्रस्त हो गई। अन्त में विज्ञान की यह अप्रतिम साधिका 4 जुलाई 1934 को संसार से सदा के लिए विदा हो गई। मैडम क्यूरी ने रेडियम का आविष्कार कर मानवता का बहुत बड़ा उपकार किया है। उन्होंने अपने को जीवन भर वैज्ञानिक अनुसंधान तथा मानवता की सेवा हेतु समर्पित किया। प्रसिद्ध वैज्ञानिक आइन्स्टीन ने उनकी मृत्यु पर श्रद्धांजलि देते हुए कहा था—"उनकी जैसी कार्यशक्ति, पवित्रता, वस्तुपरक दृष्टि और तटस्थ निर्णय शक्ति निश्चय ही बहुत कम लोगों में होती है। वे प्रत्येक पल यह अनुभव करती थीं कि वे समाज की सेविका हैं।"

13. भगिनी निवेदिता

भगिनी निवेदिता के बचपन का नाम मारग्रेट एलिजाबेथ नोबेल था। वे एंग्लो आयरिश सामाजिक कार्यकर्ता थीं। 1885 में जब वे लंदन में स्वामी विवेकानन्द के सम्पर्क में आईं तब वे उनकी शिष्या बन गई। स्वामी विवेकानन्द ने उन्हें निवेदिता नाम दिया और भविष्य में इसी नाम से जानी गई।

भगिनी निवेदिता का जन्म 20 अक्टूबर 1867 को आयरलैंड में हुआ। उनकी माँ का नाम मेरी इसाबेल तथा पिता का नाम सैमुअल रिचमाण्ड नोबेल था। उनके पिता ने बचपन में ही उन्हें सिखाया था कि मानव सेवा ही सच्ची ईश्वर सेवा है। पिता की इस सीख का उनके ऊपर बहुत गहरा प्रभाव पड़ा। बचपन से ही उन्हें संगीत और कला में विशेष रुचि थी।

अपनी स्नातक तक की शिक्षा पूरी करने के उपरान्त निवेदिता ने 1984 से 1994 तक शिक्षण कार्य किया। उनके अन्दर लोगों को प्रभावित करने की अद्भुतक्षमता थी। उनमें प्रारंभ से ही शक्ति और उत्साह का सागर हिलोरें ले रहा था। उन्होंने बौद्ध धर्म से संबंधित साहित्य का गहन अध्ययन किया, जिसमें उन्हें गहरी रुचि थी। उसी समय उनकी भेंट स्वामी विवेकानन्द से हुई। स्वामीजी की शिक्षाओं और सिद्धान्तों से निवेदिता बहुत प्रभावित हुई और उनके जीवन की धारा ही बदल गई। देश की महिलाओं के कल्याण के लिए स्वामीजी ने उन्हें प्रेरित किया। स्वामीजी की प्रेरणा से निवेदिता ने ध्यान का अभ्यास करना प्रारंभ कर दिया और अपना पाश्चात्य रहन-सहन व जीवन शैली छोड़कर सादगीपूर्ण जीवन अपना लिया। प्रारंभ से ही उनके मस्तिष्क में दो बातें थीं, जिन्हें निवेदिता ने अपनी पूरी जिन्दगी अपनाया, जीवन को प्रकाशित करने के लिए सत्य की खोज और विश्व कल्याण।

11 मई 1898 को निवेदिता स्वामी विवेकानन्द के साथ नैनीताल गईं, वहाँ से अल्मोड़ा गईं। 5 जून 1898 को निवेदिता ने अपने एक विदेशी मित्र को पत्र लिखा जिसमें उन्होंने कहा– India is indeed a Hollyland (भारत वास्तव में पवित्र भूमि है।) अल्मोड़ा में ही उन्होंने ध्यान (Meditation) की प्रक्रिया सीखी। अल्मोड़ा से ही निवेदिता स्वामीजी के साथ कश्मीर गईं, जहाँ पर वे हाउसबोट पर ठहरीं। 1898 की गर्मियों में उन्होंने स्वामीजी के साथ अमरनाथ की यात्रा की। 1899 में निवेदिता स्वामीजी के साथ अमेरिका गईं।

निवेदिता शिक्षा से वंचित कन्याओं के लिए कन्या विद्यालय खोलना चाहती थीं। उन्होंने अमेरिका व इंग्लैंड जाकर व्याख्यान दिए और इस कार्य के लिए धन एकत्र किया। वस्तुतः भारतीय महिलाओं को शिक्षित करने के उद्देश्य से ही स्वामीजी ने निवेदिता को भारत बुलाया था। जब निवेदिता ने स्वामीजी को कन्या विद्यालय खोलने की योजना के विषय में बताया तो वे बहुत प्रसन्न हुए। अन्तः 13 नवम्बर 1898 को काली पूजा के दिन 16 बोसपारा लेन कलकत्ता के बाग बाजार क्षेत्र में निवेदिता ने कन्या विद्यालय की स्थापना की। इस विद्यालय का उद्घाटन स्वामी विवेकानन्द की उपस्थिति में माँ शारदा ने किया। निवेदिता स्वयं घर-घर जाकर स्कूल के लिए लड़कियाँ लाती थीं। उनके विद्यार्थियों में अनेक विधवाएँ तथा बूढ़ी औरतें भी होती थीं। उनकी कुछ छात्राएँ ऐसी भी थीं जो दयनीय जीवनयापन के लिए विवश थीं। उनके विद्यालय में नियमित शैक्षणिक पाठ्यक्रम के साथ-साथ छात्राओं को सिलाई, कढ़ाई, नर्सिंग तथा स्वास्थ्य शिक्षा का भी ज्ञान करवाया जाता था। उस जमाने में स्कूल के लिए धन संचय कोई आसान कार्य नहीं था। उन्होंने विद्यालय के संचालन में अपनी पूरी जमा पूँजी लगा दी। उन्हें लेखन तथा व्याख्यान आदि से भी जो धन प्राप्त होता था, वह स्कूल में उसे भी लगा देती थीं।

1899 में कलकत्ता में भयंकर प्लेग का प्रकोप हुआ, जिससे अनेकों को अपने प्राण गंवाने पड़े। भगिनी निवेदिता ने घर-घर जाकर रोगियों की देखभाल कर उनका उपचार किया। उन्होंने एक स्वयंसेवी संगठन का गठन कर इस पुनीत कार्य में सर्वसाधारण से उदारतापूर्वक आर्थिक सहयोग देने का आग्रह किया। इस कार्य में उन्होंने धन की कमी नहीं आने दी।

निवेदिता ने अपनी सारी जिन्दगी बिना किसी जातीय या नस्लीय भेदभाव के भारतीय महिलाओं को शिक्षित कर उनका जीवन स्तर सुधारने का काम किया।

जातीय या धार्मिक भेदभाव के विरुद्ध उन्होंने ऊँच-नीच की भावना समाप्त कर एक आदर्श समाज बनाने का सदैव प्रयास किया।

गुरुदेव रवीन्द्र नाथ ठाकुर, अरविन्द घोष, जगदीश चन्द बोस, अबला बोस आदि तत्कालीन बंगाली बुद्धिजीवियों से उनके निकट संबंध थे। जीवन के अंतिम क्षणों में भगिनी निवेदिता भारतीय स्वतंत्रता संग्राम में भी सक्रिय रहीं। उनके लेखन में भारतीयता झलकती है। उन्होंने सारी जिन्दगी व्यक्ति व समाज की सेवा हेतु कठोर परिश्रम किया। वे जीवन के प्रत्येक चरण में लोगों के लिए एक प्रेरक शक्ति थीं। कठोर परिश्रम के कारण उनका स्वास्थ्य धीरे-धीरे खराब होने लगा। अन्त में यह महान आत्मा मात्र 43 वर्ष की अल्पायु में 13 अक्टूबर 1911 को सदा-सदा के लिए हमें छोड़कर शून्य में विलीन हो गयी। वे सदैव अमर रहें।

14. क्लारा जेटकिन

जर्मनी के तानाशाह एडॉल्फ हिटलर और उसकी नाजी पार्टी के विरुद्ध उस समय जब लोग मुँह खोलने की हिम्मत नहीं करते थे, उस समय एक महिला क्लारा जेटकिन ने हिटलर के विरुद्ध जबरदस्त मोर्चा लिया था और युद्ध के विरुद्ध जोरदार आवाज उठाई थी। उन्होंने प्रथम विश्व युद्ध के विरुद्ध एक संगठित प्रदर्शन किया था। वे महिला अधिकारों के लिए सदैव संघर्षरत रहीं।

क्लारा का जन्म 5 जुलाई 1857 को जर्मनी में हुआ। उनके पिता गोटफ्रेंड आइजनर (Gottfriend Eissner) एक स्कूल मास्टर थे। लीवेजिंग टीचर्स कॉलेज फार वीमन में अपने अध्ययन के बाद क्लारा एक महिलावादी समाजशास्त्री बनीं। 1875 में जब जर्मनी में सोशल डेमाक्रेटिक पार्टी का गठन हुआ, तब क्लारा ने इस पार्टी की सदस्यता ग्रहण की। 1877 में जर्मनी में आयोजित सामान्य निर्वाचन में जब सोशल डेमोक्रेटिक पार्टी (SDP) को 12 सीटों पर विजय प्राप्त हुई, उससे विस्मार्क को चिन्ता हुई और उसने सोशल डेमोक्रेटिक पार्टी (SDP) पर प्रतिबन्ध लगा दिया। क्लारा SDP के अन्य सदस्यों के साथ ज्युरिख चली गई। बाद में वे पेरिस जाकर निर्वासित जीवन जीने लगीं।

क्लारा अन्तर्राष्ट्रीय समाजवाद की प्रबल समर्थक थी। अगस्त वेवेल की पुस्तक वोमन एण्ड सोशलिज्म का उनके ऊपर गहरा प्रभाव था। इसी की प्रेरणा से क्लारा महिलाओं के अधिकारों व सम्मान के लिए संघर्ष करने लगीं।

एक मार्क्सवादी ओसिप जेटकिन उस समय अन्तर्राष्ट्रीय समाजवाद के प्रबल समर्थक थे। क्लारा उनके सम्पर्क में आई और उनसे विवाह बन्धन में बंध गई। उनके दो सन्तानें पैदा हुई। 1889 में ओसिप जेटकिन का बहुत कम आयु में देहान्त हो गया।

सन् 1890 में जर्मनी में एन्टी सोशन लॉ के वापस होने के उपरान्त क्लारा जेटकिन अपने देश जर्मनी वापस आ गई। जर्मनी में धीरे-धीरे उनके दल की सदस्य संख्या बढ़ने लगी। उनके दल के एक सदस्य एडवर्ड वर्नीटीन (Advard Bernetein) जोकि लन्दन में रह रहे थे, क्लारा जेटकिन उनकी इस बात से सहमत थीं कि औद्योगिक राष्ट्रों में समाजवाद सक्रिय ट्रेड यूनियन और संसदीय राजनीति से प्राप्त किया जा सकता है। क्लारा जेटकिन ने कार्ल मार्क्स की भविष्यवाणियों के आधार पर लेखों की श्रृंखला लिखी।

क्लारा जेटकिन के दल में रोजा लेक्जेम्वर्ग, कार्ल लीवनेच्ट (Karl Leibkneeht), फ्रांस मेहरिंग, कार्ल रैडिक और एनलॉन पन्ने काक (Anlon Pamakock) सम्मिलित थे। क्लारा जेटकिन 1891 में सोशल डेमोक्रेटिक पार्टी (SDP) की पत्रिका डी ग्लीछीट (Die Gleichheit Equality) की सम्पादक बनीं। एक सम्पादक के रूप में उनका व्यक्तित्व बहुत प्रभावशाली रहा। उनके कार्यकाल में इस पत्रिका का सर्कुलेशन ग्यारह हजार से बढ़कर 67000 तक पहुँच गया। महिला अधिकारों के लिए अपने संघर्ष के कारण उन्हें अन्तर्राष्ट्रीय समाजवादी महिला (International Socialist Woman) का सचिव बनाया गया।

क्लारा जेटकिन ने सोशल डेमोक्रेटिक पार्टी (SDP) के सैन्य विरोधी मान्यता के प्रबल समर्थक कार्ल लीव नेक्चट (Karl Leihknecht) के सानिध्य में कार्य किया था, इस कारण वे युद्ध विरोधी थीं। सैन्य विरोधी मोर्चे के लिए कार्य करने के साथ ही क्लारा जेटकिन महिलाओं के अधिकारों की एक ही प्रबल समर्थक थी। 1907 में उन्होंने लिखा– "The Socialist Parties of all countries are duty bound to fight enesgetically for the implication of universal women's suffrage which is to be vigourly advocated both by agitation and by parliamentary means." (सभी देशों व समाजवादी दलों का यह दायित्व है कि वे महिलाओं के अधिकारों को पूरी शक्ति से क्रियान्वित करें, जिसे संसदीय परंपराओं तथा संघर्ष द्वारा दोनों प्रकार से अधिकारों की लड़ाई समाजवादी सिद्धांतों के अनुसार लड़ी जानी चाहिए।

क्लारा जेटकिन ने रोज लेक्जेम्वर्ग आदि अपने सहयोगियों की सहायता से एक भूमिगत राजनैतिक संगठन का गठन किया। इस संगठन के विचार एक भूमिगत समाचार पत्र में प्रकाशित होते थे। 1915 में क्लारा जेटकिन ने स्विट्जरलैंड में इंटरनेशनल वीमन्स पीस काम्फ्रेन्स का आयोजन किया। क्लारा ने रोज लक्जेम्वर्ग की सहायता से प्रथम विश्व युद्ध को रोकने का प्रयास किया। उन्होंने

प्रथम विश्व युद्ध के विरुद्ध प्रदर्शन किया। उनका कहना था कि युद्ध से किसे लाभ प्राप्त होता है। प्रत्येक देश के कुछ लोगों को छोड़कर अधिकांश लोगों को युद्ध से नुकसान ही होता है। राइफल आदि युद्ध सामग्री बनाने वाली साम्राज्यवादी शक्तियों को ही युद्ध से लाभ होता है। युद्ध से परस्पर लोगों में नफरत पैदा होती है। जन सामान्य को युद्ध से कोई लाभ नहीं होता। उनके युद्ध विरोधी विचारों और शांति के नारे से ब्लादिमीर लेनिन कतई सहमत नहीं थे। उनका मानना था कि साम्राज्यवादी युद्ध को नागरिक युद्ध में परिवर्तित किया जाना चाहिए। उनका विश्वास था कि युद्ध से पुरानी शक्तियाँ कमजोर होंगी और वाल्सेविकों को शक्ति प्राप्त होगी। इस बारे में लेनिन व कार्ल रैडेक एकमत थे।

1920 में क्लारा जेटकिन ने अर्नस्ट थैलमन (Ernst Thalben) वेल्दर अलब्रिट (Walther Ulbricht) से मिलकर जर्मन कम्युनिस्ट पार्टी (KDP) का गठन किया। पार्टी के प्रथम अधिवेशन को रूसी के बोल्सेविक ग्रिगरी जिनोवेव (Gregary Zinoviev) ने संबोधित किया। जर्मन कम्युनिस्ट पार्टी पर कम्युनिस्ट पार्टी आफ सोवियत यूनियन का जबर्दस्त प्रभाव था।

1920 में क्लारा जेटकिन ने जर्मन कम्युनिस्ट पार्टी की केन्द्रीय समिति में कार्य हेतु नियुक्त और वे रीचस्टैग की सदस्य निर्वाचित हुई। क्लारा जेटकिन ने अपनी जिन्दगी का एक लंबा समय सोवियत यूनियन में व्यतीत किया। क्लारा जेटकिन ने संयुक्त राष्ट्र संघ में भी अपनी आवाज बुलन्द की।

1932 में क्लारा जेटकिन जब 75 वर्षीय वृद्ध थीं, वे पुनः रीचस्टैग (Reichstag) के लिए पुनः निर्वाचित हुई। सबसे अधिक आयु की सदस्य होने के कारण उन्होंने पार्लियामेंट के प्रथम सत्र का उद्घाटन किया। अपने एक लंबे भाषण में क्लारा जेटकिन ने नाजी पार्टी और एडॉल्फ हिटलर की सख्त आलोचना की।

क्लारा जेटकिन सारी जिन्दगी मानवाधिकारों, महिलाओं के अधिकारों तथा युद्ध के विरुद्ध जनजागरण करती रहीं और जर्मनी में लोकतंत्र को सुदृढ़ करने में उन्होंने अपनी महत्वपूर्ण भूमिका का निर्वाह किया। उनकी मृत्यु 20 जून 1933 को हो गई।

15. भारत कोकिला सरोजिनी नायडू

देश के स्वतंत्रता आंदोलन में जिन महिलाओं ने बढ़-चढ़कर योगदान दिया, उनमें भारत कोकिला सरोजिनी नायडू का नाम सर्वोपरि है। सरोजिनी नायडू ने देश की आजादी, नारी उत्थान, साहित्य तथा समाज में व्याप्त कुप्रथाओं व आडम्बरों से मुक्ति हेतु अनवरत संघर्ष किया। देश के स्वतंत्रता के उपरान्त वे उत्तरप्रदेश राज्य की प्रथम राज्यपाल बनीं। वह एक कवयित्री, देशभक्त राजनीतिक, कुशल वक्ता और भारतीय नारी के आर्दश की प्रतीक थीं।

सरोजिनी देवी का जन्म 13 फरवरी 1879 को हैदराबाद में डाक्टर अघोरनाथ चट्टोपाध्याय के घर में हुआ। उनकी माँ का नाम वरदसुन्दरी था। उनके पिता वैज्ञानिक तथा माँ एक विदुषी कवयित्री थी। सरोजिनी का परिवार मूलरूप से बंगाली था, लेकिन वे हैदराबाद में आकर बस गए थे। बालिका सरोजिनी के ऊपर उनकी माँ के काव्य सृजन का बहुत प्रभाव था। वे बचपन से ही कविताएँ लिखने लगी थीं। सरोजिनी बचपन से ही अत्यन्त स्वाभिमानी और कुशाग्र बुद्धि की थीं। उस समय लड़कियों की पढ़ाई में अनेकानेक रुकावटें थीं, लेकिन उनके पिता ने सरोजिनी को सीमाओं में नहीं बांधा। सरोजिनी की गणित व विज्ञान विषयों में रुचि नहीं थीं, उनका रुझान काव्य लेखन में था। पिता ने उन्हें सदैव प्रोत्साहन दिया। उनकी लिखी एक कविता को जब उनके पिता ने हैदराबाद के निजाम को दिखाया। निजाम एक नन्हीं लड़की की लिखी सुन्दर कविता को देखकर बहुत प्रभावित हुए। निजाम ने सरोजिनी की योग्यता से प्रभावित होकर उन्हें आगे की शिक्षा के लिए इंग्लैंड जाने के लिए छात्रवृत्ति दी। सरोजिनी इसके पूर्व ही 12 वर्ष की अल्पायु में मद्रास विश्वविद्यालय से मैट्रिक की परीक्षा पास कर चुकी थीं।

अपने इंग्लेंड प्रवास के दौरान सरोजिनी कविताएँ लिखती रहीं। यहीं पर उनके तीन कविता संग्रह प्रकाशित हुए। इंग्लैंड में उनकी भेंट प्रसिद्ध साहित्यकार आर्थर साइमन्स और एडमण्ड गॉस से हुई, जिन्होंने उन्हें भारतीय समाज को ध्यान में रखकर काव्य सृजन करने हेतु प्रेरित किया। सरोजिनी को इंग्लैंड की जलवायु रास नहीं आई और वे अक्सर बीमार रहने लगीं। सरोजिनी ने इंग्लैंड में भारत से संबंधित अनेक कविताएँ लिखीं, जिनमें सुनहरी चौखट, समय की पुकार और भग्न पंख पक्षी बहुत प्रसिद्ध हुईं।

इंग्लैंड से लौटने पर भारत में सरोजिनी की भेंट गोपाल कृष्ण गोखले और गांधी जी से हुई। इनके संपर्क से सरोजिनी के मन में राष्ट्रप्रेम की धारा उमड़ने लगी और वे देश के स्वतंत्रता आंदोलन में कूद पड़ीं। उन्होंने देशप्रेम की अनेक कविताएँ लिखीं। हैदराबाद में उनकी भेंट डा॰ गोविंद रांजुल नायडू जोकि सेना में चिकित्सक थे, से हुई और वे विवाह बन्धन में बंध गए।

गांधीजी की प्रेरणा से सरोजिनी नायडू ने दक्षिण अफ्रीका जाकर स्वयंसेवक के रूप में कार्य किया। सरोजिनी नायडू की कांग्रेस की उदारवादी विचारधारा के प्रमुख स्तम्भ गोपाल कृष्ण गोखले से बहुत निकटता थी। उनका अधिकतम समय राजनीतिक कार्यों में बीतता था। वे शीघ्र ही कांग्रेस की प्रवक्ता बन गईं। उन्होंने संपूर्ण देश में दौरे कर देश की आजादी की लड़ाई में जनमानस को उद्वेलित किया। उनका मानना था कि अब अंग्रेजों को देश से निकालकर देश को स्वतंत्र करने का वक्त है, केवल गीत लिखकर गाने से कुछ होने वाला नहीं है।

सरोजिनी नायडू समाज में समरसता की पक्षधर थीं। वे चाहती थी कि हिन्दू-मुसलमान सभी लोग आपसी भेदभाप भुलाकर प्रेम से एकसाथ रहें। उन्होंने समाज में व्याप्त कुरीतियों, रूढ़ियों और आडम्बरों के विरुद्ध जोरदार संघर्ष किया। उनका मानना था कि रूढ़ियों, परंपराओं और रीति रिवाजों के बोझ को उतारकर फेंकना होगा, तभी समाज और देश प्रगति कर सकता है।

सन् 1925 में उन्हें भारतीय राष्ट्रीय कांग्रेस के कानपुर अधिवेशन का अध्यक्ष चुना गया। अगले वर्ष 1926 में वे पुनः कांग्रेस की अध्यक्ष बनीं। सरोजिनी नायडू उच्च कोटि की वक्ता थीं। उनके भाषण लोग बहुत मनोयोग से सुनते थे, जिनका जनता पर बहुत प्रभाव पड़ता था। जवाहर लाल नेहरू आदि तत्कालीन नेता भी सरोजिनी नायडू की भाषणकला तथा उनके व्यक्तित्व से बहुत प्रभावित थे।

नमक कानून को तोड़ने के लिए हुई ऐतिहासिक दांडी यात्रा में सरोजिनी नायडू पूरे समय गांधीजी के साथ रहीं। वे दांडी यात्रा में महिलाओं के जत्थे का

नेतृत्व कर रही थीं। उनके भाषण जनमानस में स्वतंत्रता की चेतना जागृत करने में जादुई कार्य करते थे। वे देश की आजादी के संघर्ष में कई बार जेल गईं और 1942 के भारत छोड़ो आंदोलन में करो या मरो के नारे के साथ गांधीजी के साथ हर कदम पर खड़ी रहीं।

सरोजिनी नायडू समाज में महिला शक्ति से भलीभांति परिचित थीं। उन्होंने महिलाओं की दशा सुधारने के लिए अनेक कार्य किए। वे जानती थीं कि महिलाएँ घर, परिवार, समाज और देश की अनेक प्रकार से सेवा कर सकती हैं। उन्होंने महिलाओं के उत्थान और कल्याण हेतु अखिल भारतीय महिला परिषद (All India Woman Confrence) की सदस्यता ग्रहण की। इस संगठन से उस समय की ख्याति प्राप्त प्रतिष्ठित महिलाएँ विजय लक्ष्मी पण्डित, कमला देवी चट्टोपाध्याय, लक्ष्मी मेहता तथा हंसोबेन सहित अनेक विभूतियाँ जुड़ी हुई थीं। सरोजिनी भारत के नारी आंदोलन की जन्मदाता थीं। उन्होंने नारी शिक्षा अधिकार आदि नारीत्व के पुर्नजागरण में उनका योगदान अप्रतिम है।

सरोजिनी नायडू का स्वभाव अत्यन्त शालीन था और वे शांत स्वभाव की महिला थीं। अपनी सामाजिक और राजनीतिक जिम्मेदारियों के निर्वाह के उपरांत वे गीत लिखती थीं। उनका स्वभाव अत्यन्त विनोदी था और वे लोगों को हंसाने के लिए चुटकलों का आनन्द लेती थीं। युवाओं की समस्याओं की ओर उनका विशेष ध्यान था। उनका मानना था कि सुदृढ़ सुयोग्य युवा पीढ़ी राष्ट्र की अनुपम धरोहर है, जिसका उपयोग राष्ट्र हित में किया जाना चाहिए। वे अत्यन्त स्नेहमयी और प्रकृतिप्रेमी थीं।

सरोजिनी का जीवन दर्शन प्राचीन संतों द्वारा निर्धारित कसौटी पर खरा उतरता है। वे 15 अगस्त 1947 को देश की आजादी के बाद भारत के हृदय प्रदेश उत्तरप्रदेश की राज्यपाल बनाई गईं। उस समय वे प्रथम महिला थीं जो राज्यपाल जैसे पद पर आसीन हुई थीं। 30 जनवरी 1948 को गांधीजी के निधन पर उन्हें गंभीर आघात लगा था। वे गांधीजी को अपना गुरु व पिता सदृश मानती थीं।

सरोजनी नायडू हृदय रोग से पीड़ित थीं। कठोर परिश्रम के कारण उनका स्वास्थ्य धीरे-धीरे गिरने लगा। अन्ततः वे 2 मार्च 1949 में उन्होंने संसार से विदा ली पर अपनी सुकीर्ति का ऐसा दीप जला गईं जो सदियों तक भावी पीढ़ी के लिए मार्गदर्शन करता रहेगा। सरोजिनी नायडू से भारतीय नारी का सिर गर्व से ऊँचा हुआ है।

16. मणिवेन पटेल

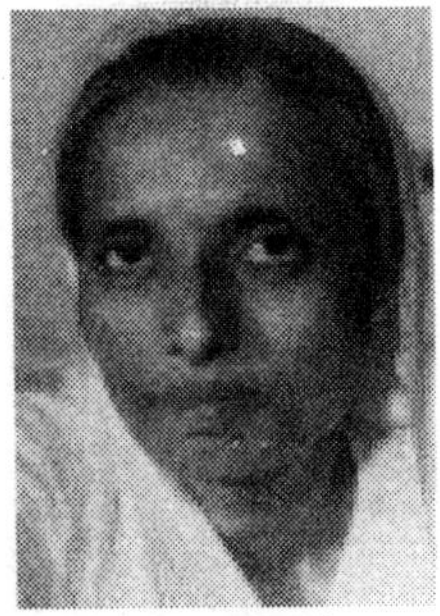

लौह पुरुष सरदार बल्लभभाई पटेल को कौन नहीं जानता, वे वस्तुतः भारत के राष्ट्र निर्माता थे। उन्होंने अपनी राजनैतिक सूझबूझ और कूटनीति से छोटी-छोटी देशी रियासतों में बंटे देश का एकीकरण कर एक सशक्त भारत राष्ट्र का निर्माण किया था। लेकिन दुर्भाग्य से सरदार पटेल के हर सुख-दुःख में उनके साथ रहीं उनकी बेटी कुमारी मणिवेन पटेल को बहुत कम लोग जानते हैं। मणिवेन सरदार पटेल के हर कदम पर सैदव उनके साथ रहीं और कहा जा सकता है कि सरदार पटेल ने देश के लिए जो कुछ भी किया, उसमें मणिवेन सहभागी थीं। वे वस्तुतः सरदार पटेल की छाया थीं।

मणिवेन का जन्म 3 अप्रैल 1903 को गुजरात प्रान्त के करमसद में हुआ था। उनकी माँ का नाम लाड़बाई था। वे अपने माता-पिता की ज्येष्ठ सन्तान थीं तथा उनके एक छोटा भाई ड्यायाभाई था। बचपन में ही उनकी माँ की मृत्यु हो जाने के कारण मणिवेन के कन्धों पर घर-गृहस्थी का पूरा बोझ आ गया। छोटे भाई की परवरिश में उनकी भूमिका माँ सदृश थी। सभी घरेलू कार्य करने के बाद वे स्वयं अपनी पढ़ाई करती रहीं तथा अपने पिता की सचिव के रूप सारी जिन्दगी लगी रहीं। पिता के खाने-पीने, उनके कपड़े धोकर इस्तरी करने तथा उनकी सरकारी डाक छाँट कर उनके पत्रों का उत्तर लिखना, उनकी दैनिक दिनचर्या का अंग था। वे समय निकाल कर नियमित चर्खे पर सूत भी कातती थीं। उनका जीवन बहुत सरल और सादगीपूर्ण था।

जिस समय सरदार पटेल बैरिस्ट्री की पढ़ाई करने इंग्लैंड गए, उस समय उनकी माँ का देहान्त हो चुका था। इस कारण उन्होंने घर की पूरी जिम्मेदारी तथा अपने छोटे भाई ड्यायाभाई को माता-पिता की कमी महसूस नहीं होने दी। सभी घरेलू काम-काज करने के बाद वे चरखे से सूत कातती थीं तथा उसी कते

हुए सूत से कपड़ा बुनवाकर उसी से पिता, भाई तथा अपने लिए कपड़ा सिलकर पहनती थीं।

सन् 1918 में गांधीजी के संपर्क में आने के उपरान्त उन्होंने उन्हीं की जीवनशैली अपना ली थी। उनका जीवन अत्यन्त सरल व सादगी भरा था। वे नियमित रूप से अहमदाबाद स्थित आश्रम में जाती थीं। गुजरात विद्यापीठ से उन्होंने बी.ए. किया तथा उन्हें गुजराती, अंग्रेजी तथा हिन्दी का अच्छा ज्ञान था। उन्होंने गांधीजी के नेतृत्व में चल रहे असहयोग आंदोलन में सक्रिय रूप से भाग लिया। वे नमक सत्याग्रह में कारागार में भी निरुद्ध रहीं।

कुमारी मणिवेन ने विवाह नहीं किया और वे सारी जिन्दगी कुँवारी रहीं। 1930 में वे अपने पिता की सचिव बनीं तथा सरदार पटेल की मृत्यु तक वे सकुशल इस जिम्मेदारी को निभाती रहीं। 1942 में सम्पूर्ण भारत में अंग्रेजों के विरुद्ध विरोध की ज्वाला भड़क चुकी थी। गांधी जी ने कहा—करो और मरो तथा अंग्रेजों से कहा कि वे देश छोड़कर चले जाएं। मणिवेन ने भी 'भारत छोड़ो' आंदोलन में खुलकर भाग लिया। उन्हें गिरफ्तार कर यरवदा जेल में बन्दकर दिया गया तथा उन्हें 1945 में छोड़ा गया।

पिता की मृत्यु वे मुम्बई चली गई और वहीं रहकर जनकल्याणकारी कार्यों में व्यस्त हो गईं। उन्होंने सरदार पटेल मेमोरियल ट्रस्ट के लिए बहुत काम किया। मणिवेन ने सरदार पटेल के जीवन और स्वतंत्रता आंदोलन के संस्मरणों को प्रकाशित करवाया।

वे गुजरात प्रदेश कांग्रेस की अध्यक्ष भी रहीं। गुजरात के मेहसाणा संसदीय क्षेत्र से वे निर्वाचित होकर लोकसभा सदस्य भी रहीं तथा बाद में उन्हें राज्य सभा के लिए मनोनीत किया गया।

जब सरदार पटेल देश के गृहमंत्री और उप प्रधानमंत्री बने तब भी मणिवेन ने सरकारी गाड़ी तथा अन्य सुविधाओं का उपयोग नहीं किया। उस समय भी वे घर पर खाना-पीना बनाना, साफ-सफाई तथा कपड़े धोना आदि सभी घरेलू काम स्वयं करती थीं। उस समय भी उन्होंने चरखे से सूत कातना बन्द नहीं किया और सारी जिन्दगी उसी सूत से बने वस्त्रों को स्वयं एवं अपने पिता को पहनाया। वे सरलता और सादगी की प्रतिमूर्ति थीं।

1988 में उनका देहावसान हो गया। जीवन के अन्तिम समय तक वे गुजरात विद्यापीठ बल्लभनगर, बारदोली स्वराज्य आश्रम तथा नवजीवन ट्रस्ट से जुड़ी रहीं।

17. दुर्गा भाभी

भारत के स्वतंत्रता संघर्ष में जिन महिलाओं ने क्रांतिकारी आंदोलन में सक्रिय भागीदारी की, उनमें दुर्गा भाभी का नाम सर्वोपरि है। उनके पति भगवती चरण वोहरा तो क्रांतिकारी आंदोलन के सुदृढ़ स्तम्भ थे ही दुर्गा भाभी ने भी अपने पति के हर कदम पर उनका साथ दिया तथा स्वयं स्वतंत्र रूप से सशस्त्र क्रांति में बढ़-चढ़कर हिस्सा लिया। सभी क्रांतिकारी साथी उन्हें सम्मान से दुर्गा भाभी कहते थे। उनका नाम दुर्गावती देवी था।

दुर्गा भाभी का जन्म 7 अक्टूबर 1907 को एक धनाढ्य व शिक्षित परिवार में हुआ था। उनके पिता इलाहाबाद में न्यायाधीश के पद पर थे। तत्कालीन परंपरा के अनुसार मात्र 11 वर्ष की अल्पायु में उनका विवाह 15 वर्षीय भगवती चरण बोहरा से हुआ था। उस समय भगवती चरण बोहरा लाहौर के नेशनल कॉलेज के छात्र थे और वे छात्र जीवन से ही क्रांतिकारियों के संपर्क में थे। भगत सिंह, राजगुरु और सुखदेव आदि क्रांतिकारी उनके घर पर आया-जाया करते थे और उन्हें सम्मान से दुर्गा भाभी कहकर पुकारते थे।

दुर्गावती देवी नौजवान भारत सभा की सक्रिय सदस्य बनी और उसकी गतिविधियों में भागीदारी करती थीं। जब नौजवान भारत सभा ने लाहौर में 16 नवम्बर 1926 को करतार सिंह सरावा की शहादत की ग्यारहवीं वर्षगांठ मनाने का निर्णय लिया, तब उनका नाम प्रकाश में आया। दुर्गा भाभी ने क्रांतिकारी जतिनदास की लाहौर से कोलकाता तक की शवयात्रा का नेतृत्व किया। जतिन दास का लाहौर जेल में 63 दिन की भूख हड़ताल के उपरान्त देहान्त हो गया था। उनकी शवयात्रा में भारी भीड़ उमड़ पड़ी थी।

मुम्बई के गवर्नर लार्ड हेली की हत्या की योजना दुर्गा भाभी ने अपने क्रांतिकारी साथी पृथ्वी सिंह आजाद, सुखदेव, राजशिंदे और वापट के साथ मिलकर बनाई। एक गलतफहमी के कारण गवर्नर हेली तो बच गया, लेकिन उसके अनेक साथी मौके पर ही मारे गए। वापट की कुशलतापूर्ण कार्यवाही से सभी की जान बच गई। चन्द्रशेखर आजाद भाभी को बहुत सम्मान करते थे, उन्होंने इस विफल कार्यवाही के लिए उन्हें डांट भी लगाई थी। कुछ दिनों बाद चन्द्रशेखर आजाद इलाहाबाद में अल्फ्रेड पार्क में शहीद हो गए थे, इसका दुर्गा भाभी पर बहुत गहरा प्रभाव पड़ा था। लार्ड हेली की हत्या की विफल योजना के लिए दुर्गा भाभी को गिरफ्तार कर जेल में डाल दिया गया। उन्हें तीन वर्ष का कठोर कारावास का दण्ड भुगतना पड़ा। दिल्ली की केन्द्रीय असेम्बली बम काण्ड में भगत सिंह को गिरफ्तार कर लिया गया था। दुर्गा भाभी ने अपने कीमती जेवरात बेचकर भगतसिंह व उनके साथियों की न्यायालय में पैरवी की थी।

उस समय क्रांतिकारियों का एक संगठन था-हिन्दुस्तान सोशलिस्ट रिपब्लिकन आर्मी। विमल प्रसाद जैन इस संगठन के सक्रिय सदस्य थे। वह गुप्त रूप से क्रांतिकारियों के लिए कुतुब रोड़ दिल्ली में बम बनाने की फैक्ट्री चलाते थे। दुर्गा भाभी व उनके पति भगवती चरण बोहरा उनकी इस कार्य में हर प्रकार से सहायता करते थे।

दिल्ली की केन्द्रीय असेम्बली में तत्कालीन सत्ता को चुनौती देने के लिए भगतसिंह ने बम विस्फोट किया। भगतसिंह व उनके अन्य साथी बटुकेश्वर दत्त को मौके पर ही गिरफ्तार कर लिया गया। न्यायालय को इन क्रांतिकारियों ने अपनी विचारधारा का माध्यम बनाया। इन लोगों को छुड़ाने की योजना के तहद किए गए बम परीक्षण के दौरान दुर्गा भाभी के पति भगवती चरण बोहरा की मृत्यु हो गई। पति मृत्यु के बज्रपात को सहन करते हुए वे अपने पति के अंतिम दर्शन भी नहीं कर सकीं। ऐसे संक्रमण काल में भी दुर्गा भाभी ने धैर्य नहीं खोया और पति को श्रद्धांजलि अर्पित कर दोगुने वेग से क्रांति कार्य को प्रेरित करती रहीं। उस समय सुशीला दीदी का उन्हें सहयोग मिलता रहा।

जब भगत सिंह ने अंग्रेज पुलिस अधिकारी साण्डर्स का वध किया। उस समय वे और उनके साथी फरार थे और पुलिस उनका अत्यन्त सरगर्मी से तलाश कर रही थी। इस घटना के दो दिन बाद भगत सिंह के साथी सुखदेव

उनके पास आए और दुर्गा भाभी से सहायता की मांग की। इस संबंध में एक गुप्त योजना को अन्तिम रूप दिया गया, जिससे भगत सिंह को सकुशल लाहौर से अन्यत्र भेजा जा सके। दुर्गा भाभी ने इस योजना के अनुसार पूर्ण सहयोग का वचन दिया। योजनानुसार भगतसिंह ने अपनी दाढ़ी बनवाकर अंग्रेजी स्टाइल के बाल कटवाए तथा अंग्रेजी परिधान धारण कर फ्लैट कैप पहनी। उस समय रेलवे प्लेटफार्म पर दुर्गा भाभी छद्‌म वेष धारण कर पैरों में हाई हील सैंडल तथा हाथ में पर्स लटकाकर उनके साथ थी। उनका पुत्र शचीन्द्र भगत सिंह की गोद में था, जिससे उनका चेहरा छिपा हुआ था। अंग्रेजी परिधान में सजे भगत सिंह एवं उनकी छद्‌म पत्नी के रूप में दुर्गा भाभी व उनके पुत्र को कोई पहचान नहीं सका। भगत सिंह व दुर्गा भाभी अपने बच्चे के साथ रेल के प्रथम श्रेणी कम्पार्टमेंट में चढ़ गए तथा उस समय राजगुरु, जोकि उनके नौकर के रूप में थे, पास के तृतीय श्रेणी कम्पार्टमेंट में चढ़ गए। इस प्रकार भगतसिंह दुर्गाभाभी के साथ अंग्रेजी गुप्तचरों व पुलिस की आंखों में धूल झोंककर सुरक्षित व सकुशल लाहौर से लखनऊ स्टेशन पर पहुंच गए। राजगुरु वहां से बनारस चले गए। बाद में भगतसिंह व दुर्गा भाभी अपने बच्चे के साथ सकुशल हावड़ा पहुंच गए। उन्हें रास्ते में कोई भी पहचान नहीं सका। इस घटना से दुर्गा भाभी के साहस, धैर्य व समर्पण का पता चलता है। यह अत्यन्त साहस व जीवट का कार्य था।

दुर्गा भाभी का परिवार अत्यन्त समृद्ध था। क्रांतिकारी गतिविधियों से जुड़ने के कारण उनके लाहौर व इलाहाबाद स्थित तीनों घर तत्कालीन प्रशासन द्वारा जब्त कर लिए गए थे। उन्हें अपने इकलौते पुत्र की चिन्ता थीं, उसे उन्होंने अपने से दूर कर दिया था। पुलिस उन्हें परेशान कर रही थी, जो न उन्हें गिरफ्तार कर रही थी और न ही चैन से बैठने देती थी। ऐसी स्थिति में वे कोई काम नहीं कर पा रही थीं। अन्ततः 14 सितम्बर 1932 को उन्हें गिरफ्तार कर लिया गया, लेकिन साक्ष्य के अभाव में उन्हें 15 दिन बाद रिहा कर दिया गया। उन्हें 1919 रेगुलेशन एक्ट के तहद नजरबन्द कर दिया गया। बाद में उनके लाहौर और दिल्ली प्रवेश पर पाबन्दी लगा दी गई। तीन वर्ष बाद उनसे पाबन्दी हटायी गई, तब उन्होंने गाजियाबाद के प्यारेलाल गर्ल्स हाई स्कूल में अध्यापन कार्य प्रारंभ कर दिया। उन्हें क्षय रोग हो गया, इसके बावजूद वे सार्वजनिक जीवन में सक्रिय रहीं तथा कांग्रेस पार्टी से जुड़ी रहीं।

1937 में उन्हें दिल्ली प्रदेश कांग्रेस समिति का अध्यक्ष बनाया गया। 1938 में हड़ताल में उन्हें बन्दी बनाकर कारागार में डाल दिया गया। बाद में दुर्गा भाभी ने अड्यार में माण्टेसरी का प्रशिक्षण प्राप्त कर 1940 में लखनऊ में पहला माण्टेसरी स्कूल स्थापित किया। विद्यालय खोलने का उनका उद्देश्य गरीब बच्चों को शिक्षित करना था। इस विद्यालय में देश के प्रथम प्रधानमंत्री जवाहरलाल नेहरू 1956 में पधारे थे।

देश आजाद हो चुका था। अन्य स्वतंत्रता सेनानियों से अलग दुर्गा भाभी गाजियाबाद में शांतिपूर्वक जीवन यापन करने लगीं। गाजियाबाद में ही 15 अक्टूबर 1999 को 92 वर्ष की आयु में उनका निधन हो गया। दुर्गा भाभी का संपूर्ण जीवन एक क्रांतिकारी के रूप में तथा एक समाज सेवी व शिक्षाविद के रूप में राष्ट्र के लिए समर्पित था। उनका जीवन समाज व महिलाओं के लिए एक आदर्श है

18. सिमोन द बोउआर

फ्रांसीसी दार्शनिक व महिलावादी क्रांतिकारी लेखिका सिमोन द बोउआर (Simone de Beauvoir) का जन्म पेरिस में 9 जनवरी 1908 को एक धनाढ्य परिवार में हुआ था। उनके पिता का नाम Georges Bestrand de Beavoir तथा माँ का नाम Francoise Brasseur था। बचपन में उन्हें अपने माता-पिता का बहुत लाड़-प्यार मिला। उनसे दो वर्ष छोटी एक बहन थी हीन (Heene)। प्रथम विश्व युद्ध की समाप्ति तक उनके परिवार की आर्थिक स्थिति बहुत खराब हो गयी थी, इस कारण परिवार का जीवन स्तर सुधारने के लिए उनके पिता को बहुत संघर्ष करना पड़ा। सिमोन अपने बाल्यकाल में बहुत धार्मिक थीं, लेकिन 14 वर्ष की आयु में उनके साथ एक ऐसी घटना घटी, जिसने उन्हें नास्तिक बना दिया और वे जीवन पर्यन्त नास्तिक रहीं। सिमोन की माँ चाहती थीं कि उनकी पुत्रियाँ उच्चकोटि की शिक्षा प्राप्त करें, जिसके लिए उन्होंने कोई कसर नहीं उठा रखी। उनके पिता चाहते थे कि उनकी पुत्रियाँ पुरुषों की तरह सोचें।

सिमोन की प्रारंभिक शिक्षा लड़कियों के कैथोलिक स्कूल में हुई। 1925 में गणित व दर्शन की शिक्षा पेरिस विश्वविद्यालय से प्राप्त कर सेन्ट मेरी स्कूल से विभिन्न भाषाओं तथा साहित्य का अध्यापन किया। बाद में सिमोन ने सरबोन (Sorbonne) विश्वविद्यालय से दर्शनशास्त्र की शिक्षा प्राप्त कर शोध कार्य किया। उन्होंने दर्शनशास्त्र में परास्नातक उपाधि प्राप्त कर नेशनल रैकिंग में द्वितीय स्थान पर रहीं। वे अत्यन्त मेधावी विद्यार्थी थीं। इसी दौरान उनका संपर्क प्रसिद्ध दार्शनिक ज्यां पाल सार्त्र (Jean Paul Sartre) से हुआ, जिनका नेशनल रैकिंग में प्रथम स्थान था। सार्त्र से उनकी प्रगाढ़ मित्रता थी, उनके साथ सिमोन जीवन पर्यन्त सहजीवन में रहीं। उनके साथ सिमोन ने शादी नहीं की और न ही उनके बच्चे हुए। घरेलू झंझटों से मुक्त सिमोन ने अपना अधिकतम समय

अध्ययन, लेखन, अध्यापन, राजनीति व यात्राओं में व्यतीत किया। उनके पुरुष व महिला मित्रों से अच्छे व अंतरंग संबंध थे। सिमोन अपनी महिला मित्रों को अपने अभिन्न साथी सार्त्र से मिलाती थीं।

सिमोन का प्रथम उपन्यास 'शी केम टू स्टे' (She came to stay) 1943 में प्रकाशित हुआ। इस उपन्यास में उन्होंने ओल्गा (Olga) व वाण्डा (Wanda) के साथ अपने व सार्त्र के यौन संबंधों का चित्रण किया। सिमोन के अध्यापन के दौरान ओल्गा उसका छात्र था और वान्डा उसकी बहन थी। उस समय सिमोन की आयु 30 वर्ष थी। उन्होंने चार खण्डों में अपनी आत्मकथा मैंडरिन्स (Mandarines) लिखी, जिसके लिए उन्हें सम्मानित किया गया। बुजुर्गों के साथ समाज के व्यवहार के विषय में उन्होंने 'द कमिंग आफ एज' (The coming of Age) लिखा। अपनी माँ की मृत्यु के विषय में उन्होंने 'ए वेरी ईजी डेथ' (A very easy death) लिखा। जीवन के अन्तिम समय में उन्होंने अपने जीवन साथी सार्त्र की धीरे-धीरे हुई मृत्यु के विषय में लिखी डायरी 'ए फेयरवेल टू सार्त्र' (A farewell to Sartre) नाम से प्रकाशित करवाई।

जून 1949 में उन्होंने 'द सेकन्ड सेक्स' (The second sex) नामक पुस्तक लिखी, जो मूल रूप से फ्रेंच भाषा में (Deusieme Sexe) लिखी गई थी। इस पुस्तक के प्रकाशन के बाद संपूर्ण विश्व में तहलका मच गया। महिलाओं ने इस पुस्तक का बहुत गर्मजोशी से स्वागत किया और इसका उन पर बहुत क्रांतिकारी प्रभाव पड़ा। इस पुस्तक को पढ़कर महिलाएँ तत्कालीन साम्राज्यवादी व्यवस्था के विरुद्ध संघर्षरत होकर कम्युनिस्ट आंदोलन की ओर बढ़ रही थीं। इससे यूरोप और अन्य पूंजीवादी देशों में कोहराम मच गया। अमेरिका द्वारा इस पुस्तक पर प्रतिबन्ध लगा दिया गया। भारत में इस पुस्तक का अनुवाद 'नारी उपेक्षिता' नाम से वाणी प्रकाशन दिल्ली द्वारा प्रकाशित किया गया। इस पुस्तक को भी भारत में प्रतिबन्धित कर दिया गया। सिमोन की यह पुस्तक संपूर्ण विश्व में अति चर्चित व लोकप्रिय हुई।

सिमोन महिलाओं की शुचिता की पक्षधर नहीं थी। वह चाहती थीं कि समाज में लैंगिक समानता होनी चाहिए। वह शादी-विवाह कर एक जीवनसाथी के साथ बँधकर पूरी जिन्दगी बिताने में विश्वास नहीं करती थीं। उन्होंने स्वयं शादी नहीं की और अनेक लोगों के साथ अपने यौन संबंध बनाए। इस बात को उन्होंने स्वयं स्वीकार किया है। वह मानती थीं कि महिलाएँ पुरुषों की भांति जन्म लेती हैं और दोनों की योग्यताओं व क्षमताओं में कोई अन्तर नहीं होता। दोनों में गुणों व

इच्छाओं की समानता होती है। उनका मानना था कि स्त्री पैदा नहीं होती, उसे स्त्री समाज द्वारा बनाया जाता है। स्त्रियों में शर्म व संकोच आदि के गुण परिवार व समाज द्वारा भरे जाते हैं। सिमोन के इन विचारों की पूंजीवादी व रूढ़िवादियों द्वारा घोर निन्दा की गयी।

सिमोन ने नारी मुक्ति आंदोलनों में बढ़-चढ़कर हिस्सा लिया। वह एक प्रखर महिलावादी विचारक थीं। 1970 में हुए फ्रांस के नारी मुक्ति आंदोलन में सिमोन ने सक्रिय भागीदारी की। सिमोन क्रांतिकारी विचारक थीं और साम्यवादी विचारधारा की पोषक थीं। उनके ऊपर कार्ल मार्क्स व हीगल का प्रभाव था। उन्होंने साम्यवादी आंदोलनों में सक्रिय भागीदारी की।

अपने यौन संबंधों के कारण सिमोन सदैव चर्चित और विवाद का केन्द्र रहीं। छात्र जीवन में जब वह 30 वर्ष की थीं, उनका यौन शौषण उनके शिक्षक द्वारा किया गया था। अपने अध्यापन के दौरान 17 वर्षीय अवयस्क छात्र से उनके यौन संबंधों के कारण उन्हें शिक्षण से निलंबित कर दिया गया था और बाद में उनका शिक्षण का लाइसेंस भी स्थायी रूप से जब्त कर दिया गया था।

फ्रेंच दार्शनिक ज्यां पाल सार्त्र के साथ सिमोन के बौद्धिक संबंध जीवन पर्यन्त चलते रहे और वे सदैव एक साथ रहे। 1973 का वर्ष उनके लिए अत्यन्त कठिनाइयों व मुसीबतों भरा रहा। उनके बौद्धिक सहयोगी सार्त्र की नेत्रज्योति चली गई। वह अक्सर बीमार रहते थे। सिमोन ने इन परिस्थितियों में सार्त्र का साथ निभाया और वह जी जान से उनकी सेवा करती रहीं। 1980 में सार्त्र का निधन हो गया। सिमोन के ऊपर कष्टों व दुःखों का पहाड़ ही टूट पड़ा। सिमोन इस समय अत्यन्त धनाभाव से गुजर रही थीं। उनका स्वास्थ्य भी धीरे-धीरे गिरता चला गया और वह बीमार रहने लगीं। उन्हें निमोनिया व पल्मोनरी एडोमा हो गया तथा उनके फेफड़े खराब हो गए। आर्थिक अभाव के कारण वह अपना इलाज भी नहीं करवा सकीं। अन्ततः अनेक कष्टों व परेशानियों के बाद उनका 14 अप्रैल 1986 को देहान्त हो गया। सिमोन की मृत्यु के उपरान्त उनकी दत्तक पुत्री सिल्वी ल बॉन (Sylvie Le Bon) ने उनके लिखे साहित्य का सम्पादन कर प्रकाशित करवाया।

सिमोन के शव को उनके बौद्धिक सहयोगी सार्त्र की कब्र के बगल में दफना दिया गया। सिमोन जीवनभर अपने कार्यों से महिला मुक्ति और साम्यवादी आंदोलन को एक नई दिशा देती रहीं।

19. ममतामयी मदर टेरेसा

अपने लिए तो सभी जीते हैं, पशु पक्षी भी अपनी उदर पूर्ति कर लेते हैं। जीवन की सार्थकता तो परोपकार और दीन-दुखियों की सेवा में है। ममतामयी माँ मदर टेरेसा का जीवन सेवा और परोपकार का पर्याय था। वे दबी कुचली मानवता की सेवा को ही ईश्वर की सेवा मानती थीं। ,

मदर टेरेसा का परिवार मूल रूप से अल्बेनियन था, उनके पिता यूगोस्लाविया के स्काजे नगर में आकर बस गए थे। यहीं पर उनका जन्म 27 अगस्त 1910 को हुआ। उनके बचपन का नाम एग्नेस गोनाक्सा बैजाक्सिड था, परिवार में सभी उन्हें गोंजा कहकर बुलाते थे। एग्नेस अपने माता-पिता की चार संतानों, दो भाइयों व दो बहनों में से एक थीं। वे बचपन में अन्य बच्चों की तरह एक साधारण बालिका थीं। उन्हें देखकर कोई यह अनुमान नहीं लगा सकता था कि वे कालान्तर में एक असाधारण महिला बनकर विश्व की सर्वाधिक लोकप्रिय व दीन-दुखियों की उद्धारकर्ता बनेगी। उनकी शिक्षा-दीक्षा स्थानीय सरकारी स्कूल में हुई। 1914 में हुए प्रथम विश्व युद्ध की विभीषिका ने एग्नेस के बालमन को उद्वेलित कर दिया। उनका बालमन चीत्कार कर उठा, यद्यपि उस समय उनकी आयु मात्र चार वर्ष थी। युद्ध अभी समाप्त भी नहीं हुआ था, बालिका एग्नेस को एक भयंकर आघात का सामना करना पड़ा, उनके पिता का देहावसान हो गया। उस समय एग्नेस की आयु मात्र सात वर्ष की थी। पिता की मृत्यु का एग्नेस के जीवन पर बड़ा प्रभाव पड़ा।

पिता की मृत्यु के उपरान्त एग्नेस अपनी माँ के आंचल में पलीं। माँ से उन्हें बहुत स्नेह प्राप्त हुआ। उनकी माँ न केवल एक समझदार गृहणी थीं, वरन उनका व्यक्तित्व बहुत उच्चकोटि का था। वे जरूरतमंदों की सेवा के लिए सदैव तत्पर रहती थीं। गोंजा (एग्नेस) को सत्य वचन, सत्कर्म व सेवाभाव की प्रेरणा अपनी माँ

से ही मिली। उन्हें झूठ बोलना पसन्द नहीं था। गोंजा की माँ परिवार के पालन के लिए शादी-विवाह के जोड़ों पर कढ़ाई किया करती थीं। गोंजा को उसकी माँ की दिनचर्या ने बहुत प्रभावित किया। वे माँ के कार्यों में हाथ बंटाती थीं। बालिका गोंजा के हृदय में बाल्यकाल से ही दूसरों के प्रति दया, सेवा व प्रेम का सागर उमड़ने लगा था। स्कूल जाते समय रास्ते में यदि उन्हें कोई असहाय, बेबस व लाचार व्यक्ति दिख जाता था, वह उसकी हर संभव सहायता करती थीं।

अपने स्कूली जीवन में गोंजा ने सीसो का जीवन चरित्र पड़ा, जिससे वे बहुत प्रभावित हुईं। उन्होंने सोच लिया था कि दे भविष्य में सीसो के समान ही समाज सेविका बनेगीं और दीन दुखियों की सेवा करेंगी। इसी उद्देश्य को लेकर गोंजा ने जीवन पर्यन्त अपने को मानवता की सेवा के लिए समर्पित किया।

जिस समय गोंजा की स्कूल में पढ़ाई चल रही थी, उसी समय युगोस्लाविया के कुछ जेसुइट्स ईसाइयों ने कलकत्ता में प्रारंभ कर दिया था। वे इस समय तक सोलाडिटी नामक संस्था से जुड़ चुकी थीं और उसकी गतिविधियों में रुचि लेने लगी थीं। कलकत्ता पहुंचे एक व्यक्ति ने अपनी मातृभूमि को कई पत्र भेजे, जिन्हें गोंजा के स्कूल में पढ़ाया गया। इन पत्रों का गोंजा के जीवन पर गहरा प्रभाव पड़ा और हजारों मील दूर भारत भूमि के प्रति उनका आकर्षण बढ़ गया तथा उन्होंने भारत जाने का निश्चय किया।

महापुरुषों का जीवन किसी स्थान विशेष की थाती नहीं होता, वे संपूर्ण मानवता के पथप्रदर्शक होते हैं। उनका व्यक्तित्व व कृतित्व सार्वभौमिक होता है। अंततः मात्र 17 वर्ष की आयु में गोंजा ने अपनी माँ और सभी घरेलू सुख सुविधाओं को तिलांजलि देकर संन्यासिनी बनने का निर्णय ले लिया। सन् 1927 में गोंजा का भारत में आगमन हुआ। उस समय देश में एक ओर अंग्रेजों द्वारा अत्याचार हो रहे थे, तो दूसरी ओर देश में असंख्य बीमारी व भूख से लाचार लोग थे। उनका सम्वेदनशील हृदय करुणा से भर गया। उन्होंने संकल्प लिया कि वह दुःखी व असहाय लोगों की सेवा करेंगी और भारत को अपनी कर्मभूमि बना लिया। उस समय स्पेन में टेरेसा नाम की एक संन्यासिनी थीं, उनसे प्रभावित होकर गोंजा ने अपना नाम टेरेसा रख लिया और वे सिस्टर टेरेसा कही जाने लगीं।

सिस्टर टेरेसा कुछ समय कलकत्ता में रहीं, बाद में दो वर्ष का प्रशिक्षण प्राप्त करने के लिए दार्जलिंग गईं तथा प्रशिक्षण के बाद पुनः कलकत्ता लौट आईं। उन्होंने कलकत्ता में सेन्ट मेरी हाई स्कूल में भूगोल पढ़ाना प्रारंभ किया। यहाँ पर

उन्होंने 18 वर्ष तक अध्यापन कार्य किया। इसी दौरान उन्हें दीन दुखियों की समस्याओं को निकट से देखने का अवसर मिला। सेंट मेरी स्कूल के निकट मोती झील नामक मलिन बस्ती की स्थिति देखकर उनका विपन्नता से साक्षात्कार हुआ। स्कूल की पढ़ाई के बाद कुछ समय निकालकर वे मोती झील पहुँच जातीं और वहाँ उनको बुलाकर उनका दुख-दर्द सुनतीं।

10 सितम्बर 1946 का दिन सिस्टर टेरेसा के जीवन की अविस्मरणीय घटना है। इसी दिन दार्जलिंग जाते समय उनके अन्तःकरण में ईश्वरीय अनुभूति हुई। उन्हें लगा कि उनसे कोई कह रहा है कि तुम्हें सबकुछ त्यागकर दरिद्रों, दुःखियों व निराश्रित रोगियों की सेवा करनी चाहिए। उन्होंने इसे ईश्वरीय आदेश मानकर उसी दिन शिक्षण कार्य छोड़कर मानवता की सेवा के लिए अपने को पूरी तौर पर समर्पित कर दिया। उन्होंने 10 सितम्बर को प्रेरणा दिवस के रूप में मनाने की घोषणा की।

बीमारों और घायलों की सेवा हेतु सिस्टर टेरेसा ने सर्वप्रथम पटना से विधिवत नर्सिंग का प्रशिक्षण प्राप्त किया। इसके बाद वे दीन दुखियों की सेवा करने लगीं। उन्होंने विदेशी वस्त्रों का त्याग कर सफेद रंग की तथा नीली धारी वाली सादी साड़ी धारण की। यह परिधान उस समय कोलकाता के सफाई कर्मियों का था। इस परिधान को धारण कर वे जीवनपर्यन्त सेवा करती रही। कोलकाता में वे गरीबों की बस्तियों में विचरण करतीं तथा निराश व परेशान हाल लोगों की समस्याएँ सुनकर उनका निराकरण करने का प्रयास करतीं। गंदे बच्चों को नहला धुला कर साफ करती और घायलों के घावों को साफ कर वे मल्हम पट्टी करती थीं।

सन् 1949 तक सिस्टर टेरेसा द्वारा किए गए कार्यों की ओर लोगों का ध्यान जाने लगा था। उसी समय उन्होंने विधिवत भारत की नागरिकता प्राप्त कर ली थी। धीरे-धीरे उनसे लोग जुड़ने लगे और उनको कार्यों में अपना हाथ बंटाने लगे थे। उनके साथ काम करने वाली सिस्टरों की संख्या भी बढ़ने लगी और उनके संसाधनों की भी कोई कमी नहीं रही। इस प्रकार उनके द्वारा किए सेवा कार्यों की दुनिया भर में चर्चा होने लगी और पता ही नहीं चला कि वे कब सिस्टर टेरेसा से मदर टेरेसा बन गई। इस समय तक वे हिन्दी व बांग्ला भाषाओं का अच्छा ज्ञान प्राप्त कर चुकी थीं।

कोलकाता के मोती झील क्षेत्र में उन्होंने पढ़ाना प्रारंभ किया, जहाँ से सर्वप्रथम 5 बच्चे आए। साधनों के अभाव में जमीन पर बैठकर ही कक्षाएँ चलाई

जाती थीं। मदर स्वयं वर्णमाला के अक्षरों का उच्चारण करती थीं, जिसे बच्चे दोहराते थे तथा जमीन पर लिखकर ही वे बच्चों को अक्षर लिखना सिखाती थीं। जब लोगों को जानकारी हुई तो उन्होंने मेज-कुर्सी, टाट-पट्टी, ब्लेकबोर्ड तथा कॉपी, कलम की व्यवस्था कर दी। शायद यह किसी ने नहीं सोचा होगा कि जमीन पर खुले आसमान के नीचे चलने वाला यह स्कूल भविष्य में पूरे विश्व में ख्याति प्राप्त करेगा। यही स्थान बाद में निर्मल हृदय संस्थान कहलाया। मदर ने मिशनरी आफ चेरिटी नामक संस्था की नींव डाली। मदर को इस कार्य के लिए अनेक संकीर्णतावादी शक्तियों से जूझना पड़ा। ऐसे तत्वों को मदर ने अपनी मधुर वाणी, करुणा व ममता से समझाया। अन्ततः उन्हें हार माननी पड़ी। मदर के इस कार्य में बहुत से लोग सहयोग हेतु तत्पर थे और दिल खोलकर दान देते थे। कोलकाता के इस छोटे से स्थान से प्रारंभ हुए इस कार्य का विस्तार भारत भर में हो गया तथा उनकी ख्याति सम्पूर्ण विश्व में फैल गई। आज भारत सहित सम्पूर्ण विश्व के लगभग 23 देशों में मिशनरी आफ चैरिटी अनेक सेवा केन्द्रों द्वारा सेवा कर रही है।

मदर टेरेसा के कार्यों से प्रभावित होकर धनी लोग उन्हें दिल खोलकर दान देते थे। उसी प्राप्त धन से उन्होंने शांतिनगर की स्थापना की। शांतिनगर में कुष्ठ और एड्स पीड़ित रोगियों का यथासम्भव उपचार किया जाता था तथा स्वस्थ हो जाने के उपरांत उन्हें रोजगार उपलब्ध करवाया जाता था। लोग जिन मरीजों के पास जाने से भी कतराते थे, मदर उन्हें प्रेम से गले लगाती थीं। पश्चिम बंगाल सरकार ने जब उनसे वेश्या कैदियों के पुनर्वास हेतु मदद मांगी, तो मदर ने इस कार्य में बहुत बड़ा योगदान दिया। मदर ने वेश्याओं के पुर्नवास एक सम्मानपूर्वक जीवन यापन हेतु उल्लेखनीय सेवा की।

मदर ने लावारिस बच्चों को सड़क के किनारे रखे कचरे के डिब्बों से उठाकर उन्हें पालपोसकर बड़ा किया। इस कार्य के लिए उन्होंने शिशु भवन की स्थापना की। मदर कहा करती थीं कि यदि बच्चे न पाल सको तो उन्हें दे दो। इस कार्य में पुलिस भी मदर का बहुत सहयोग करती थी। सभी बच्चे बिना किसी भेदभाव के एक जैसी परवरिश पाते थे, मदर सबके साथ एक समान ममता रखती थी। मदर के लिए इस बात से कोई फर्क नहीं पड़ता था कि कौन सा बच्चा कहाँ से आया या उसके जन्म का कारण क्या है? यह उनका महान प्रेम ही था कि लाखों असहाय व अनाथ बच्चों को मदर की ममता भरी छांव व स्नेह प्राप्त हुआ। आज ऐसे अनेक बच्चे मदर का स्नेह पाकर पढ़-लिखकर उच्च पदों पर सम्मानजनक जीवन जी रहे हैं और समाज में महत्वपूर्ण भूमिका का निर्वाह कर रहे हैं। मदर ने

नशेड़ियों और बेघरों के लिए आश्रम खोले तथा अनचाहा गर्भ धारण करने वाली महिलाओं के लिए आश्रमों की व्यवस्था की।

पूर्व प्रधानमंत्री श्रीमती इंदिरा गांधी को मदर के प्रति अटूट विश्वास था। वे समय निकालकर मदर से मिलती तथा उनके कार्यों में सहयोग करती थीं। इन्दिरा जी अपने आवास पर सब्जियां उगाती थीं तथा उन्हें मदर के आश्रमों में भिजवाया करती थी। इन्दिराजी से पूर्व पं. नेहरु को भी मदर से बहुत श्रद्धा थी, उन्होंने मदर को पद्म श्री सम्मान से सम्मानित करवाया था।

मदर के पास देश-विदेश से निमंत्रण प्राप्त होते थे कि मदर उनके देश में भी सेवा कार्य करें, जिसके लिए वे दिल खोलकर दान देने को तैयार थे। पहले तो वे अत्याधिक व्यस्तता के कारण इन प्रस्तावों को टालती रहती थीं, लेकिन जब बाद में बहुत दबाव पड़ा और पोप जान पाल ने आग्रह किया तो उन्होंने सर्वप्रथम बेनुजुएला में अपना प्रथम सेवा केन्द्र (होम) स्थापित किया। यहाँ की भाषा स्पेनिश भी मदर ने सीखी। 1973 में इस्राइल और मिश्र के बीच भयकंर युद्ध हो रहा था और खून खराबे के भय से हजारों लोगों ने अपना घर-बार छोड़ दिया था। मदर ने अपनी प्रशिक्षित सिस्टरों के साथ युद्ध शिविरों में जाकर घायलों की सेवा की। जब इथयोपिया में भयंकर अकाल पड़ा, सैकड़ों लोग भूख से मर रहे थे मदर स्वयं राहत सामग्री लेकर इथोपिया पहुँच गई। मदर ने यहाँ बहुत सेवा कार्य किया तथा मिशनरी ऑफ चैरिटी की शाखा की स्थापना की। इन कार्यों में वहाँ के शासकों ने मदर की बहुत सेवा की। सन् 1987 में मदर फिलीपींस पहुँच गई, वहाँ उन्होंने तीन मदर होम स्थापित किए तथा उनका मुख्यालय मनीला में बनाया। यहाँ पर प्रवासी भारतीय महिलाओं– विमला मेहता तथा मनीषा छुगानी ने मदर का दिल खोलकर सहयोग किया।

देश-विदेश में अनेक सेवा केन्द्र स्थापित हो जाने के कारण मदर की व्यस्तता दिन-ब-दिन बढ़ती जा रही थी और सभी स्थानों पर बार-बार जाने से उन्हें बहुत खर्चा उठाना पड़ता था। उन्होंने एअर इंडिया व भारत सरकार को लिखा कि उन्हें सेवा कार्य के लिए निःशुल्क हवाई यात्रा की अनुमति दी जाए। बाद में एअर इंडिया तथा अन्य विमान कंपनियों ने इसे अपने सौभाग्य से जोड़ते हुए मदर को निःशुल्क हवाई यात्रा की अनुमति प्रदान कर दी।

मदर ने अपने जीवनकाल में किसी भी वस्तु को बेकार और निरर्थक नहीं समझा। उनका मानना था कि कूड़ा भी गलकर खाद बन जाता है और फसलों की पैदावार बढ़ाता है। उन दिनों कोलकाता में लोग नारियल का पानी पीकर उसे

नालियों में फेंक देते थे, जोकि उस समय की एक बड़ी समस्या थी, इससे गंदगी फैलती थी। उन्होंने इन बेकार नारियल के खोलों को भिखारी बच्चों से एकत्र करवाया और उन्हें अपने आश्रम में ले जाकर उससे आश्रमवासियों से पायदान, दरियाँ व रस्सी बनवाईं। इससे एक ओर आश्रम की आय बड़ी तो दूसरी ओर आवारा बच्चों व आश्रमवासियों को काम मिला। आज भी कोलकाता में यह कार्य हो रहा है, इस प्रकार वहाँ सफाई हो रही है।

सन् 1973 में आई.सी.आई. कंपनी, जोकि ब्रिटिश कंपनी है, ने दान द्वारा भूमि मदर को प्रदान की, जिस पर प्रेमदान आश्रम चलाया जा रहा है। प्रेमदान आश्रम में एक विशाल भवन है, जिसमें मानसिक रोगियों एवं विकलांग बच्चों का उपचार होता है। यहाँ के लगभग 300 बच्चे नारियल के छिलकों को इकट्ठा कर, उनसे पायदान, दरी, फर्श मैट व रजाई आदि बनाकर अपनी रोजी-रोटी कमाते हैं।

1971 में देश में बांग्लादेशी शरणार्थियों को देखने आए अमेरिकी सीनेटर एडवर्ड कनेडी, जो अमेरिकी राष्ट्रपति जान एफ. कनेडी के भाई थे, ने मदर के सेवा कार्यों को देखकर बहुत प्रभावित हुए। उन्होंने एक बड़ी धनराशि मदर को दी। इसी दान से प्राप्त धनराशि से कोलकाता में दमदम हवाई अड्डे के निकट मदर ने शरणार्थियों के पुर्नवास हेतु निर्मल कनेडी केन्द्र की स्थापना की। शरणार्थियों की अपने देश में वापसी के उपरान्त इस केन्द्र में हृदयाघात व पक्षाघात के रोगियों व विकलांगों का उपचार किया जाता है।

मदर की ईश्वर में अगाध विश्वास व आस्था थी, वे मानती थीं कि बीमार और पीड़ित लोगों की सेवा ही ईश्वर की सच्ची सेवा है। इसी कारण उन्होंने मानवता की निस्वार्थ सेवा के लिए अपने को पूर्ण रूप से समर्पित किया। लोगों से प्राप्त दान के एक-एक पैसे को इन कार्यों में खर्च करती थीं।

मदर का मानना था कि सम्पन्नता धन-दौलत से नहीं, सदाचार और मान सम्मान से प्राप्त होती है। ऐसे अनेक लोग हैं जिनके पास अकूत धन सम्पदा है तथा जीवनोपयोगी सभी साधन हैं, लेकिन वृद्धावस्था में उनके प्रियजन साथ नहीं रहते, ऐसे में वृद्धजन एकाकीपन व पराएपन से जूझते हैं, उनकी सम्पन्नता का मूल्य नहीं रहता। उनका अकेलापन व परायापन उनके अन्दर कुण्ठा व घुटन का कारण बनता है और वृद्धजन बेमौत मर जाते हैं। ऐसे वृद्धजनों के लिए मदर ने वृद्धाश्रम खोले, जिनमें वे अपनापन महसूस करते हैं और सारे दिन विभिन्न गतिविधियों में व्यस्त रहते हैं।

फिलीपींस के समाज में अधिकांश युवतियाँ विवाह पूर्व ही माँ बन जाती हैं। इसका वहाँ के समाज में कोई बुरा नहीं माना जाता। वहाँ की युवतियाँ हाई स्कूल तक अनिवार्य शिक्षा पूर्ण कर कुछ भी करने को स्वतंत्र हैं। ऐसे में अविवाहित महिलाओं व उनके जन्मे बच्चों की बहुत बड़ी समस्या थी। मदर ने फिलीपींस सरकार से बातचीत कर ऐसे होम खोले, जहाँ पर ऐसी महिलाएँ आश्रय पाती हैं और उनके शिशुओं की प्रशिक्षित सिस्टरों द्वारा भलीभांति देखरेख की जाती है।

मदर का मानना था कि अन्नदान महादान है। जहाँ पर एक ओर लोग घरों व होटलों में बचा खाना कूड़े में फेंक देते हैं, वहीं दूसरी ओर देश की बड़ी आबादी अन्न के अभाव में भूख से दम तोड़ती है। मदर व उनकी सहयोगी सिस्टर्स घर-घर खाली डिब्बा लेकर जाती थीं और बचा हुआ खाना इकट्ठा कर आश्रम के जरूरतमंदों को खिलाती थीं। मदर कहती थीं कि बचा हुआ खाना फेंकना मानवता के प्रतिकूल है। भूखें व अनाथों का पेट भरने के लिए मदर ने दूसरों के आगे हाथ फैलाने में भी संकोच नहीं किया। एक ओर अभिजात्य वर्ग है तो दूसरी ओर क्षुधापीड़ित दरिद्रतम लोग। कदाचित इसी विषमता के कारण ही मदर को दरिद्रों की सेवा हेतु प्रेरित किया।

कोलकाता में कालीघाट कालीमंदिर के निकट धर्मशाला में जब मदर ने निर्मल हृदय और मुमूर्ष आश्रम की स्थापना की तो वहाँ का पुजारी वर्ग उनके विरोध में खड़ा हो गया। लेकिन जब वहीं पुजारी तपैदिक से बीमार हुआ, तब मदर ने उस पुजारी की निश्छल हृदय से सेवा की और उसे शांतिपूर्ण मृत्यु प्राप्त हुई। मृत्यु से पूर्व उस पुजारी ने माँ से कहा था कि मैं विगत तीस वर्षों से काली माँ की पूजा कर रहा हूँ। आज मैंने साक्षात मदर के रूप में काली माँ के दर्शन किए हैं, मेरा जीवन धन्य हो गया।

मदर गर्भपात की सख्त विरोधी थीं। सड़क के किनारे, कूड़े के ढेरों व गटर में फेंके गए अविवाहित मांओं के शिशुओं को मदर उठाकर आश्रम में लाती थीं और उन्हें गले लगाती थीं। माँ की दृष्टि में ऐसे बच्चे सर्वथा निष्कलुष व निर्दोष होते हैं।

मदर को सम्पूर्ण विश्व के अनेकों सम्मान प्राप्त हुए। इन सम्मानों में प्राप्त धनराशि को उन्होंने मानवता के कामों में खर्च किया। सन् 1962 में मदर को एशिया के प्रतिष्ठित रेमन मैग्से से पुरस्कार से सम्मानित किया गया। उन्हें पोप जान का शांति पुरस्कार और कनेडी इंटरनेशनल सम्मान से भी विभूषित किया

गया। सन् 1973 में लंदन के टेम्पलटन पुरस्कार के साथ उन्हें 34 हजार पौंड की धनराशि का चेक प्रदान किया गया। 1972 में जवाहर लाल नेहरू शांति पुरस्कार तथा 1979 में विश्व का सर्वेश्रेष्ठ सम्मान शांति के लिए नोबेल पुरस्कार प्रदान किया गया। भारत सरकार ने वर्ष 1980 में उन्हें सर्वोच्च नागरिक सम्मान भारतरत्न से विभूषित किया।

नोबेल पुरस्कार के साथ मदर को 90 हजार पौंड की विशाल धनराशि प्रदान की जिसे उन्होंने मानवता की सेवा में खर्च किया। मदर ने नोबेल पुरस्कार के उपरान्त दिए जाने वाले भव्य भोज में सम्मिलित होने के लिए नोबेल समिति को विनर्मतापूर्वक मना कर दिया। उन्होंने कहा इससे धन की बरबादी होती है। नोबेल समिति ने मदर के प्रस्ताव को सहर्ष स्वीकार कर भोज में व्यय होने वाले धन को मदर को दे दिया। यह मदर के विनम्र व्यक्तित्व का ही प्रभाव था। मदर को लगभग 124 पुरस्कार प्राप्त हुए और उन से प्राप्त धनराशि को उन्होंने दीन-दुखियों की सेवा में खर्च कर दिया। मदर को 1976 में संयुक्त राज्य अमेरिका की मानद नागरिकता प्रदान की गई।

जिस मिशनरीज ऑफ चैरिटी प्रारंभ करने में मात्र 12 सिस्टर थीं, आज उसकी विश्व में प्रायः प्रत्येक देश में 4000 से अधिक शाखाएं हैं। इस प्रकार मदर मात्र एक व्यक्ति नहीं संस्था बन गई थीं। उनकी मानवता के प्रति समर्पित संस्थाएँ इसका उदाहरण हैं। सम्पूर्ण विश्व आज उन्हें एक महान सन्त के रूप में सम्मान देता है।

ऐसी ममतामयी माँ ने 87 वर्ष की आयु में 5 सितम्बर 1997 को रात्रि 9.30 बजे कोलकाता में अंतिम सांस ली। मदर अपने पीछे अपनी मानवतावादी कार्य व सेवाएं छोड़ गयीं। कोटि-कोटि अनाथ और बेसहारा लोगों की आशा की किरण मदर टेरेसा के निधन से संपूर्ण विश्व में शोक की लहर दौड़ गई। दुनिया के प्रत्येक राष्ट्राध्यक्ष ने उन्हें श्रद्धांजलि अर्पित की। उनका पूरे राजकीय सम्मान के साथ अंतिम संस्कार किया गया। भारत के इतिहास में यह प्रथम अवसर था कि किसी समाज सेविका को यह सम्मान प्राप्त हुआ हो। उनके शव को कोलकाता के मिशनरीज ऑफ चैरिटी में दफना दिया गया।

20. प्रथम महिला जासूस राजकुमारी नूर इनायत खाँ

इतिहास में ऐसे अनेक पात्र हैं, जिन्होंने अपने समय में देश व समाज के लिए उल्लेखनीय कार्य किए; लेकिन समय की धूलि ने उन्हें दबा दिया, उनकी चर्चा नहीं हुई और विस्मृत कर दिया गया। ऐसा ही एक नाम है राजकुमारी नूर इनायत खाँ, जिसे नोरा बेकर भी कहा जाता है, ने फ्रांस में नाजी सेनाओं के विरुद्ध जासूसी कर अपने कर्तव्य का पालन कर प्राणों का उत्सर्ग किया था।

अट्ठारहवीं शताब्दी में मैसूर के शेर नाम से विख्यात टीपू सुल्तान, जिसने अंग्रेजों के विरुद्ध सशस्त्र संघर्ष कर उन्हें दक्षिण भारत में उनका साम्राज्य स्थापित करने से रोका था, की प्रप्रपौत्री (Great great grand daughter) राजकुमारी नूर के विषय में बहुत कम जानकारी उपलब्ध है। उपलब्ध जानकारी के आधार पर इस विस्मृत वीर बाला के विषय में लिखने का प्रयास किया जा रहा है।

राजकुमारी नूर इनायत खाँ के पिता हजरत इनायत खाँ एक विख्यात संगीतज्ञ एवं सूफी मत के प्रबल समर्थक थे, उन्होंने पश्चिम में सूफी मत का प्रचार व प्रसार किया। हजरत इनायत खाँ एक अच्छे विद्वान और कवि भी थे। उनकी विद्वता का बेटी नूर के जीवन पर बड़ा प्रभाव पड़ा। नूर की माँ काकेशियन अमेरिकी थीं और उनका नाम आरा मीनारे बेकर (अमीना बेगम) था अपने पिता की चार संतानों में नूर उन निशा इनायत खाँ सबसे बड़ी थी। उनके छोटे भाइयों का नाम विलायत व हिदायत था। उनके एक छोटी बहन खैर उन निशा थीं। नूर के भाई विलायत इनायत खाँ पिता की मृत्यु के बाद सूफी आर्डर इंटरनेशनल के प्रमुख बने।

राजकुमारी नूर का जन्म रूस में 2 जनवरी 1914 में हुआ था। वे उच्च शिक्षित थीं तथा अत्यन्त सुन्दर थीं। वे कविताएँ लिखती थीं तथा उन्होंने जातक

कथाओं का अंग्रेजी और रूसी भाषा में अनुवाद किया था। उनका व्यक्तित्व बहुत आकर्षक था। विद्वान पिता के सूफी मत के सिद्धांतों का उनके जीवन पर बहुत प्रभाव पड़ा, फिर भी उन्होंने अत्याचारी नाजी सेनाओं के विरुद्ध लड़ने का फैसला किया था।

1914 में प्रथम विश्व युद्ध के प्रारंभ होने के बाद वे रूस छोड़कर लंदन अपने परिवार के साथ चली गईं। बाद में 1921 में उनका परिवार फ्रांस में बस गया। वे बच्चों के लिए कविताएँ लिखती थीं, जोकि पत्रिकाओं में छपती थीं। 1939 में उनकी बौद्ध परंपरा की जातक कथाओं की पुस्तक 'ट्वेन्टी जातक टेल्स' प्रकाशित हुई। दूसरे विश्व युद्ध में जब जर्मन सेनाओं ने फ्रांस पर आक्रमण किया तब वे जलमार्ग से इंग्लैंड चली गईं।

19 नवम्बर 1940 को उन्होंने वीमन्स अक्जिलरी फोर्स प्राप्त किया और उन्हें वायरलेस आपरेटर के रूप में प्रशिक्षण प्राप्त करने हेतु भेज दिया गया। प्रशिक्षण प्राप्त कर वे स्पेशल आपरेशन इक्जीक्यूटिव बनाई गईं। वर्ष 1943 में उन्हें एअर मिनिस्ट्री डाइक्ट्रेट आफ एअर इन्टेलीजेन्स में नियुक्त किया गया। उन्होंने नर्सिंग आदि के अनेक प्रशिक्षण प्राप्त किए। उस समय तक उनका नाम नोरा बेकर था।

द्वितीय विश्व युद्ध के दौरान नाजी सेनाओं ने फ्रांस पर आक्रमण किया। उस समय उन्हें दो अन्य महिला जासूसों के साथ पेरिस भेज दिया गया। नूर मेंडलिन छद्म नाम से अपने इस कार्य को बहुत ही कुशलतापूर्वक सम्पन्न करती रहीं। नाजी सेनाओं ने जिस दौर में अपने खुफिया तंत्र से ब्रिटिश स्पेशल आपरेशंस का पूरा नेटवर्क ध्वस्त कर दिया था, तब भी नूर (मेंडलिन) ने ऐसी संकटपूर्ण घड़ी में अनवरत संघर्षरत रहकर पूरी सक्रियता से अत्यन्त साहस और ईमानदारी से अपने काम को अंजाम दिया। उनकी बहादुरी का आलम यह था कि जब ब्रिटेन की ओर से उन्हें वापस लौटने का निर्देश दिया गया, तब भी उन्होंने यह कहकर वापस लौटाने से मना कर दिया कि वह अपने साथियों को खतरे में छोड़कर वापस नहीं लौट सकती। एक ओर जहाँ नाजी खुफिया तंत्र मेंडलिन के रहस्य से परदा उठाने में जुटा था, दूसरी ओर मेंडलिन (नूर) लगातार अकेले दम पर पेरिस से गुप्त सूचनाएँ इंग्लैंड को भेजती जा रही थीं। आखिर में वही हुआ जो अक्सर होता है, 13 अक्टूबर 1943 में एक डबल एजेन्ट जोकि फ्रेंच महिला थी, के विश्वासघात से उन्हें धोखे से गिरफ्तार कर लिया गया। गिरफ्तारी के बाद उन्हें जर्मनी भेज दिया गया। अपनी गिरफ्तारी के दौरान वे

इतनी निर्भीकता से लड़ी कि नाजी सैन्य अधिकारी उनसे भय खाते थे। उन्हें एस.डी.मुख्यालय (Sicherheits dienst Headquarters) में रखा गया, जहाँ उनसे पूछताछ की गई। 25 नवम्बर 1943 को नूर (मेंडलिन) अपने दो एजेन्टों के साथ एस. डी. मुख्यालय से मुक्त होकर फरार हो गईं, लेकिन उन्हें शीघ्र ही पकड़ लिया गया। इसके बाद उन्होंने एक बार पुनः मुक्त होने का प्रयास किया, जो विफल रहा। उन्हें नाजियों द्वारा अत्यन्त खतरनाक कैदी घोषित कर तनहाई में जंजीरों में जकड़ दिया गया तथा उन्हें घोर यातनाएँ दी गईं। उन्होंने ऐसी घोषणा कि वह भविष्य में फरार होने का प्रयास नहीं करेंगी, पर हस्ताक्षर करने से इन्कार कर दिया। अनेक यातनाओं के बाद भी नाजी सेनाएँ उनके मुँह से कोई भी सूचना प्राप्त नहीं कर सकीं।

11 सितम्बर 1944 को नूर को तीन अन्य स्पेशल आपरेशन इक्जीक्यूटिव एजेन्टों के साथ डचाऊ कन्सेन्ट्रेशन कैम्प (Dechau Concentration Camp) में स्थानांतरित कर दिया गया। यह कैम्प नाजी खुफिया संगठन गस्टापो का खास यातनागृह था। यहाँ यहूदियों को गैस चेम्बरों में बंद कर हलाक किया जाता था तथा राजनीतिक विरोधियों व युद्ध बन्दियों की खाल उधेड़ी जाती थी। यहाँ भी नूर को विभिन्न यातनाओं से गुजरना पड़ा।

13 सितम्बर 1944 को प्रातः काल उन्हें तीन अन्य महिला कैदियों के साथ गोलियों से उड़ा दिया गया। उनके शवों को तत्काल शवदाहगृह में जला दिया गया। राजकुमारी नूर मात्र तीस वर्ष की अल्पायु में शहीद हो गईं। उनके अंतिम क्षणों में उनके निकट मौजूद एक डच कैदी, जोकि इस पूरे घटनाक्रम का प्रत्यक्षदर्शी था, का कहना है कि मृत्यु से पूर्व राजकुमारी नूर इनायत खाँ को घोर यातनाएँ दी गई थीं, उन्हें बहुत बेरहमी के साथ मारा-पीटा गया था। उनकी मृत्यु से पूर्व उनके मुँह से निकला था लिबर्टी (Liberty)। यदि राजकुमारी नूर ने ब्रिटेन के वापसी के निर्देश की अवहेलना न की होती, तो उन्हें अपने प्राणों से हाथ नहीं धोना पड़ता, लेकिन वे अपने साथियों को संकट व खतरे में छोड़कर वापस आने को तैयार नहीं हुई थीं।

कहा जा सकता है कि राजकुमारी नूर ने ब्रिटेन और फ्रांस के लिए अपने प्राणों का उत्सर्ग किया, भारत के लिए क्या किया? उस समय भारत के लोग देश से अंग्रेजों को भगाने के लिए अपने प्राणों का बलिदान कर रहे थे। राजकुमारी नूर का विश्वास था कि भारतीयों को पढ़-लिखकर अंग्रेजों के साथ मिलकर, उच्च पदों पर पहुँच कर अपनी योग्यता व क्षमताओं को प्रदर्शित करना चाहिए। इससे

अंग्रेजों व भारतीयों के मध्य एक सेतु का निर्माण होगा, जिससे देश की आजादी की लड़ाई में बहुत सहयोग प्राप्त होगा। नूर ने स्वयं कहा था कि जब पेरिस नाजियों से मुक्त हो जाएगा, तब वे हिन्दुस्तान आकर देश को अंग्रेजों की गुलामी से आजाद करवाने के लिए कार्य करेंगी। लेकिन दुर्भाग्य से उनका यह स्वप्न साकार नहीं हो सका। राजकुमारी नूर की धमनियों में उनके सगड़ दादा मैसूर के शेर टीपू सुलतान का रक्त प्रवाहित हो रहा था। टीपू सुल्तान अंग्रेजी सत्ता के विरुद्ध संघर्ष करते हुए शहीद हुए थे, उस समय फ्रांसीसी सेनाओं ने अंग्रेजों के विरुद्ध उनका सहयोग किया था। फ्रांसीसियों के इसी कर्ज को चुकाने के लिए वह भूमिगत होकर फ्रेंच रजिस्टेन्स का हिस्सा बनीं।

आज ब्रिटेन और फ्रांस जैसे देश राजकुमारी नूर इनायत खाँ के कर्जदार हैं, इन्हीं देशों की सेवा में उन्होंने अपने जीवन के अन्तिम क्षणों तक लड़कर अपने प्राणों का उत्सर्ग किया था। काफी समय तक नूर के बलिदान को इन देशों ने कोई सुधि नहीं ली। एक लंबे समय के उपरांत ब्रिटेन की सरकार ने राजकुमारी नूर के प्रति कृतज्ञता ज्ञापन हेतु उन्हें अपने देश के सर्वोच्च सम्मान जार्ज क्रास से सम्मानित किया। उनकी तस्वीर ब्रिटिश म्यूजियम में लगाई गई। लंदन में राजकुमारी नूर के पैत्रिक आवास के निकट एक लाख पाउन्ड की लागत से उनकी कांस्य प्रतिमा स्थापित की गई है। इस आवक्ष कांस्य प्रतिमा का अनावरण 8 नवम्बर 2012 को ब्रिटेन राजपरिवार की राजकुमारी एनी के कर कमलों से सम्पन्न हुआ। यह ब्रिटेन में किसी मुस्लिम या एशियाई महिला का प्रथम स्मारक है। फ्रांस की सरकार ने भी राजकुमारी नूर को Craix de Guerre with the gold star से सम्मानित कर उनके त्याग व बलिदान के प्रति कृतज्ञता ज्ञापित की। प्रत्येक वर्ष पेरिस में बेसटाइल डे के अवसर पर राजकुमारी नूर के घर के सामने ब्रास बैंड बजाया जाता है। ब्रिटिश बार रिकार्ड और खुफिया फाइलों में राजकुमारी नूर का कहा व लिखा हुआ हर जुमला मौजूद है।

21. महान योद्धा कैप्टन लक्ष्मी सहगल

"मैं अपनी जिन्दगी उस आखिरी क्षण तक जीना चाहती हूँ, जब तक इस दुनिया में औरतों, गरीबों, मजलूमों व बच्चों पर अन्याय और अत्याचार कायम है। मेरी वर्षगांठ पर शुभाशीष देना चाहता है, तो मुझे आखिरी साँस तक लड़ने की ताकत दे।" यह ओजस्वी उद्‍गार हैं महान स्वतंत्रता संग्राम सेनानी एवं सामाजिक न्याय की अप्रतिम योद्धा कैप्टन लक्ष्मी सहगल के, जो उन्होंने अपने 96वें जन्मदिन के अवसर पर आयोजित समारोह में व्यक्त किए थे। उनका कहना था कि जुल्म और जालिम के विरुद्ध संघर्ष जारी है। सच परेशान होता है, परास्त नहीं। जीवन के सभी सुख वैभव त्यागकर दलितों, शोषितों व मेहनत कशों के शोषण, उत्पीड़न की शिकार लोगों के लिए जीने-मरने वाली कैप्टन लक्ष्मी सहगल ने लाखों लोगों के स्वास्थ्य, सुरक्षा, साहस व आत्मविश्वास की नेमत दी है। गुलाम भारत को स्वाधीन करने में उन्होंने नेताजी सुभाषचन्द्र बोस के आह्वान पर सैनिक वेश धारण कर युद्ध क्षेत्र में शत्रु के छक्के छुड़ाने में भी वे नहीं हिचकीं।

24 अक्टूबर 1914 में मद्रास (अब चेन्नई) में जन्मी लक्ष्मी स्वामीनाथन को देशभक्ति और देश पर मर-मिटने की प्रेरणा अपने परिवार से विरासत में प्राप्त हुई थी। उनके पिता एस. स्वामीनाथन उच्च कोटि के अधिवक्ता थे तथा उनकी माँ अन्ना कुट्टी अखिल भारतीय महिला सम्मेलन और भारतीय महिला संघ की सक्रिय कार्यकर्ता थीं। उनके भाई एस. गोविन्द स्वामीनाथन मद्रास उच्च न्यायालय के प्रतिष्ठित बैरिस्टर थे और एडवोकेट जनरल के पद पर थे। लक्ष्मी स्वामीनाथन बचपन से ही आजादी की लड़ाई में कूद पड़ी थीं। उन्होंने सत्याग्रह, सभाओं और आंदोलनों में भाग लेना प्रारंभ कर दिया था। उन्होंने मद्रास मेडीकल कॉलेज से

1938 में चिकित्साशास्त्र की पढ़ाई पूरी की और वहीं पर सरकारी अस्पताल में प्रशिक्षार्थी के रूप में काम किया। इसके बाद वहीं पर उन्होंने मेडीकल प्रेक्टिस प्रारंम्भ की।

कैप्टन लक्ष्मी सहगल ने एक साक्षात्कार में कहा था–"मेरा बचपन यूँ तो बड़े ही अनुशासित वातावरण में बीता, लेकिन परिवार में अंग्रेजियत का माहौल था। मेरी प्रारंभिक शिक्षा अंग्रेजी स्कूलों में हुई। दस वर्ष की आयु तक मुझमें राष्ट्रीयता और देशभक्ति जैसे विचार नहीं आए थे। जब पिता ने कदम्बूर हत्याकाण्ड का मुकदमा अपने हाथ में लिया, तभी से विचारों में बदलाव आया। यह हत्याकाण्ड अंग्रेजी जुल्म की एक नजीर थी। इसके बाद मेरे विचारों में परिवर्तन हुआ। उस समय तक मैं अखिल भारतीय महिला संघ की कार्यकर्ता बन चुकी थीं। 1930 में मेरे पिता की मृत्यु से मुझे झकझोर दिया। तब तक माँ सक्रिय राजनीति में आ चुकी थीं। कांग्रेस का आंदोलन धीरे-धीरे गति पकड़ रहा था। माँ की राजनीति में सक्रियता बढ़ती गई। मुझे याद है कि मैं उस समय छोटी थी। मैंने गांधीजी से प्रेरित होकर अपने सारे जेवरात स्वतंत्रता संग्राम सेनानियों को भेंट कर दिए थे। मैंने विदेशी वस्त्र त्यागकर खादी पहनना शुरू कर दिया था। मेरे पिता की इच्छा थी कि मैं हाई स्कूल के बाद आगे की शिक्षा हेतु इंग्लैंड जाऊँ लेकिन मैंने अपने दिल की सुनी और सत्याग्रह सभाओं में हिस्सा लेने लगी। उस समय शांतिपूर्ण जुलूसों पर लाठी चार्ज होता था।"

11 जून 1940 को डॉ. लक्ष्मी ने मद्रास छोड़ दिया और सिंगापुर में अपना दवाखाना खोल लिया और चिकित्सा कार्य करने लगीं। 6 फरवरी 1941 में युद्ध के बादल मंडरा रहे थे। जापानी तोपों ने सिंगापुर पर भयंकर गोलाबारी कर दी थी। डा. लक्ष्मी का घर शरणार्थियों और घायलों का आश्रय स्थल बन गया था। वे पूरे मनोयोग से घायलों का उपचार करती थीं। वे मलाया के जंगलों में जाकर घायलों का उपचार व सेवा करती थीं। युद्ध की विभीषिका से रूबरू हुई डॉ. लक्ष्मी ने अनुभव किया कि अंग्रेजों की अपेक्षा जापानी भारतीयों के प्रति अधिक सहिष्णु हैं और सहानुभूति रखते हैं। भीषण खून खराबे के बाद युद्ध समाप्त हुआ लेकिन युद्ध की विभीषिका से वे अपना दिमाग नहीं हटा सकीं। उनका मन देश की आजादी के लिए छटपटाने लगा।

19 फरवरी 1942 को नेताजी सुभाषचन्द्र बोस ने आजाद हिन्द फौज का गठन कर लिया था और इसी सिलसिले में वे 2 जुलाई 1943 को सिंगापुर पधारे। सिंगापुर में उन्होंने अपने भाषण में कहा– "देश की स्वतंत्रता के लिए भारत में

सदा से ही स्त्रियां पुरुषों के साथ कंधे से कंधा मिलाकर जूझी हैं। उन्हें नारी शक्ति पर भरोसा है। उन्हें यकीन है कि यदि औरतों को मौका दिया जाए तो उनके लिए कोई काम असम्भव नहीं है। स्त्री और पुरुष समाज के दो अंग हैं। स्वतंत्रता आंदोलन में भी स्त्रियों को मूकदर्शक नहीं रहना चाहिए।" नेताजी के ओजस्वी भाषण से प्रभावित होकर डॉ. लक्ष्मी उनके आह्वान पर आजाद हिन्द फौज में शामिल हो गईं। जनरल मोहन सिंह के नेतृत्व में एक बड़ा जलसा सिंगापुर में आयोजित किया गया, जिसमें सिंगापुर की सड़कों पर बड़ी शान से राष्ट्रीय ध्वज तिरंगा फहराया गया। इस दिन सार्वजनिक अवकाश की घोषणा की गयी थी। डॉ. लक्ष्मी ने बीस महिला सैनिकों के साथ नेताजी सुभाष चन्द्र बोस को गार्ड ऑफ आनर दिया। महिलाओं के इस जत्थे का नामकरण नेताजी ने रानी लक्ष्मीबाई रेजीमेंट रखा। डॉ. लक्ष्मी के प्रयास से इस रेजीमेंट में महिला सैनिकों की संख्या 150 हो गयी और वे रेजीमेंट की कमाण्डर बन गईं। इन महिला सैनिकों को 303 बोर राइफलों को चलाने का प्रशिक्षण दिया जाता था। इस प्रकार डॉ. लक्ष्मी एक चिकित्सक से फौजी बन गईं।

डॉ. लक्ष्मी नेताजी की बहुत बड़ी विश्वासपात्र थीं। डॉ. लक्ष्मी ने नेताजी के साथ बैंकाक की यात्रा की, जहाँ उन्होंने थाईलैंड की रानी से भेंट की। उस समय रंगून में भारतवासी बहुत बड़ी संख्या में रहते थे। इस कारण डॉ. लक्ष्मी को वहाँ पर भारत जैसा अनुभव हुआ। रंगून में उन्होंने 15 जनवरी 1944 को एक नई महिला रेजीमेंट का गठन किया।

डॉ. लक्ष्मी की निर्भीकता, नेतृत्व क्षमता व राष्ट्रभक्ति के कारण उन्हें 30 मार्च 1944 को रेजीमेंट का कमीशन्ड आफीसर बना दिया गया। इस रेजीमेंट ने अंग्रेजों के विरुद्ध खुला युद्ध लड़ा और युद्ध क्षेत्र में अंग्रेजों के दांत खट्टे कर दिए। रंगून में ही उनकी भेंट महान स्वतंत्रता संग्राम सेनानी मानवती आर्या से हुई, जिनसे उन्हें बहुत सहयोग प्राप्त हुआ।

द्वितीय विश्व युद्ध में जर्मनी की पराजय के उपरांत डा. लक्ष्मी पुनः वर्मा लौट आईं। 1 जून 1945 को उन्हें अंग्रेजों द्वारा गिरफ्तार कर लिया गया। अनेक संकटों व दबावों के बाद भी न तो वे डरीं और न ही उन्हें कोई झुका सका। 1945 में नेताजी सुभाष चन्द्र बोस की मृत्यु के समाचार को सुनकर वे बहुत दुःखी हुईं। परंतु उन्होंने अपना धैर्य और साहस नहीं खोया। इसके बाद वे वापस मद्रास आ गईं।

1946 में भारत लौटने पर उनकी भेंट इंडियन नेशनल आर्मी सहायता समिति का काम संभाल रहे कर्नल पी.के. सहगल से हुई और वे शीघ्र ही विवाह बंधन में बंध गए और वे कैप्टन लक्ष्मी सहगल बन गईं। जब उन के पति की नियुक्ति कानपुर के विक्टोरिया मिल के महाप्रबन्धक के रूप में हुई तब डॉ. लक्ष्मी सहगल कानपुर आकर उनके साथ रहने लगीं। डॉ. लक्ष्मी सहगल आर्यानगर कानपुर में अपना नर्सिंग होम खोलकर चिकित्सा व्यवसाय करने लगीं।

15 अगस्त 1947 को देश की आजादी के साथ ही धार्मिक आधार पर देश विभाजन के बाद देश में चारों ओर धार्मिक उन्माद पैदा हो गया। चारों ओर साम्प्रदायिक दंगे, फसाद व खून खराबा होने लगा, कानपुर भी इससे अछूता नहीं रहा। चारों ओर मार-काट मची थी। इंसान ही भेड़िया बनकर इन्सान का दुश्मन बना हुआ था। उन दिनों लोग घरों में दुबके रहते थे। डॉ. लक्ष्मी सहगल दंगाग्रस्त क्षेत्रों में जाकर लोगों को समझाया बुझाया तथा घायलों की मरहम पट्टी की। इस प्रकार उन्होंने लोगों के टूटे दिलों को जोड़ने की कोशिश की। उन्होंने दंगाइयों से कहा कि "यदि खून ही बहाना है तो मुझे मारकर अपनी इच्छा पूरी कर लो।"

सन् 1977 में उन्होंने विधिवत् वामपंथी पार्टी की सदस्यता ग्रहण की। उन्होंने राज्य सभा में अपने दल का प्रतिनिधित्व किया। इसी दल में रहकर गाँव-गाँव जाकर दलितों, मजदूरों, किसानों एवं मरीजों की उन्होंने पूरे मनोयोग के साथ सेवा की। उन्होंने सदैव सामाजिक विषमता, साम्प्रदायिकता, जातिवाद एवं अंधविश्वासों के विरुद्ध काम किया। कानपुर की मिलों की तालाबंदी के विरुद्ध वे सदैव मजदूरों के पक्ष में खड़ी रहीं। महिलाओं के अत्याचारों के प्रति वे सदैव सम्वेदनशील रहीं। उन्होंने निर्धन बेसहारा लोगों की हमेशा मदद की। शोषितों, पीड़ितों को न्याय दिलाने के लिए वे सदैव आंदोलनरत रहीं। कानपुर में आर्यानगर स्थित अपने चिकित्सालय गरीब, बेसहारा मरीजों से भरा रहता था। वे मरीजों को ढाढस बंधातीं और उनसे आत्मीयता से बात करतीं, फिर दवा देती थीं। एक ममतामयी माँ के रूप में वे अपने मरीजों की देखभाल स्वयं करती थी। मरीज भी सम्मान से उन्हें अम्मा कहते थे।

यहाँ पर अम्मा के साथ अपनी भेंट की चर्चा करने का लोभ संवरण नहीं कर पा रहा हूँ। मैं एक बेटी का पिता था और एक पुत्र की चाह में अपनी पत्नी जिसे दो बार गर्भपात हो चुका था, को लेकर मैं अम्मा के क्लीनिक में पहुँचा। मेरा नंबर आने पर जैसे ही वे मेरी पत्नी से रूबरू हुईं, मैं उनकी मेज के सामने खड़ा था।

पत्नी की कमजोर हालत देखकर वे मेरी ओर मुखातिब होकर डाँटते हुए बोलीं– "क्या मार डालेगा इसे।" मेरी पत्नी रक्ताल्पता (अनीमिया) की शिकार थी। मैं स्तब्ध सा रह गया और हाथ जोड़कर मेरे मुँह से निकला–"मुझे अब अन्य कोई संतान नहीं चाहिए अम्मा।" मैंने उनके सामने ही प्रण किया कि मेरी एक बेटी ही काफी है। हम दोनों चुपचाप क्लीनिक से बाहर निकल आए। आज मेरी बेटी पढ़ लिखकर शादी के बंधन में बंधकर सुखी जीवनयापन कर रही है। अब मैं सोचता हूँ कि उस ममतामयी माँ की फटकार कितनी सही थी। संतान की चाह में यदि मेरी पत्नी नहीं रहती तो मेरी बेटी की परवरिश कैसे होती? आज मेरी बेटी स्वयं एक पुत्र की माँ है, तब हम लोग नाना-नानी बन कर सुखी हैं।

डॉ. लक्ष्मी सहगल की समाज व राष्ट्र के प्रति सेवाओं का सही प्रकार मूल्याकंन नहीं हुआ। यद्यपि एक लंबे समय बाद उन्हें पद्म विभूषण नागरिक सम्मान से विभूषित किया गया। डॉ. लक्ष्मी सहगल की एक बेटी सुहासिनी जिन्होंने फिल्म निर्माता मुजफ्फरअली से विवाह किया। सुहासिनी अली कानपुर से कम्युनिस्ट पार्टी की सांसद बनकर क्षेत्र की सेवा कर चुकी हैं तथा वह कम्युनिस्ट पार्टी की शीर्ष नेता हैं। उनका पुत्र शाद अली फिल्म क्षेत्र में है। यह परिवार अति प्रतिष्ठित परिवार है।

सन् 2007 में डॉ. लक्ष्मी सहगल ने मोर्चे के राष्ट्रपति पद के प्रत्याशी के रूप में चुनाव लड़ा। वे सचमुच इस पद की अधिकारिणी थीं, लेकिन राजनैतिक दांव पेचों के कारण वे चुनाव नहीं जीत सकीं। राष्ट्रपति न बन सकने का उन्हें कभी मलाल नहीं रहा। परंतु सामाजिक न्याय के लिए संघर्ष करने वालों को इससे अवश्य कष्ट पहुँचा।

कापनुर बार एसोसिएशन के शताब्दी समारोह में डॉ. लक्ष्मी सहगल को बुलाकर सम्मानित किया। मैं गौरवान्वित हूँ उस अवसर पर मैं भी मौजूद था। इस अवसर पर 90 वर्षीय लक्ष्मी सहगल ने अपने भाषण से नौजवानों में प्रेरणा का संचार किया था।

किसी की नानी, किसी की दादी, किसी की अम्मा, दलितों व शोषितों की देवी, पता नहीं क्या-क्या थीं डॉ.. लक्ष्मी सहगल....। जब वह 23 जुलाई 2012 को प्रातः 11.20 पर दिवंगत हुई उससे 24 घंटे पूर्व तक सदा की तरह अपने क्लीनिक में अपने मरीजों को देख रही थीं। उस समय शायद ही किसी ने सोचा होगा कि वे इतनी जल्दी हमारे बीच से चली जाएंगी। कानपुर ही नहीं पूरे देश ने उन्हें अश्रुपूरित श्रद्धांजलि दी। उनकी राजकीय सम्मान से शवयात्रा निकाली गई।

शवयात्रा में असंख्य लोग बिलख-बिलख कर रो रहे थे। अन्त में उनकी अंतिम इच्छा के अनुसार उनका शव कानपुर मेडीकल कॉलेज को सौंप दिया गया। जिन्दगी भर अंधविश्वासों और पाखण्डों से लड़ने वाली इस योद्धा के मरने के बाद कोई पाखण्ड नहीं किया गया।

वे अपनी सारी जिन्दगी दलितों, शोषितों व मेहनतकश किसान, मजदूरों के अधिकारों के लिए संघर्ष करती रहीं। उन्होंने अपनी जिन्दगी में जो दूसरों को करने को कहा, उसे स्वयं अपने जीवन में ढाला। उनकी मृत्यु मजबूरों, मजलूमों व बेसहारा लोगों के लिए असहनीय पीड़ा है। समाज सेवा के कार्य वे सदैव खामोशी से करती थीं, उन्होंने कभी कोई दिखावा नहीं किया। महान स्वतंत्रता संग्राम सेनानी मानवती आर्या ने उनकी मृत्यु पर कहा—"देशप्रेम और साहस का ऐसा अद्भुत समन्वय विरले लोगों में ही मिलता है। नेताजी सुभाष की सेना की इस महानायिका ने युवावस्था को एक सैनिक की तरह, प्रौढ़ावस्था को समाज सेविका नर्स की तरह और वृद्धावस्था को निराश्रितों की माँ की तरह जिया। वे मानव के साथ ही मानवता की भी चिकित्सक थीं।"

जीवन के ठाठ-बाट को त्यागकर दलितों, शोषितों, मेहनतकशों तथा महिलाओं के लिए जीने मरने वाली डॉ. लक्ष्मी सहगल ने लाखों लोगों को स्वास्थ्य, सुरक्षा, साहस व आत्मविश्वास की नेमत दी हैं। क्रांति की इस अप्रतिम योद्धा को कोटिशः नमन।

22. नारी मुक्ति आंदोलन की जननी बैटी फ्राइडन

बीसवीं शताब्दी के पूर्वाद्ध में भारत की तरह अमेरिकी समाज में भी महिलाओं की स्थिति बहुत अच्छी नहीं थी। उनका कार्यक्षेत्र घर की चारदीवारी तक ही सीमित था। उनका काम सन्तति उत्पन्न कर उनका लालन पोषण करना था और उनका अधिकांश समय रसोई तक ही सीमित था। घर की चारदीवारी के बाहर क्या घटित हो रहा है, उसकी जानकारी उसे नहीं होती थी। जीवन के विभिन्न क्षेत्रों, जिनमें वे योगदान दे सकती थीं, उनसे उनका कोई सरोकार नहीं था, शायद इसी कारण नारी शिक्षा के दरवाजे महिलाओं के लिए बन्द कर दिए गए थे। विश्व के लगभग सभी देशों में कमोबेश एक जैसी ही स्थिति थी। सर्वप्रथम अमेरिका के एक यहूदी परिवार में जन्मी बैटी फ्राइडन ने यह कहने का साहस जुटाया था कि महिलाओं को भी घर की चारदीवारी से निकलकर समाज के प्रत्येक क्षेत्र में पुरुषों के कंधे से कंधा मिलाकर चलने का एवं अपनी प्रतिभा दिखाने का अधिकार है।

ऐसी महान महिला बैटी फ्राइडन का जन्म 4 फरवरी 1921 में एक यहूदी परिवार में हुआ। उनके पिता हैरी गोल्डस्टीन एक जौहरी थे तथा ज्वैलरी का व्यापार करते थे। उनकी माँ मरियम एक विदुषी महिला थीं तथा अपने विवाह से पूर्व एक समाचार पत्र के महिला पृष्ठ की सम्पादक थीं। घर के परम्परावादी वातावरण के कारण उनकी माँ को विवाह के उपरान्त यह कार्य छोड़ना पड़ा था। स्वयं बैटी को इस बात का बहुत दर्द था। उन्होंने लिखा है–"मेरी माँ एक सुन्दर और सुयोग्य महिला थीं। आज मैं महसूस करती हूँ कि पत्नी बनने की मजबूरी के कारण उन्हें अपना सम्पादन का कार्य छोड़ना पड़ा था। यह एक शर्मनाक बात थी

कि तब की सामाजिक परंपराओं के कारण मेरी माँ की योग्यता और क्षमता का कोई उपयोग नहीं हो सका.....और शायद यह सब देखकर ही मेरे दिमाग में पहली बार इस विचार ने जन्म लिया होगा कि महिलाओं को भी घर से बाहर निकलकर अपना मनपसंद काम करने का अधिकार होना चाहिए।" बैटी फ्राइडन को इस बात ने बहुत उद्वेलित किया था कि शादी के बाद उनकी माँ को अपना काम छोड़ना पड़ा था और उनकी माँ को छात्र जीवन में नार्थ हेम्टन के प्रसिद्ध स्मिथ महिला कॉलेज में चाहते हुए भी पढ़ने नहीं जाने दिया गया था। इस कारण पारिवारिक परंपराओं के आड़े आने के कारण वे स्मिथ महिला कॉलेज में प्रवेश नहीं ले सकीं।

बैटी फ्राइडन की माँ ने अपनी पुत्री को इसी प्रतिष्ठित स्मिथ महिला कॉलेज में 1938 में हाई स्कूल परीक्षा उत्तीर्ण करने के उपरांत भेजा। स्मिथ कॉलेज में अपने अध्ययन के दौरान बैटी फ्राइडन ने कॉलेज की वार्षिक पत्रिका का सम्पादन किया। बैटी को प्रारंभ से ही लेखन और सम्पादन का गुण अपनी माँ से विरासत में प्राप्त हुआ था।

छात्र जीवन में ही बैटी ने यह संकल्प लिया था कि वह अपनी माँ की तरह मात्र गृहणी बनकर नहीं अपनी स्वयं की योग्यता व क्षमता के आधार पर अपना कॅरियर स्वयं चुनेगी। दुर्भाग्य से उस समय स्मिथ कालेज में लड़कियों को अपना कॅरियर बनाने के लिए तैयार नहीं किया जाता था। यदि कोई लड़की पढ़ने लिखने में कुछ अधिक तेज होती थी तो उसे अवश्य शोध कार्य करने हेतु प्रोत्साहित किया जाता था। उस समय लड़कियों से यह कभी भी नहीं पूछा जाता था कि वह स्वयं क्या बनना चाहती है और उसकी अभिरुचि क्या है। इन बातों का बैटी के जीवन पर अमिट प्रभाव पड़ा।

1941 में छात्र जीवन में बैटी जब न्यूयार्क गईं और वह वहाँ पर नृत्य का कार्यक्रम देख रही थीं। उसी समय उन्हें यह समाचार मिला कि जापान ने पर्ल हार्वर बंदरगाह पर आक्रमण कर दिया है। बैटी कार्यक्रम छोड़कर वापस अपने कॉलेज पहुँची तो वहाँ कॉलेज के हाल में उन्होंने खुलकर युद्ध का समर्थन किया, हालांकि वे स्वयं युद्ध की विरोधी थीं। उन्होंने युद्ध का समर्थन राष्ट्रीय प्रतिष्ठा के सवाल के कारण किया था।

स्मिथ कॉलेज की पढ़ाई पूरी करने के उपरान्त बैटी को केलीफोर्निया विश्वविद्यालय की फेलोशिप प्राप्त हुई और शोध कार्य हेतु उन्हें एक बड़ी छात्रवृत्ति भी प्रदान की गई, जिसे उन्होंने स्वीकार नहीं किया, क्योंकि रुचि न होने के कारण

वे शिक्षा क्षेत्र का हिस्सा नहीं बनना चाहती थीं। केलीफोर्निया छोड़कर वे न्यूयार्क आ गईं और वहीं रहकर उन्होंने अपना स्वतंत्र लेखन तथा अपना अधिकांश समय पत्रकारिता में बिताया।

सन् 1947 में बैटी का कार्ल फ्राइडन के साथ विवाह हो गया। अब वे बैटी फ्राइडन बन चुकी थीं। उनके पति कार्ल फ्राइडन विज्ञापन जगत की एक जानी मानी हस्ती थे। विवाह के उपरान्त उनके एक बच्चा पैदा हुआ। उस समय तक उनका लेखन व सम्पादन का कार्य लगातार जारी रहा लेकिन जब वे पुनः गर्भवती हुईं तब उन्होंने दो माह के मातृत्व अवकाश हेतु आवेदन किया तो उन्हें अवकाश स्वीकृत न कर नौकरी से निकाल दिया गया। बैटी ने कोई अन्य नौकरी ढूढ़ने के बजाए महिलाओं की पत्रिकाओं के लिए लेखन कार्य जारी रखा। बाद में तीन बच्चों की माँ बनीं। उनका लेखन तत्कालीन सामाजिक मान्यताओं और परंपराओं पर गहरा प्रहार करता था।

बैटी फ्राइडन ने अपनी स्मिथ कालेज की सहपाठियों का साक्षात्कार लिया। साक्षात्कार में सभी सहपाठियों ने एक स्वर से स्वीकार किया कि वे सभी अपने पारिवारिक जीवन से संतुष्ट नहीं है और वे सभी कुण्ठाग्रस्त हैं। इस साक्षात्कार ने बैटी की जीवनधारा ही बदल दी और इस आधार पर उन्होंने जो रिपोर्ट तैयार की उसमें तत्कालीन सामाजिक मान्यताओं और परंपराओं पर गहरी चोट थीं। इस रिपोर्ट को पत्रिका की संपादिका ने प्रकाशित करने से मना कर दिया। बैटी के जीवन पर इस बात का बहुत प्रभाव पड़ा, पर वे निराश नहीं हुईं। वे अनवरत शोध कार्य व लेखन करती रहीं। लगभग पाँच वर्ष के कठोर परिश्रम के उपरांत सन् 1963 में उन्होंने अपनी प्रथम पुस्तक फेमनिन मिस्टिक (Faminine Mistique) प्रकाशित की। इस पुस्तक के प्रकाशन से अमेरिका ही नहीं संपूर्ण विश्व में खलबली मच गईं और चारों ओर कोहराम मच गया। यह पुस्तक हाथों-हाथ ली गई और बहुत लोकप्रिय हुई। महिला अधिकारों के लिए संघर्षरत महिलाओं के लिए बैटी फ्राइडन उनकी प्रेरणास्रोत व मसीहा बन गईं। वस्तुतः यह पुस्तक नारी मुक्ति आंदोलन की आधारशिला बन गई और विश्व भर की तमाम महिलाएँ उन्हें अपना आदर्श मानने लगीं। इस पुस्तक की लोकप्रियता अमेरिका व यूरोपीय देशों की यह हवा एशियाई देशों में भी चलने लगीं। बैटी फ्राइडन ने नारी मुक्ति आंदोलन पर यह सब कुछ करने से मना किया तथा अन्डर गारमेंट्स जलाने तथा समलैंगिकता जैसे मुद्दों के विरुद्ध अपना मत प्रकट

किया। वे इस प्रकार की बातों की सर्वथा विरोधी थी। इस कारण बैटी फ्राइडन को तत्कालीन नारी मुक्ति आंदोलन के हिमायतियों द्वारा घोर निन्दा व आलोचना का सामना करना पड़ा। उन्हें बुर्जुआ तथा पोंगापन्थी तक कहा गया। बाद में बैटी के विचारों में भी परिवर्तन आया और उन्होंने 1977 में ह्यूस्ट में आयोजित नेशनल वीमेन कॉंफ्रेंस में महिलाओं के समलैंगिकता के अधिकार का समर्थन किया।

उन्होंने स्पष्ट किया कि अनेक महिलाओं के लिए मातृत्व स्वयं अपने में मुक्ति का विकल्प है, लेकिन इस आधार पर अन्य आंदोलनकारियों से असहमत नहीं हुआ जा सकता, जो किसी पुरुष के बजाए किसी महिला को अपना जीवन साथी उचित मानती हैं। बैटी फ्राइडन ने यह स्वीकार किया कि उनका नारी मुक्ति का आंदोलन भटक गया है तथा उनके आंदोलन को यौन राजनीति से जोड़ दिया गया है, जिससे नारी मुक्ति आंदोलन की प्राथमिकताएँ पीछे छूट गई हैं। उन्होंने 1981 में अपनी दूसरी पुस्तक 'द सकेन्ड स्टेज' (The Second Stage) प्रकाशित की जिसमें अब तक के नारी मुक्ति आंदोलन का आंकलन किया गया तथा उपरोक्त प्रकार की चिन्ताएँ प्रकट की गई थी।

अपने जीवन के सांध्यकाल में बैटी फ्राइडन ने अपना ध्यान इस बात पर केन्द्रित कर लिया था कि समाज वृद्धजनों के साथ किस प्रकार का व्यवहार करता है और समाज का वृद्धजनों के प्रति दृष्टिकोण क्या है। उन्होंने इसी समस्या 1993 में अपनी एक अन्य पुस्तक 'द फाउन्टेन ऑफ एज' (The fountain of age) प्रकाशित की। अपने शोधपरक अध्ययन के उपरांत बैटी फ्राइडन ने यह अनुभव किया कि जिस प्रकार पहले लोग महिलाओं को घर की चार दीवारी में कैद कर उनके समुचित अधिकारों पर बात करने से कतराते थे, लगभग ऐसा ही नकारात्मक नजरिया आजकल लोग वृद्धजनों के प्रति भी रखते हैं।

सन् 2000 में बैटी फ्राइडन ने अपने जीवन के संस्मरण अपनी तीसरी पुस्तक 'लाइफ सो फार' में प्रकाशित किए। इस पुस्तक में बैटी ने अपने जीवन के विभिन्न पहलुओं का रहस्योद्घाटन किया है। दुनिया भर में आयोजित लगभग सभी महत्वपूर्ण महिला सम्मेलनों में बैटी फ्राइडन की भागीदारी की। वे अब तक नारी अधिकारों के लिए लड़ रहे विभिन्न महिला संगठनों की प्रेरणास्रोत बन चुकी थीं।

बैटी फ्राइउन अंतर्राष्ट्रीय स्तर पर नारी मुक्ति आंदोलनों के भटकाव से चिन्तित थीं। उनका मानना था कि नारी के लिए मातृत्व एक वरदान है तथा

घर-परिवार की उन्नति में उनकी उन्नति निहित है। एक साक्षात्कार में जब उनसे पूछा गया कि उन्हें अपने बच्चों व परिवार में अधिक संतुष्टि मिलती है या अपने लेखन या महिलाओं के लिए किए गए कार्यों से? इसके उत्तर में उन्होंने कहा था कि मातृत्व का सुख जो उन्हें प्राप्त हुआ, उसे भुलाया नहीं जा सकता तथा अपनी संतान व बाद में अपने पोते-पोतियों से प्राप्त सुख की किसी से तुलना नहीं की जा सकती। वस्तुतः उनका आंदोलन पारिवारिक विघटन या नारी मुक्ति के नाम पर यौन राजनीति का कट्टर विरोधी था। महिलाओं के अधिकारों के लिए सतत संघर्षरत बैटी फ्राइडन विश्व भर की महिलाओं की मसीहा बन गईं।

अपने संपूर्ण जीवन में महिलाधिकारों के लिए सदैव संघर्ष करने वाली बैटी फ्राइडन का देहावसान सन् 2006 में 85 वर्ष की आयु में हो गया। वस्तुतः वे नारी मुक्ति आंदोलन की जननी थीं। अपने तार्किक व क्रांतिकारी विचारों से वे बहुत लोकप्रिय हुईं। उनकी गणना उन चन्द लोगों में की जाती है, जो अपने समय से बहुत आगे की सोचते हैं।

23. वैलेन्तीना तेरस्कोवा

वैलेन्तीना तेरस्कोवा विश्व की प्रथम महिला अंतरिक्ष यात्री हैं। यह भी उल्लेखनीय है कि वे प्रथम सिविलियन हैं, जो अन्तरिक्ष यात्री बनीं। बाद में उन्हें मानद रूप से सोवियत एअर फोर्स में अधिकारी नियुक्त किया गया।

वैलेन्तीना का जन्म सेन्ट्रल रूस के टुटेवस्की जिले के मास्लेन्निकोवो (Maslennikovo) गाँव में 6 मार्च 1937 को हुआ। उनके माता-पिता वेलोरूस से आकर यहाँ बस गए थे। उनके पिता ट्रेक्टर ड्राइवर और उनकी माँ एक टेक्सटाइल प्लान्ट में कार्य करती थीं। आठ वर्ष की आयु में उन्होंने 1945 में स्कूल की पढ़ाई प्रारंभ की, लेकिन 1953 में उनकी पढ़ाई छूट गई और उन्होंने पत्राचार द्वारा अपना अध्ययन जारी रखा। युवावस्था से ही उन्हें पैराशूट द्वारा आसमान में उड़ने का शौक था। उन्होंने एक स्थानीय एअरो क्लब में स्काई डाइविंग का प्रशिक्षण प्राप्त किया। 22 वर्ष की आयु में उन्होंने प्रथम बार 21 मई 1959 को पैराशूट द्वारा उड़ान भरी। उस समय वे एक स्थानीय फैक्टरी में टैक्सटाइल वर्कर थीं।

1961 में एक अंतरिक्ष यात्री यूरी गगारिन ने प्रथम बार अंतरिक्ष में उड़ान भरी। उस समय यह विचार किया गया कि अंतिरक्ष में किसी महिला को भेजकर अंतरिक्ष में महिलाओं के जननांगों पर होने वाले प्रभाव का अध्ययन किया जाए। इस कार्य के लिए महिलाओं से आवेदन आमंत्रित किए गए। कुल आए 400 आवेदनों में से वैलेन्तीना तेरस्कोवा को इस कार्य के लिए चुन लिया गया। उन्हें एरोक्लब से प्राप्त अनुभवों का बहुत लाभ मिला। उन्हें उनकी पारिवारिक प्रोलीटेरियन पृष्ठभूमि का भी लाभ मिला, क्योंकि उनके पिता ब्लादिमीर तेरस्कोव एक युद्ध हीरो थे।

जब उनके पिता की युद्ध में मृत्यु हो गई थी, तब वैलेन्तीना तेरस्कोवा की आयु मात्र दो वर्ष थी। वैलेन्तीना तेरस्कोवा और उनके दल को कई महीने तक सघन प्रशिक्षण दिया गया। प्रशिक्षण के दौरान उन्होंने भारहीन उड़ानों, आइसोलेशन टेस्ट, राकेट थ्योरी और अंतरिक्ष प्राद्यौगिकी का अध्ययन किया। उन्होंने पैरा जम्पिंग तथा मिग-15-UTI जेट फाइटर पर पाइलट का प्रशिक्षण प्राप्त किया।

14 जून 1963 को वोस्टोक 5 की सफल उड़ान के बाद वैलेन्तीना ने फाइनल उड़ान की तैयारियों में लग गई। उस समय उनकी आयु 26 वर्ष थी। 16 जून 1963 की सुबह वैलेन्तीना अपनी एक अन्य सहयोगी के साथ अन्तरिक्ष सूट पहनकर सभी आवश्यक परीक्षणों के उपरान्त वोस्टोक में सवार हुई। दो घंटे की उल्टी गिनती के उपरान्त वोस्टोक 6 ने सफल उड़ान भरी। वह विश्व की प्रथम महिला अंतरिक्ष यात्री बनीं।

यद्यपि वैलेन्तीना को अधिक ऊंचाई पर नासिया (Nausea) और शारीरिक थकान का अनुभव हुआ। उन्होंने अंतरिक्ष में पृथ्वी की कक्षा के 48 चक्कर लगाए तथा कुल तीन दिन अंतरिक्ष में व्यतीत किए। इस तीन दिवसीय अंतरिक्ष मिशन के दौरान उन्होंने अपने शरीर पर कई परीक्षण किए और अंतरिक्ष यात्रा के दौरान महिला शरीर पर होने वाले परिवर्तनों का अध्ययन कर डाटा एकत्र किया। उन्होंने अंतरिक्ष में उतना समय बिताया, जितना उनसे पूर्व सभी अमेरिकी अंतरिक्ष यात्रियों ने अंतरिक्ष में व्यतीत किया था। उन्होंने अंतरिक्ष में अनेक फोटोग्राफ लिए, जो कि बाद में बहुत उपयोगी सिद्ध हुए। अंतरिक्ष में उन्होंने वोस्टोक 5 के अंतरिक्ष यात्री वाइकोवस्की और रूस के राष्ट्रपति ख्रुश्चेव से रेडियो संपर्क किया।

अपने इस अंतरिक्ष अभियान के बाद वैलेन्तीना तेरस्कोवा ने 1977 में झुकोवस्की (Zhukovsky) एअरफोर्स एकेडमी में शिक्षा प्राप्त कर अंतरिक्ष इंजीनियर बनीं। बाद में उन्होंने डाक्ट्रेट भी की। वैलेन्तीना तेरस्कोवा ने रूस की राजनीति में ऊँचे पदों पर प्रतिष्ठित रहीं। 1966 से 1974 तक वे सोवियत यूनियन की सुप्रीम सोवियत में चुनी गईं। वे सुप्रीम सोवियत की प्रसीडियम बनीं। वे कम्युनिस्ट पार्टी की केन्द्रीय समिति में भी रहीं। 1977 में उन्होंने रूसी एअरफोर्स से अवकाश प्राप्त किया।

वैलेन्तीना तेरस्कोवा ने उन्होंने एक अन्य अन्तरिक्ष यात्री निकोलोव से विवाह किया, जिनसे उनके पुत्री उत्पन्न हुई। बाद में उनका अपने पति से तलाक हो गया। वे 1966 में विश्व शक्ति परिषद की सदस्य बनीं। उन्हें सोवियत रूस का सर्वोच्च सम्मान प्रदान किया गया। उन्हें आर्डर आफ लेनिन, कार्ल मार्क्स आर्डर आदि अनेकों सम्मान प्राप्त हुए। वैलेन्तीना तेरस्कोवा सोवियत रूस और रूस की आर्म्ड फोर्सेस की प्रथम व अकेली महिला अधिकारी हैं।

सोवियत रूस के विघटन के बाद वैलन्तीना तेरस्कोवा के राजनीतिक पद तो समाप्त हो गए, लेकिन उनकी प्रतिष्ठा कम नहीं हुई। रूस के प्रधान मंत्री ब्लादिमीर पुतिन ने उनका 70वाँ जन्म दिन मनाने के लिए अपने आवास पर आमंत्रित किया। उस अवसर पर उन्होंने कहा था कि उनकी इच्छा मंगल पर जाने की है। 5 अप्रैल 2008 में 2008 समर ओलम्पिक की वे टार्च वियटर बनीं।

24. अनुराधा गांधी

इस बात में कोई संदेह नहीं है कि आजादी के 65 वर्ष बाद भी सुदूर ग्राम्यांचलों, वनांचलों में आदिवासी आज भी पशुवत जीवन यापन कर रहे हैं। इन लोगों का जीवन जल, जंगल, जमीन पर आश्रित है। इन क्षेत्रों में सरकारी स्तर पर कोई विकास नहीं हुआ है। बच्चे अधनंगे पढ़ाई-लिखाई के अभाव में दिशाहीन हैं। विकास तो दूर इन क्षेत्रों में जल, जंगल जमीन को भी धीरे-धीरे बड़ी-बड़ी परियोजनाओं के नाम पर अधिग्रहण कर बहुराष्ट्रीय कंपनियों को दी जा रही हैं, जिनसे उनका हर प्रकार से शोषण व उत्पीड़न हो रहा है। ऐसे में यदि उनके अधिकारों के लिए कोई आवाज बुलन्द करता है और उनके कल्याण व उत्थान की बात करता है तो उसे नक्सलवादी कहकर घोर यातनाएँ दी जाती हैं और उनकी आवाज दबा दी जाती है। ऐसे अनेक नाम हैं– कोबद गांधी, डॉ. विनायक सेन, अरुंधती राय, सीमा आजाद, अनुराधा गांधी आदि।

अनुराधा गांधी को आदिवासी बहुत ही सम्मान से अनु दीदी कहकर पुकारते थे। उन्हें नर्मदा, वर्षा, जानकी, रामा और अनु नाम से भी जाना जाता था। अनुराधा मार्क्सवादी, माओवादी विचारधारा की एक भारतीय क्रांतिकारी आंदोलन की महान नेता थीं। उनका जन्म एक मार्क्सवादी परिवार में हुआ था। उनके पिता वामपंथी विचारधारा के कट्टर अनुयायी थे। उनका विवाह अविभाजित कम्युनिस्ट पार्टी के मुम्बई कार्यालय में हुआ था। अनु के माता-पिता पचास के दशक में कम्युनिस्ट पार्टी के सक्रिय नेता थे। उनके पिता पार्टी की सुरक्षा समिति में थे और तेलंगाना आंदोलन में गिरफ्तार कम्युनिस्टों के कानूनी मामले देखते थे। बाद में वे मुम्बई के प्रगतिशील अधिवक्ता बने। ऐसे पारिवारिक वातावरण में बालिका अनुराधा का जन्म और परवरिश हुई। अनु के भाई भी मुम्बई के प्रख्यात प्रगतिशील नाट्यकर्मी थे और वे थिएटर से जुड़े थे।

अनुराधा जे.बी. पेट्रिट स्कूल सान्ताक्रूज की एक मेधावी छात्रा थीं, वे अपनी कक्षा में सदैव प्रथम आती थीं। छात्र जीवन से ही वे क्रांतिकारी आंदोलन से जुड़ गई थीं। अनुराधा ने शास्त्रीय नृत्य की भी शिक्षा प्राप्त की। अपने परिवार की तरह वे स्वयं अत्यन्त खुले विचारों की महिला थीं। यह वह समय था जब वामपंथी आंदोलन पूरे विश्व में छाया हुआ था। अनु ने अपर चीन की सांस्कृतिक क्रांति, विएतनाम के विरुद्ध अमेरिकी युद्ध तथा नक्सलवादी आंदोलन की अमिट छाप पड़ी। 1977 में उन्होंने अपने एक कामरेड साथी कोबद गांधी से विवाह किया। मुम्बई और विदर्भ क्षेत्र के क्रांतिकारी आंदोलन में उनकी अहम भूमिका रही। अनुराधा गांधी के ऊपर डॉ. बाबा साहब अम्बेडकर का गहरा प्रभाव था, उन्होंने अम्बेडकर साहित्य का गहन अध्ययन किया था। उन्होंने अपने आंदोलनों में प्रथम बार दलित सरकारों को जोड़ा।

उन्होंने सर्वप्रथम अपनी मुम्बई कालेज की नौकरी और सभी घरेलू सुख सुविधाओं को तिलांजलि देकर नागपुर, जोकि उनके लिए एकदम नया था, को अपनी गतिविधियों का केन्द्र बनाया। निर्माण कार्य में लगे असंगठित क्षेत्र के मजदूरों की भलाई के लिए उन्होंने बहुत संघर्ष किया। नागपुर से तीस किलोमीटर दूर बन रहे थर्मल पावर प्लान्ट के पाँच हजार मजदूरों के विरुद्ध हो रहे अन्याय व अत्याचार के विरुद्ध उन्होंने लंबी हड़ताल का नेतृत्व किया। इसमें पुलिस द्वारा दमनचक्र चलाया गया तथा फायरिंग हुई और कर्फ्यू लगा दिया गया।

प्रायः असंगठित क्षेत्र के मजदूरों की यूनियन नहीं होती। उन्होंने घरेलू नौकरों, रेलवे तथा बीड़ी उद्योग से जुड़े असंगठित मजदूरों के कानूनी अधिकारों के लिए जर्बदस्त संघर्ष किया तथा उन्हें उनके अधिकार दिलवाए। अक्सर असंगठित क्षेत्र के मजदूरों की समस्याओं को परंपरागत ट्रेड यूनियन कोई महत्व नहीं देतीं। अनुराधा ने अमरावती, चन्दनपुर, जबलपुर में असंगठित क्षेत्रों के मजदूरों के अधिकारों के लिए संघर्ष किया, जिनमें उन्हें कई बार गिरफ्तार कर जेल में डाल दिया गया। अनुराधा सम्भवतः अकेली मार्क्सवादी कार्यकर्ता थीं, जिन्होंने जातिय भेदभाव व अन्याय के विरुद्ध कार्य किया। यद्यपि उनके इन कार्यों का महाराष्ट्र के दलित नेताओं द्वारा विरोध किया गया। महिलाओं के विरुद्ध हो रहे शोषण व अत्याचारों के विरुद्ध उन्होंने महिला आंदोलन का भी नेतृत्व भी किया। उन्होंने मराठी और अंग्रेजी में लेखन कार्य भी किया, जिनमें दलितों व महिलाओं से संबंधित प्रश्नों को उठाया जाता था। अब तक वे माओवादियों और दलित

आंदोलन कारियों में जाना-पहचाना चेहरा बन गई थीं। उन्होंने कम्युनिस्ट पार्टी ऑफ इंडिया (मार्क्सवादी लेनिनवादी) का प्रारूप तैयार किया और बाद वे इसकी संस्थापक बनीं।

उनका मानना था कि वर्ण व्यवस्था समाप्त किए बिना लोकतांत्रिक व्यवस्था सुदृढ़ नहीं हो सकती। अनुराधा गांधी का जीवन और उनका कृतित्व का बहुत अधिक महत्व है, उन्होंने अपने पूरे जीवन काल में कठोर परिश्रम किया। उनके किए गए कार्य अत्यन्त प्रेरक व अनुकरणीय है। झारखण्ड के आदिवासी क्षेत्रों में रहकर उन्होंने आदिवासियों और उनकी महिलाओं को जागृत कर उन्हें शोषण व उत्पीड़नकारी व्यवस्था के विरुद्ध संघर्ष करने हेतु प्रेरित किया।

कठोर परिश्रम के कारण उन्हें 6 अप्रैल 2008 को तेज बुखार आ गया। उनकी फरारी के कारण उन्हें पर्याप्त चिकित्सा सुविधा प्राप्त नहीं हो सकी। स्थानीय डॉक्टर ने जाँच कर बताया कि उन्हें भयंकर सेरीब्रल मलेरिया हुआ है, जिसका प्रभाव उनके फेफड़ों और गुर्दों पर भी पड़ चुका था। उन्हें बाद में एक पास के अस्पताल में भर्ती करवाया गया, जहाँ उन्हें लाइफ सपोर्ट सिस्टम पर रखा गया। अन्ततः उन्हें बचाया नहीं जा सका और वह 12 अप्रैल 2008 मात्र 54 वर्ष की आयु में चल बसीं।

अफसोस होता है कि जिस समय नेपाल में माओवादी राजसत्ता का सुख भोग रहे थे, उसी समय उन्हीं की विचारधारा का पोषण करने वाली महिला नेता अनुराधा गांधी पर्याप्त चिकित्सा सुविधाओं के अभाव में आम वनवासी, आदिवासी और जनजातियों के लोगों की तरह दम तोड़ रही थीं, कैसी विडम्बना है?

कामगारों, दलितों और महिलाओं के प्रति होने वाले अन्याय और अत्याचारों के प्रति सदैव संघर्षरत अनुराधा गांधी, जोकि उनकी प्यारी दीदी थीं, का अवसान क्रांतिकारी आंदोलन की अपूर्णनीय क्षति है।

25. आंग सान सू की

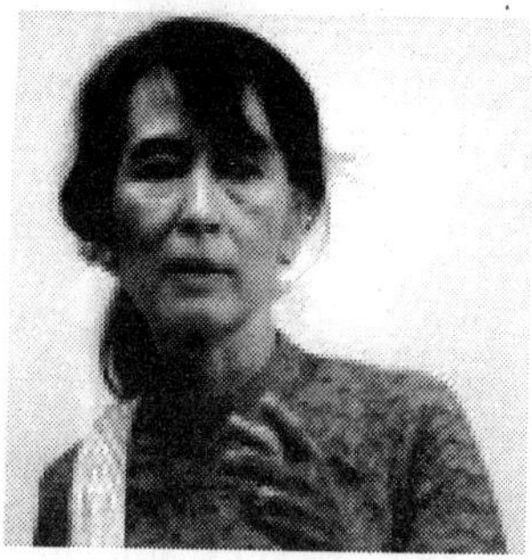

आज संपूर्ण विश्व में लोकतंत्र की स्थापना के लिए संघर्ष चल रहे हैं और तानाशाही शासन के विरुद्ध उन देशों की जनता उठ खड़ी हुई है। नेपाल जैसा देश जहाँ लंबे समय से राजशाही थी, वहाँ का भी जनमानस लोकतंत्र के लिए छटपटाता रहा है। भारत के एक अन्य देश जोकि पूर्व में ब्रह्मा या बरमा कहा जाता था, जोकि अब म्यांमार नाम से जाना जाता है। यहाँ पर वहाँ की फौजी सत्ता को उखाड़ फेंक कर लोकतंत्र की स्थापना हेतु वहाँ की क्रांतिकारी महिला आंग सान सू की के नेतृत्व में एक लंबे समय से लोकतंत्र की स्थापना हेतु सतत् संघर्ष चल रहा है।

आंग सान सू की का जन्म 15 जून 1945 को रंगून, जो कि अब यंगून नाम से जाना जाता है, में हुआ था। उनके पिता का नाम आंग सान तथा माँ का नाम खिन की था। पिता आंग सान ने 1941 में बरमा को ब्रिटिश साम्राज्य के चंगुल से मुक्त करवाया था तथा उन्होंने आधुनिक बर्मा की फौज की स्थापना की थी। उनकी उसी वर्ष विरोधियों द्वारा हत्या कर दी गई थी। उस समय आंग सान सू की बहुत छोटी थी। आंग सान सू की के भाई आंग सान लिन तथा आंग सान ऊ थे। आंग सान लिन का आठ वर्ष की आयु में निधन हो गया था तथा उनके बड़े भाई आंग सान ऊ संयुक्त राज्य अमेरिका चले गए और वहीं की नागरिकता प्राप्त कर ली। आंग सान सू की का परिवार थेरावदा बौद्ध है।

सू की की माँ खिन की नव स्थापित बर्मा सरकार में प्रमुख नेता थीं। उनको भारत व नेपाल का राजदूत 1960 में बनाया गया। उस समय सू की बहुत छोटी थीं, वे अपनी माँ के साथ दिल्ली आ गईं, जहाँ कान्वेंट ऑफ जीसस एण्ड मेरी स्कूल में उनकी शिक्षा दीक्षा हुई। बाद में दिल्ली के लेडी श्रीराम कॉलेज से 1964

में राजनीति शास्त्र की स्नातक बनीं। सू की ने अपना अध्ययन जारी रखा तथा सेंट ह्यूज कॉलेज आक्सफोर्ड से 1969 में दर्शनशास्त्र, राजनीति शास्त्र तथा अर्थशास्त्र विषयों से स्नातक बनीं। स्नातक बनने के बाद वे न्यूयार्क चली गईं, बाद में संयुक्त राष्ट्र संघ में उन्होंने तीन वर्ष तक कार्य किया। 1971 में सू की ने भूटान में रह रहे तिब्बती संस्कृति के शोध छात्र अइरिस से विवाह कर लिया। उनके दो पुत्र एलेक्जेन्डर आइरिस और किम का जन्म हुआ। उन्होंने लंदन में अपनी पढ़ाई जारी रखी।

1988 में सू की बरमा लौट आईं और बरमा के लोकतंत्र संघर्ष में कूद पड़ीं। 1995 में वे अपने पति आइरिस से अन्तिम बार मिलीं, बाद में उनके पति का प्रास्टेट कैंसर के कारण मृत्यु हो गई। पति की मृत्यु के समय सू की उनके साथ नहीं थीं। उनके पति ने पोप जान पाल-II एवं संयुक्त राष्ट्र संघ के महासचिव कोफी अन्नान के माध्यम से बरमा जाने के लिए वीजा मांगा जो नहीं दिया गया। फौजी हुकूमत ने कहा कि यदि सू की चाहे तो वह अपने पति से मिलने जा सकती है लेकिन सू की इस भय के कारण अपने पति से मिलने नहीं गईं कि वापस आने पर सैन्य शासन उन्हें बरमा में प्रवेश नहीं करने देगा। सू की के पति आइरिस का 27 मार्च 1999 में देहान्त हो गया। उस समय सू की अपने घर में नजरबंद थीं, उन्हें अपने बच्चों से भी अलग कर दिया गया था।

2 मई 2008 को सू की के घर की छत उस समय आए भूकंप से गिर गई और वे अपने ध्वस्त छत-विछत घर में ही बिना बिजली के रोशनी के मोमबत्ती जलाकर नजरबंद रहीं। बाद में अगस्त 2009 में उनके घर की मरम्मत करने की घोषणा की गई। 13 नवम्बर 2010 को उन्हें नजरबंदी से मुक्त किया गया। 22 मार्च 2012 में हुए उप निर्वाचन में उन्होंने अपने संसदीय क्षेत्र में जाकर मतदाताओं को संबोधित किया।

1998 में सू की बरमा लौटीं। उस समय फौजी ने बिन सरकार का पतन हुआ। उस समय 8-8-88 को देश की लोकतांत्रिक शक्तियों द्वारा देश व्यापी आंदोलन हुआ, जिसे बेरहमी से कुचल दिया गया। इस लोकतांत्रिक आंदोलन को 8888 विद्रोह कहा जाता है। पुनः बरमा में सैन्य सरकार का गठन हुआ। महात्मा गांधी के सत्य और अहिंसा और बौद्ध दर्शन से प्रभावित सू की ने देश में लोकतंत्र स्थापित करने के लिए अहिंसक आंदोलन चलाया। उन्होंने 27-9-1988 को नेशनल लीग फार डेमोक्रेसी नामक राजनीतिक दल का गठन किया। 20 जुलाई

1989 को सू की को घर में नजरबंद कर दिया गया। सैन्य सरकार ने उनके सामने प्रस्ताव रखा कि देश छोड़ने की स्थिति में उन्हें रिहा किया जा सकता है, लेकिन सू की यह प्रस्ताव मानने से इन्कार कर दिया।

1990 में सैन्य सरकार ने सामान्य निर्वाचन की घोषणा की। इस निर्वाचन में सू की पार्टी ने भाग लिया, जिसमें उन्हें 59 प्रतिशत मत प्राप्त हुए जिनसे संसद की 80 प्रतिशत सीटों की गारंटी थी। लेकिन सैन्य सरकार उन्हें सत्ता सौंपने से मना कर दिया, जिसकी विश्व व्यापी निन्दा हुई। सू की को उनके घर में नजरबंद कर दिया गया। उनकी नजरबंदी के दौरान ही उन्हें 1990 में उन्हें सखारोव पुरस्कार से सम्मानित किया गया। एक वर्ष बाद उन्हें शांति के लिए नोबेल पुरस्कार से सम्मानित किया गया, जिसे नजरबंदी के कारण उनके दोनों पुत्रों एलेक्जेंडर और किम ने ग्रहण किया।

9 नवम्बर 1996 को जब सू की की अन्य एन.एल.डी. नेताओं के साथ एक मोटर काफिले में जा रही थीं, उनके ऊपर एक सुनियोजित प्राणघातक हमला किया गया। सू की ने इसकी शिकायत की, लेकिन कोई कार्यवाही नहीं की गई। सू की अपने पूरे राजनीतिक जीवन के कुल 21 वर्षों में कुल मिलाकर 15 वर्ष अपने घर में नजरबंद रखी गई। इस दौरान उन्हें विदेशी राजनयिकों और समाचारपत्रों को साक्षात्कार देने से भी मना किया गया था। नजरबंदी के दौरान उन्होंने अनेक आत्मकथाओं और राजनीति व की अनेक पुस्तकों का अध्ययन किया। खाली समय में वे पिआनो बजाती थीं। कभी-कभी उन्हें अपने व्यक्तिगत चिकित्सक तथा विदेशी राजनयिकों से मिलने की भी अनुमति दी जाती थी। बरमा की सैन्य सरकार ने उन्हें सदैव देश व समाज के स्थायित्व व शांति के लिए खतरा बताया।

3 जुलाई 2009 को संयुक्त राष्ट्र संघ के महासचिव बान की मून बरमा में लोकतांत्रिक सुधारों को गति देने और सू की रिहाई हेतु बरमा पहुंचे, लेकिन सैन्य सरकार ने उन्हें सू की से मिलने की अनुमति नहीं दी। बान की मून ने स्वयं अपनी बरमा यात्रा को निराशाजनक बताया। सैन्य सरकार ने सू की को गिरफ्तार कर उनके ऊपर मुकदमा चलाया, जिसकी विश्व स्तर पर निन्दा की गई। 11 अगस्त 2009 को सू की को न्यायालय द्वारा 3 वर्ष के कठोर कारावास का दंड दिया गया। उनकी अपील को भी न्यायालय द्वारा निरस्त कर दिया गया। यद्यपि न्यायालय ने स्वीकार किया कि जिस 1974 के संविधान के तहत

सू की की सजा हुई, वह नल एवं वायड (Null and void) है। न्यायालय ने सू की की नजरबंदी को सही ठहराया और उन्हें चुनाव लड़ने के अयोग्य घोषित कर दिया।

अमेरिकी राष्ट्रपति बराक ओबामा और ब्रिटेन के प्रधानमंत्री गार्डन ब्राउन ने व्यक्तिगत पत्र द्वारा सू की आदि राजनैतिक बंदियों की रिहाई की वकालत की और बरमा में लोकतंत्र की स्थापना हेतु दबाव डाला। इसके परिणामस्वरूप सू की को 2009 के अंत में रिहा किया गया। नवम्बर 2010 में सू की के पुत्र किम आइरिस को अपनी माँ से दस वर्ष बाद मिलने हेतु वीजा दिया गया।

2012 के निर्वाचन में सू की और उनके राजनीतिक दल एन.एल.डी ने भाग लिया। वे एक अप्रैल 2012 को संसद के लिए निर्वाचित घोषित की गईं और उनके दल ने 43 स्थानों पर विजय श्री प्राप्त की। सू की सदन की विपक्षी दल की नेता बनीं, लेकिन उन्होंने शपथ लेने से मना कर दिया और एक लोकतांत्रिक संविधान की मांग दोहराई। लेकिन बाद में उन्होंने 2 मई 2012 को अपने साथियों सहित शपथ ग्रहण की। 9 जुलाई को वे प्रथम बार संसद गईं।

16 जुलाई 2012 को सू की ने शांति के नोबेल दिए जाने के दो दशक बाद 1911 में नोबेल असेस्टेंस स्पीच ओस्लो सिटी हाल में दी। सितम्बर 2011 को वे व्यक्तिगत रूप से अमेरिका का कांग्रेसनल गोल्ड मेडल लेने गईं, जबकि उन्हें यह पुरस्कार 2008 में दिया गया था। उसी समय वे व्हाइट हाउस में अमेरिकी राष्ट्रपति बराक ओबामा से भी मिलीं। अपने देश म्यांमार में लोकतंत्र की स्थापना हेतु आंग सान सू की का संघर्ष अनवरत जारी है।

26. अफगानिस्तान की शेरनी सीमा समर

मुस्लिम समाज में महिलाओं की पर्दा प्रथा के विरोध में समय-समय पर आंदोलन होते रहे हैं। कई बार मुस्लिम महिलाओं ने बुरका उतार कर इसके विरुद्ध मुखर संघर्ष किया। अफगानिस्तान जहाँ पर कट्टरवादी तालिबानी शक्तियाँ जहाँ एक ओर महिलाओं के पढ़ने-लिखने व घर से निकलने तथा बाजार, स्कूल और अस्पतालों तक में जाने की पाबंदी लगाने की बात करती हैं, ऐसे विषम व प्रतिकूल वातावरण में अफगानिस्तान में सीमा समर ने खुला विद्रोह कर महिलाओं के लिए बुरका हानिकर घोषित कर उसे हटाने के लिए जोरदार संघर्ष किया।

सीमा समर का जन्म अफगानिस्तान के गजनी प्रांत के जघोरी में 3 फरवरी 1957 को हुआ था। उनका परिवार सुधारवादी हजारा ग्रुप से संबंध रखता था। उन्होंने फरवरी 1982 में काबुल विश्वविद्यालय से चिकित्सा शास्त्र की उपाधि प्राप्त की। इसके बाद काबुल के एक सरकारी अस्पताल में नौकरी कर चिकित्सीय सेवा प्रारंभ की। बाद में वे अपनी जन्मभूमि जघोरी आ गईं और वहीं पर रहकर उन्होंने केन्द्रीय अफगानिस्तान के सुदूर अंचलों के रोगियों का इलाज प्रारंभ कर दिया। उनके पास दूर-दूर से मरीज आकर स्वास्थ्य लाभ करने लगे। वे गरीबों का विशेष ध्यान रखती थीं, इस कारण उन्होंने गरीबों की डाक्टर कहा जाता था।

सीमा समर बाबा मज़ारी के नेतृत्व वाले हजारा ग्रुप की सक्रिय सदस्य थीं। उन दिनों बाबा मज़ारी का हजारा समुदाय अन्याय और अत्याचार के विरुद्ध जोरदार संघर्ष कर रहा था। यह समुदाय अफगानिस्तान में परस्पर भाईचारा व सद्भाव बनाने तथा समान अधिकारों के लिए जोरदार संघर्ष कर रहा था। बाबा मज़ारी अफगानिस्तान में महिला अधिकारों के प्रबल समर्थक थे तथा उनका

समुदाय नस्लीय भेदभाव का घोर विरोधी था। सीमा समर अफगानिस्तान के मानवाधिकार आयोग की अध्यक्ष बन गई थीं।

1984 में अफगानिस्तान की साम्यवादी सरकार ने सीमा समर को गिरफ्तार कर लिया, तब उनकी सुरक्षा के लिए गंभीर संकट उत्पन्न हो गया। उन्हें विवश होकर अपने पुत्र के साथ भागकर पड़ोसी देश पाकिस्तान में शरण लेनी पड़ी। पाकिस्तान में उन्होंने अफगान शरणार्थियों के स्वास्थ्य की देखभाल करना प्रारंभ कर दिया। महिला शरणार्थी मरीजों का उन्होंने खासतौर पर इलाज किया। उस समय शरणार्थी शिविरों में महिलाओं की दशा बहुत ही सोचनीय थी। 1989 में उन्होंने अफगान शणार्थी महिलाओं और लड़कियों के स्वास्थ्य की देखरेख हेतु शुहादा संगठन व क्लीनिक को पाकिस्तान के क्वेटा में स्थापित किया। शुहादा संगठन अफगान महिलाओं व लड़कियों को शिक्षित कर उनको चिकित्सा का प्रशिक्षण देने के लिए समर्पित था। कुछ ही सालों में उनके क्लीनिक व अस्पतालों की कई शाखाएँ पूरे अफगानिस्तान में फैल गईं। इस संस्था ने हजारों महिलाओं के जीवन को स्वस्थ व उन्नत बनाने के लिए बहुत काम किया।

एक दशक से अधिक समय तक पाकिस्तान में शरणार्थी के रूप में रहने के उपरांत सीमा समर 2002 में अफगानिस्तान लौट आईं। उस समय तक अफगानिस्तान की दशा में काफी सुधार हो गया था। अफगानिस्तान में उन्हें हामिद करजई की अंतरिम सरकार में शामिल किया गया और वे पहले नायब सदर तथा बाद में महिला कल्याण विभाग की मंत्री बनीं। कुछ समय बाद उन्हें कट्टरपंथी, रूढ़िवादी मुस्लिमों द्वारा उनकी कथित पुरातन इस्लाम विरोधी टिप्पणी के कारण उन्हें धमकियाँ मिलने लगीं और उन्हें अपने पद से त्यागपत्र देना पड़ा। सीमा समर ने कनाडा में एक समाचारपत्र को दिए साक्षात्कार में शरिया कानून की आलोचना की और महिलाओं के बुरका पहनने की खुले तौर पर मुखालफत की थी। इसी बात पर 2003 में लोया जिग़रा आदि कट्टरपंथी धार्मिक संगठनों ने उनके विरुद्ध स्थानीय समाचार पत्रों में तथा विज्ञापन प्रकाशित करवा कर उन्हें अफगानिस्तान की सलमान रुशदी कहा गया।

डा. सीमा समर ने सार्वजनिक तौर पर यह स्वीकार करने से मना किया कि महिलाओं को परदे में रहना चाहिए और उन्हें बुरका ओढ़ना चाहिए। इस बात पर पिछले कट्टरपंथी मुजाहिदीन तथा बाद में तालिबानों द्वारा उनके विरुद्ध मौत का फतवा जारी कर दिया गया।

सीमा समर इस समय अफगानिस्तान के ह्यूमन राइट्स कमीशन (AIHRC) की अध्यक्ष हैं। उन्होंने संपूर्ण विश्व का ध्यान इस ओर आकर्षित करने का प्रयास

किया कि अफगानिस्तान में अधिकांश महिलाएँ सही खुराक नहीं मिलने के कारण हड्डियों के गंभीर रोग आस्टियोमिलेशिया नामक रोग से पीड़ित हैं। सूर्य की रोशनी विटामिन डी का मुख्य स्रोत है, लेकिन अफगानी महिलाओं के बुरका पहनने के कारण सूर्य की रोशनी नहीं मिल पाती और वे विटामिन डी की कमी के कारण इस गंभीर रोग की शिकार होती हैं। कट्टरपंथी मुजाहिदीनों व तालिबानी शक्तियों को सीमा समर का यह बयान शरिया विरोधी लगा और वे खुलकर उनके विरुद्ध आ गईं। इसी कारण उन्हें मंत्रिमण्डल से त्यागपत्र देना पड़ा था।

तालिबानी भय और आतंक के माहौल में सीमा समर भूमिगत रहते हुए महिलाओं को जागरूक बनाने और उनके अधिकारों की रक्षा हेतु अनवरत संघर्षरत है। उनका यह कार्य निःसंदेह खतरे से खाली नहीं हैं। अफगानिस्तान में खौफ का अन्दाजा सहज ही लगाया जा सकता है। सीमा समर कहती हैं कि उनके चारों ओर खौफ और मौत का साया है, फिर भी वे निर्भीक होकर अपने काम को अंजाम दे रही हैं। एक न एक दिन तो हर किसी को मरना ही है। इसलिए अच्छा यही है कि जोखिम की परवाह किए बिना मानवता की सेवा का कार्य कर रही हैं। एक अवसर पर उन्होंने कहा कि उन्होंने उस देश में मानवाधिकारों के लिए आवाज बुलन्द की, जहाँ पर इस शब्द का इस्तेमाल ही अपराध माना जाता है।

उन्हें स्वीडन के प्रतिष्ठित 'राइट लिवलीहुड पुरस्कार' से 2012 में सम्मानित किया गया है। यह सम्मान नोबेल पुरस्कार के समकक्ष माना जाता है। इस सम्मान के दिए जाने के अवसर पर पुरस्कार समिति की ज्यूरी ने सीमा समर को सम्मानित करते हुए कहा था–"सीमा ने दुनिया के सबसे खतरनाक क्षेत्र में महिलाओं के जीवन को बेहतर बनाने में जिस अभूतपूर्व जुझारूपन और समर्पण का परिचय दिया, वह अनुकरणीय हैं।" सीमा समर को उनके मानवाधिकारों शक्ति व प्रजातंत्र के लिए कार्यों के लिए इससे पूर्व अनेक अंतर्राष्ट्रीय पुरस्कारों से सम्मानित किया जा चुका है।

2011 में स्थापित हुई ट्रुथ एण्ड जस्टिस पार्टी की वे सदस्य है। उन्हें संयुक्त राष्ट्र संघ द्वारा मानवाधिकारों के 2005 स्पेशल रिपोर्टयर (Special Rapportiar) नियुक्त किया गया। 1994 में उन्हें सामुदायिक नेतृत्व के लिए रेमन मैगसेसे पुरस्कार से भी सम्मानित किया गया। 1998 में संयुक्त राष्ट्र संघ तथा उन्हें 100 हीरोइन एवार्ड से भी सम्मानित किया। सैली आर्मस्ट्रांग की डाक्युमेन्टरी–'डाटर्स आफ अफगानिस्तान' के चार किरदारों में एक सीमा समर भी हैं।

27. तीजन बाई

छत्तीसगढ़ के आदिवासी समाज की तीजन बाई लोकगायन पण्डवानी, जोकि वस्तुतः महाभारत की कथा है की ख्याति प्राप्त गायिका हैं, वह आज किसी परिचय की मोहताज नहीं हैं। आज उनका नाम अत्यन्त सम्मान से लिया जाता है, लेकिन इस मुकाम तक पहुँचने तक उन्हें काँटों से भरा रास्ता चलकर तय करना पड़ा है।

तीजन बाई का जन्म छत्तीसगढ़ राज्य के दुर्ग जिले के अधरी गाँव में 24 अप्रैल 1956 को एक आदिवासी परिवार में हुआ। कहा जाता है कि उनका जन्म भादो मास के शुक्ल पक्ष तीज को हुआ था, इस कारण उनका नाम तीजन बाई रखा गया। उनके पिता का नाम धनुकलाल पारथी तथा माँ का नाम सुखवती था। वे अपने माता-पिता की पाँच संतानों में सबसे ज्येष्ठ थीं। उनके नाना ब्रिजलाल महाभारत की कथा जिसे छत्तीसगढ़ी हिन्दी के कवि सबल सिंह चौहान ने लिखा था, को सस्वर गाते थे। उनकी ख्याति दूर-दूर तक थी। तीजन अपने नाना से बहुत प्रभावित थी, उन्होंने बचपन में ही यह सब याद कर लिया था। तीजन के बाद में उम्मेद सिंह देशमुख से अनौपचारिक प्रशिक्षण प्राप्त किया।

तीजन ने तेरह वर्ष की अल्पायु में पास के गाँव में पण्डवानी का सर्वप्रथम अपना कार्यक्रम किया। यह कार्यक्रम तीन दिन के लिए था लेकिन बाद में शोहरत मिलने के कारण कार्यक्रम 18 दिन तक चला। धीरे-धीरे तीजन की ख्याति दूर-दूर तक पहुँच गई और दूर-दूर से उसके पास पण्डवानी के कार्यक्रम आने लगे। जिससे उसकी आमदनी बढ़ गई। परंपरागत तौर पर महिलाएँ बैठककर ही गा सकती थीं, तीजन का पालिक शैली में, जिसे केवल पुरुष ही गा सकते थे, एक हाथ में इकतारा तथा दूसरे में करताल खड़े होकर पण्डवानी गाती थी। इसकारण तीजन बाई को अपने घर और अपने परिवार का उत्पीड़न सहना पड़ा। उसकी माँ ने उसकी पिटाई भी की।

आदिवासी समाज ने उसका तिरस्कार किया। फिर भी तीजन कदापि विचलित नहीं हुई। उसका मात्र 12 वर्ष की आयु में विवाह कर दिया गया। ससुराल में भी तीजन अपनी कला का प्रदर्शन करती रही। उसके पति ने उसे अपने घर से निकाल दिया। तीजन ने गाँव के पास झोपड़ी डाल कर रहना शुरू किया तथा पड़ोसियों से उधार लेकर अपनी गृहस्थी बसा ली। तीजन की उसके पति से नहीं बन सकी और उनका तलाक हो गया। पण्डवानी के कार्यक्रमों से हुई आमदनी से तीजन ने अपना कर्ज चुकाया। बाद के वर्षों में तीजन ने दो अन्य व्यक्तियों से विवाह किया। उनसे भी तीजन की नहीं पटी और विवाह सफल नहीं हुए। अन्त में उसने अपने हारमोनियम वादक तुक्काराम से विवाह कर लिया, जिससे आज तीजन के तीन बच्चे हैं तथा अब वह दादी भी बन चुकी हैं।

मध्यप्रदेश के एक प्रख्यात नाट्यकर्मी हबीब तनवीर को जब तीजनबाई के विषय में जानकारी हुई तो उन्होंने मध्यप्रदेश के तत्कालीन मुख्यमंत्री अर्जुन सिंह से उन्हें मिलवाया। अर्जुन सिंह के प्रयास से तीजन बाई का पण्डवानी का कार्यक्रम प्रधानमंत्री श्रीमती इंदिरागांधी के समक्ष करवाया। इसके बाद तीजन ने पीछे मुड़कर नहीं देखा और उनकी ख्याति देश विदेश में पहुँच गई। 1988 में भारत सरकार ने उन्हें नागरिक सम्मान पद्मश्री से सम्मानित किया। इसी वर्ष उन्हें प्रथम विदेश यात्रा का सौभाग्य प्राप्त हुआ। पेरिस में आयोजित भारत महोत्सव में उन्होंने पण्डवानी का कार्यक्रम दिया जिसे सुनकर लोग चमत्कृत रह गए। बाद में भारत की सांस्कृतिक दूत बनकर इंग्लैंड, स्विटजरलैंड, जर्मनी, तुर्की, ट्यूनेशिया, माल्टा, साइप्रस, रोमानिया और मॉरीशस गईं, जहाँ उन्हें बहुत सराहा गया। आज तीजन 16 देशों में 10 हजार से अधिक कार्यक्रम कर देश का परचम ऊँचा कर चुकी हैं। जब वह अपने अभिनय के साथ तीव्र आवाज में पण्डवानी गाती हैं तो महाभारत की कथा जीवन्त हो जाती है।

तीजन को वर्ष 1988 में 'पद्मश्री' सम्मान प्राप्त हो ही चुका था, भारत सरकार ने उन्हें तीसरे सर्वोच्च नागरिक सम्मान पद्मभूषण से वर्ष 2003 में विभूषित किया। वर्ष 1995 में उन्हें संगीत नाटक अकादमी पुरस्कार तथा महिला नवरत्न कला शिरोमणि पुरस्कार तथा महिला बाई पुरस्कार से भी सम्मानित किया जा चुका है। वर्ष 2003 में बिलासपुर विश्वविद्यालय द्वारा उन्हें मानद डी.लिट. उपाधि से भी विभूषित किया जा चुका है।

आज तीजनबाई अपने पति तुक्काराम और अपने परिवार के साथ अपना सुखी जीवन यापन कर रही है। वह भिलाई स्टील प्लान्ट में भी नौकरी कर रही हैं तथा पण्डवानी लोक विधा के प्रचार-प्रसार हेतु सतत् प्रयत्नशील हैं।

28. कल्पना चावला

पृथ्वी लोक के अतिरिक्त अंतरिक्ष में उड़ान भरने वाली कल्पना चावला का नाम स्वर्णाक्षरों में लिखा जाएगा। कल्पना बचपन से ही जिज्ञासु प्रकृति की थीं और सोचती थीं कि आकाश के आगे क्या है? इन रहस्यों को जानने की प्रबल जिज्ञासा उसके मन को सदैव बेचैन किए रहती थी। भारतीय बालिका कल्पना सपने संजोकर हरियाणा के करनाल से अमेरिका पहुँचीं और अदम्य साहस व दृढ़ मनोबल से अंतरिक्ष तक पहुँच कर तिरोहित हो गयीं।

कल्पना चावला का जन्म हरियाणा प्रांत के करनाल में 1 जुलाई 1961 को एक मध्यम वर्गीय साधारण परिवार में हुआ। उनकी माँ का नाम संयोगिता तथा पिता का भंवरलाल चावला था। उसे बचपन में सभी प्यार से मोटू नाम से पुकारते थे। वह अपने चार भाई बहनों में सबसे छोटी थीं। कल्पना की प्रारंभिक शिक्षा टैगोर बाल निकेतन में हुई। उन्होंने पंजाब इंजीनियरिंग कॉलेज से वैमानिक अभियांत्रिकी की पढ़ाई की। बाद में उच्च शिक्षा के लिए कल्पना अमेरिका पहुँची। वहाँ के टैक्सास विश्वविद्यालय से वर्ष 1984 में एम.एस.तथा कोलोराडो विश्वविद्यालय से शोधकार्य कर पी-एच.डी. की उपाधि प्राप्त की। अमेरिकी अंतरिक्ष संस्थान नासा (NASA) में शामिल होकर कल्पना ने अंतरिक्ष उड़ान का प्रशिक्षण प्राप्त किया। 1988 से 1994 तक उन्होंने सैनफ्रांसिसको में रहकर एक सफल पायलट का लाइसेंस प्राप्त कर लिया। यहीं पर उनकी भेंट फ्रांसीसी उड़ान प्रशिक्षक जीन पियोर हैरीसन से हुई, जो उनके पास के एपार्टमेंट में रहते थे। धीरे-धीरे मित्रता प्रगाढ़ता में बदल गई और दोनों एक सादे समारोह में विवाह बंधन में बंध गए। उनके पति से उन्हें बहुत सहयोग प्राप्त हुआ।

अंतरिक्ष में गुरुत्वाकर्षण की कमी के कारण मानव शरीर के सभी अंग स्वतः क्रियाशील होने लगते हैं। कल्पना ने इस क्रियाओं का अनुसरण कर अध्ययन

किया। इस कार्य में कल्पना और जीन पियोर हैरीसन का दल सबसे अच्छा था, जिससे सभी आश्चर्य चकित थे। नासा में कल्पना ने अपनी लगन और निष्ठा से कठोर प्रशिक्षण प्राप्त कर सबको चमत्कृत कर दिया।

अमेरिकी अंतरिक्ष संस्थान नासा के अंतरिक्ष अभियान कार्यक्रम में भाग लेने की इच्छा रखने वालों की संख्या कम नहीं थी और ऐसा गौरव विरलों को ही प्राप्त होता है। अपनी लगन, परिश्रम, अनुशासन व योग्यता से कल्पना ने इस अभियान में अपना स्थान बना लिया।

6 मार्च 1995 में कल्पना ने एक वर्षीय कठोर प्रशिक्षण प्राप्त किया और वे दस सदस्यीय अंतरिक्ष अभियान दल में शामिल हो गयीं। 1996 के अन्त में कल्पना ने रोबोट संचालन सीख लिया और वे अभियान विशेषज्ञ बन गईं। कल्पना अपने साथियों में के.सी. के नाम से चर्चित हो गईं। कल्पना नासा द्वारा पन्द्रहवें अंतरिक्ष दल की सदस्य चुन ली गईं। इस कार्य के लिए उन्होंने कठोर प्रशिक्षण प्राप्त किया था।

कल्पना का अंतरिक्ष उड़ान का स्वप्न साकार हुआ था। उन्होंने 19 नवंबर 1997 को भारतीय समयानुसार 2 बजे एस टी एस 87 अंतरिक्ष यान द्वारा अंतरिक्ष की यात्रा की। कल्पना के लिए यह सुखद एवं उपयोगी अनुभव था। जनवरी 1998 में कल्पना को शटल यान के चालक दल का सदस्य घोषित किया गया। उन्हें फ्लाइट क्रू के साज सामान का दायित्व सौंपा गया। बाद में कल्पना चालक दल प्रणाली तथा आवासीय विभाग की प्रमुख नियुक्त हुईं। सन् 2000 में कल्पना को एस टी एस 107 के चालक दल में सम्मिलित किया गया। यह अभियान वैज्ञानिक शोध पर केंद्रित था। इस अंतरिक्ष यान का नाम कोलम्बिया रखा गया। इस अभियान के उड़ान की तिथि 16 जनवरी 2003 नियत की गई। यह अभियान नियत समय पर सम्पन्न हुआ। अंतरिक्ष में कल्पना चावला अपने अन्य साथियों के साथ प्रतिदिन 16 घंटे कार्य कर पूरी लगन व निष्ठा से अंतरिक्ष विज्ञान और जीव विज्ञान पर प्रयोग करती रहीं।

अंतरिक्ष में अपने सभी अनुसंधान कुशलतापूर्वक करने के उपरांत कल्पना ने अपने सभी सहयोगियों के साथ कोलम्बिया अंतरिक्ष यान को पृथ्वी पर वापसी की योजना बनाई। जैसे ही कोलंबिया यान ने पृथ्वी की कक्षा में प्रवेश किया, अंतरिक्ष यान क्षतिग्रस्त हो गया। अनेक प्रयास करने के बाद भी अंतरिक्ष यान कोलंबिया की मरम्मत नहीं की जा सकी। अंतरिक्ष यान ने जैसे ही पृथ्वी के वायुमंडल में प्रवेश किया, एक भयंकर विस्फोट के साथ अंतरिक्ष यान टुकड़े-टुकड़े होकर

अंतरिक्ष में बिखर गया। पृथ्वी से लगभग 2 लाख फीट की ऊँचाई पर आकाश में आग का एक गोला फूटता दिखाई दिया। कोलंबिया के टुकड़े टैक्सास और लुइसयाना में गिरते दिखाई दिए और यान में बैठे कल्पना सहित सातों अंतरिक्ष यात्री 1 फरवरी 2003 को अकाल मृत्यु के साथ अमरता की गोद में सो गए। कल्पना मरकर भी अमर हो गयी। यह भयंकर दुर्घटना इतिहास का अंग बन गई। अमेरिका के हयूस्टन में कल्पना चावला को भावभीनी श्रद्धांजलि दी गई। उस समय अमेरिकी व इसरायली झण्डे के साथ भारतीय तिरंगा ध्वज भी सगर्व लहरा रहा था। कल्पना ने भारत का नाम ऊँचा किया था। कल्पना की असाधारण वीरता के लिए अमेरिकी राष्ट्रपति जार्ज बुश ने श्रद्धांजलि देते हुए कहा था कि वह उस सितारे की तरह थी जो आसमान से टूट गया था।

भारत में कल्पना की मृत्यु पर शोक की लहर दौड़ गई। उसकी स्मृति में जगह-जगह आयोजन किए गए। भारतीय अंतरिक्ष संस्थान इसरो ने अपने मौसम संबंधी उपग्रह का नाम कल्पना 1 रखा। हरियाणा सरकार ने कल्पना चावला के नाम से छात्रवृत्ति की शुरूआत की। चंडीगढ़ प्रशासन से घोषणा की कि वैज्ञानिक इंजीनियरिंग में सर्वोच्च अंक पाने वाले छात्र को कल्पना के नाम पर पच्चीस हजार रुपए नकद एवं स्वर्ण पदक प्रदान किया जाएगा। हिमिगिरि छात्रावास का नाम 'कल्पना छात्रावास' रखा गया।

अमेरिका में कल्पना चावला को मरणोपरान्त कांग्रेसनल अंतरिक्ष पदक, नासा अंतरिक्ष उड़ान पदक तथा नासा विशिष्ट उड़ान पदक से सम्मानित किया गया। उसे प्रतिरक्षा विशिष्ट पदक से भी सम्मानित किया गया।

भारतीय नारी की शक्ति के रूप में कल्पना नवयुवकों के लिए सदैव प्रेरणास्रोत रहेगी।

29. तसलीमा नसरीन

अधिकांश मुस्लिम देशों में शरीयत के कानूनों पर उचित और अनुचित की बात करना खतरे से खाली नहीं है। वहाँ पर अभिव्यक्ति की स्वतंत्रता उस हद तक नहीं है जैसी कि अन्य लोकतांत्रिक देशों में। यही कारण है कि अधिकांश मुस्लिम देशों में लोकतंत्र की जड़े सुदृढ़ नहीं है। इन देशों में महिलाओं की स्थिति तो और भी अधिक दयनीय है, उनके ऊपर अनेकानेक प्रतिबंध है। बांग्लादेश (पूर्व का पूरवी पाकिस्तान) में जन्मी तसलीमा नसरीन ने अपने देश में विद्रोहिणी बनकर नारी स्वतंत्रता का उद्घोष कर अपनी लेखनी चलाई और सड़ी गली परंपराओं के विरुद्ध संघर्ष किया। हालांकि उन्हें इस कार्य के लिए कट्टर पंथियों का कोपभाजन बनना पड़ा तथा अपने देश से निर्वासित होकर भारी कीमत चुकानी पड़ी।

तसलीमा का जन्म 1962 में बांग्लादेश के मेमनसिंह में हुआ। उनके पिता का नाम रजब अली तथा माँ का नाम इदुलआश था। उनके पिता एक प्रसिद्ध चिकित्सक थे। तसलीमा नसरीन अपने पिता की प्रेरणा से चिकित्सक बनीं। उन्होंने 1976 में हाई स्कूल तथा 1978 में इंटरमीडिएट की परीक्षा उत्तीर्ण कर ढाका विश्वविद्यालय से सम्बद्ध मेमनसिंह मेडीकल कालेज से वर्ष 1984 में चिकित्सा स्नातक बनकर MBBS की उपाधि प्राप्त की। तसलीमा ने चिकित्सक बनने के उपरांत मेमन सिंह में ही स्त्री रोग विशेषज्ञ के रूप में चिकित्सा का कार्य प्रारंभ किया। उनके चिकित्सालय में अक्सर बलात्कार से पीड़ित लड़कियाँ आती थीं। वह ऐसी पीड़ित महिलाओं को रोते चिल्लाते व कराहते देखती थी और उनके पास ऐसी महिलाएँ भी आती थीं, जिन पर पुत्री उत्पन्न होने के कारण अत्याचार होते थे। तसलीमा का हृदय ऐसी महिलाओं से मिलकर कराह उठता था। 1990 में उन्होंने अपना कार्यक्षेत्र मेमनसिंह से हटाकर ढाका बना लिया।

यद्यपि तसलीमा का जन्म एक मुस्लिम परिवार में हुआ था, लेकिन वे धीरे-धीरे नास्तिक बन गई थीं। अपने साहित्यिक जीवन के प्रारंभ में वे कविताएँ लिखती थीं, जिनमें स्त्री जाति के कष्टों, शोषण व उत्पीड़न के विरुद्ध सन्देश होता था। वर्ष 1982 से 1993 तक उनके आधा दर्जन काव्य संग्रह प्रकाशित हो चुके थे। नब्बे के दशक में उन्होंने गद्य लेखन प्रारंभ कर दिया था और इस दौरान उनके तीन निबन्ध संग्रह तथा चार उपन्यास प्रकाशित हो चुके थे। 1993 में उनका सर्वाधिक चर्चित उपन्यास 'लज्जा' प्रकाशित हुआ, जिसमें एक हिन्दू परिवार का मुसलमानों द्वारा शोषण व उत्पीड़न की चर्चा की गई थीं। इस उपन्यास की सर्वाधिक चर्चा हुई, जिसने नाटकीय रूप से उनकी जीवन धारा ही बदल दी। उन्होंने अपना चिकित्सीय कार्य छोड़ दिया और वे पूर्णरूप से साहित्यकार बन गईं।

लज्जा के प्रकाशन के उपरान्त उनके ऊपर मुस्लिम कट्टरपंथियों के हमले होने लगे। कहा गया कि यह उपन्यास इस्लामिक दर्शन के विरुद्ध लिखा गया था। इस कारण 'लज्जा' पर मुसलमानों द्वारा प्रतिबंध लगाने की मांग की जाने लगी। कौंसिल ऑफ इस्लामिक सोल्जर्स ने तसलीमा की मौत का फतवा तक जारी कर दिया।

1994 में तसलीमा ने 'स्टेट्समैन' के कोलकाता संस्करण को दिए साक्षात्कार में कुरआन शरीफ की समीक्षा की बात कही, लेकिन उन्होंने बाद में स्पष्ट किया कि उन्होंने कुरआन की नहीं शरिया की समीक्षा की बात कही थी। उनके ऊपर इस्लाम विरोधी होने के आरोप लगे और कट्टरपंथी मुस्लिम संगठनों ने उनकी मौत के फतबे जारी कर दिए। इन लोगों ने तसलीमा को इस्लाम विरोधी तथा साम्राज्यवादी ताकतों का एजेन्ट घोषित कर दिया। यह भी प्रचारित किया गया कि तसलीमा इस्लाम की दुश्मन है और वह इस्लाम को बदनाम करना चाहती है। इन कट्टरपंथी ताकतों के भय से तसलीमा दो माह के अज्ञात वास को चली गईं। वर्ष 1994 में वे देश छोड़कर स्वीडन चली गईं। इसके बाद तसलीमा ने पश्चिमी देशों में ही निर्वासित जीवन व्यतीत किया। दस वर्ष के बाद 2004 में वह वापस कोलकाता आईं और यहाँ पर अपना स्थायी ठिकाना बना लिया। यहाँ पर भी उनके विरुद्ध विरोध प्रदर्शन होने लगे और वे चैन से नहीं बैठ सकीं। उन्हें गुमनामी में रहना पड़ा तथा उन्हें पुनः 2008 में कोलकाता छोड़कर पश्चिमी देशों में शरण लेनी पड़ी। बांग्लादेशी पासपोर्ट वापस होने के बाद उन्हें स्वीडन की नागरिकता लेनी पड़ी। उन्हें भारत आने के लिए छः वर्ष तक वीजा की प्रतीक्षा करनी पड़ी।

जब तसलीमा के माता-पिता मृत्यु शैय्या पर थे, उन्हें तब भी बांग्लादेश वापस जाने के लिए कभी पासपोर्ट नहीं दिया गया। 2000 में वे अपनी पुस्तक के मराठी संस्करण के विमोचन के अवसर पर मुम्बई आईं, उस समय कट्टरपंथी मुसलमानों द्वारा उन्हें जिंदा जला डालने का प्रयास किया गया। सन् 2004 में उन्हें कोलकाता में रहने की अनुमति प्राप्त हो गई। एक साक्षात्कार में उन्होंने कहा था– "एक जैसी भाषा व संस्कृति के कारण कोलकाता उनके लिए अपने घर जैसा है।" भारत सरकार ने उन्हें सीमित अवधि का बीजा दिया, लेकिन उन्हें भारतीय नागरिकता देने से मना कर दिया। अपने भारत प्रवास के दौरान तसलीमा ने आनन्द बाजार पत्रिका और देश जैसे भारतीय समाचार पत्रों व पत्रिकाओं में अपना नियमित लेखन जारी रखा और वे स्टेट्समैन के बंगाली संस्करण की नियमित स्तम्भकार बन गईं। कोलकाता में भी उनके अपमान का सिलसिला समाप्त नहीं हुआ। 2006 में कोलकाता की एक मस्जिद के इमाम ने तसलीमा के मुंह पर कालिख पोतने के लिए ईनाम की घोषणा की। एक कट्टरपंथी मुस्लिम संगठन ने तो तसलीमा का सिर काटकर लाने वाले को पांच लाख रुपए देने की सार्वजनिक रूप से घोषणा कर दी।

2007 में तब तसलीमा अपनी पुस्तक के तेलगू अनुवाद के विमोचन के अवसर पर हैदराबाद आईं, तब उन्हें हिंसक विरोध का सामना करना पड़ा। उन्हें देश छोड़कर जाने की बात कही गई। यह भी कहा गया कि जो कोई तसलीमा को मार डालेगा, उसे असीमित धन दिया जाएगा। जब विरोध बहुत अधिक बढ़ गया तो उन्हें कोलकाता छोड़कर दिल्ली में अज्ञातवास में रहने हेतु विवश होना पड़ा। दिल्ली में वे सात माह छिपकर गुमनामी में रहीं। जनवरी 2008 में तसलीमा को नारी अधिकारों के लिए संघर्ष हेतु 'सिमोन द वोउवार पुरस्कार' (Semone de Beauvoir award) के लिए चुना गया, लेकिन वे पुरस्कार प्राप्त करने के लिए इस भय से पेरिस नहीं गई कि वापस आने के बाद उन्हें भारत में वापस आने की अनुमति नहीं मिलेगी। दिल्ली में तसलीमा को घर में सीमित रहने की चर्चा अंतर्राष्ट्रीय स्तर पर हुई।

19 मार्च 2008 में उन्हें पुनः भारत छोड़ने को विवश किया गया और वे तब से स्वीडन में रह रही हैं। उन्हें न्यूयार्क विश्वविद्यालय की फेलोशिप प्राप्त हुई, जहाँ वे शोध छात्र के रूप में कार्य कर रही हैं। वे आज भी कहती हैं कि उनकी आत्मा भारत में बसती है। 2005 में उन्होंने अपनी मृत्यु के उपरान्त अपने शव का दान चिकित्सा कार्य हेतु कोलकाता के एक स्वयंसेवी संगठन को देने की इच्छा व्यक्त की है।

तसलीमा ने तेरह वर्ष की आयु से ही कविताएँ लिखना प्रारंभ कर दिया था। 1978 से 1983 तक उन्होंने एक पत्रिका 'लाइट इन द डार्क' का सम्पादन किया। 1986 में उनका प्रथम कविता संग्रह प्रकाशित हुआ। उनका दूसरा कविता संग्रह निर्वासितों बाहिरे अन्ठोरे (Benished within and without) 1989 में प्रकाशित हुआ। उस समय तक तसलीमा साहित्य जगत में चर्चित हो चुकी थीं। 1980 में वे समाचार पत्रों के स्थायी स्तम्भ लिखने लगीं और 1990 से पूर्व ही उन्होंने उपन्यास लिखना प्रारंभ कर दिया जिससे उन्हें बहुत ख्याति प्राप्त हुई। उन्होंने कुल मिलाकर 30 कविता संग्रह, निबन्ध, कहानियां तथा संस्मरण लिखे, जिनका विश्व की 20 भाषाओं में अनुवाद हो चुका है। किशोरावस्था में अपने साथ हुए यौन शोषण के अनुभवों के आधार पर उन्होंने वीमन इन इस्लाम नामक ग्रंथ का सृजन किया। तसलीमा के ऊपर वरजीनिया वोल्फ और सिमोन द वोउवार का प्रभाव स्पष्ट रूप से दृष्टिगोचर होता है। तसलीमा के 1992 में लिखे दो उपन्यासों की कोई चर्चा नहीं हुई।

1993 में प्रकाशित उनके तीसरे उपन्यास 'लज्जा' की विवादित विषय वस्तु के कारण व्यापक चर्चा हुई तथा उन्हें भरपूर प्रतिष्ठा मिली। लज्जा के प्रकाशन के छः माह के अंदर ही उसकी पचार हजार प्रतियाँ बिक गईं। इसी वर्ष बांग्लादेश में 'लज्जा' पर प्रतिबंध लगा दिया गया। तसलीमा की आत्मकथा चार भागों में प्रकाशित हुई इस पर भी प्रतिबंध लगा दिया गया। उनके संस्मरण जो आमारमयैवला (My girlhood) को वर्ष 2000 में आनन्द पुरस्कार से सम्मानित किया गया। कट्टरपंथियों द्वारा उनके ऊपर अनेक मुकद्दमे चलाए गए। तसलीमा का बंगाली बुद्धजीवी साहित्यकारों ने खुलकर समर्थन किया और भारत सरकार पर दबाव डाला कि तसलीमा को भारत की नागरिकता प्रदान की जाए। विश्व की अनेक सरकारों ने तसलीमा को पुरस्कृत कर सम्मानित किया। आज भी तसलीमा कैंसर जैसी घातक बीमारी से जूझते हुए अनवरत कठोर परिश्रम कर कट्टरपंथी ताकतों के विरुद्ध संघर्ष कर रही हैं।

30. सम्पत पाल

एक सी कहावत है कि अकेला चना भाड़ नहीं फोड़ता। इस पर डॉ. राम मनोहर लोहिया ने कहा था कि यह ठीक है कि अकेला चना भाड़ नहीं फोड़ता, पर भड़भूंजे की आंख अवश्य फोड़ देता है। गरुदेव रवीन्द्र नाथ ठाकुर ने भी 'एकला चलो रे' का संदेश दिया है। यदि एक अकेला व्यक्ति कोई संकल्प लेकर चलता है और वह अपने परिश्रम, लगन व निष्ठा से अपने ध्येय को प्राप्त करता है और मार्ग में आने वाले सभी कण्टकों को हटाकर जनमानस के लिए एक अच्छा मार्ग प्रशस्त करता है। इस बात को चरितार्थ किया बुन्देलखण्ड के चित्रकूट की एक गरीब गढ़रिया समाज की तेज-तर्रार महिला सम्पत पाल ने, जिन्होंने महिलाओं के प्रति होने वाले अत्याचारों के विरुद्ध संघर्ष किया और उन्हें उनके अधिकारों के विषय में जागरूक किया। उन्हें अपने इस कार्य के लिए सामाजिक बहिष्कार तक का सामना करना पड़ा। आज सम्पत पाल का नाम जन-जन की जबान पर है और देश की सीमाओं के पार फ्रांस और स्पेन में उनकी अत्यन्त सम्मान से चर्चा होती है। आज उनका नाम शीर्ष महिला सामाजिक कार्यकर्ताओं में शामिल किया जाता है।

बुन्देलखण्ड जैसे पिछड़े क्षेत्र जहाँ आदमी की सारी ऊर्जा दो जून की रोटी के लिए संघर्ष में ही बीत जाती है। यहाँ पर घोर गरीबी, अन्याय, अत्याचार मौजूद है तथा महिलाओं की स्थिति तो और भी बदतर है। आजादी के 65 वर्ष बीत जाने के बाद भी यहाँ पर सरकारी स्तर पर भी कोई उल्लेखनीय प्रगति नहीं हुई है। सरकारी धन की लूटपाट ही होती रही। महिलाओं का कार्यक्षेत्र घर की चारदीवारी तक ही सीमित रहा और वह अनेक प्रकार से उत्पीड़ित व प्रताड़ित की जाती रही।

सम्पत पाल का जन्म 25 अक्टूबर 1962 को बुंदेलखण्ड के बांदा जिले के एक छोटे से गांव में हुआ। सम्पत का बचपन अत्यन्त गरीबी व अभाव में बीता।

लड़की होने के कारण उसे स्कूल से दूर रखा गया। पढ़ाई-लिखाई की आयु में उसे खेतों पर काम करना पड़ता था। उसे यह देखकर भी खराब लगता था कि उसके छोटे भाई को पढ़ने के लिए स्कूल भेजा जाता था। इस प्रकार सम्पत पढ़-लिख नहीं सकी और अनपढ़ ही रही। वह खेती के कार्यों से कुछ समय बचाकर लुक छिपकर स्कूल के पास चली जाती थी, जहाँ से वह बच्चों को पढ़ते हुए देखती थी। उसने स्कूली बच्चों के मुँह से सुनकर अ से अनार और क से कबूतर याद कर लिए थे। वह धरती पर यह सब लिखने का प्रयास करती थी। एक दिन सम्पत के चाचा ने यह सब करते देख लिया तो उन्होंने सम्पत को स्कूल में भर्ती करवा दिया। सम्पत स्कूल में केवल दो वर्ष ही पढ़ सकी और उसे कक्षा आठ का प्रमाण पत्र प्रदान कर दिया गया। इस पढ़ाई का सम्पत के जीवन पर बहुत गहरा प्रभाव पड़ा। इसी दौरान सम्पत का 13 वर्ष की अल्पायु में विवाह कर दिया गया। इस कारण उसकी पढ़ाई अधूरी रह गई।

विवाह के उपरान्त सम्पत अपनी ससुराल जरौली पहुँची। ससुराल में उसने दबंगों द्वारा गरीबों पर होने वाले अन्याय और अत्याचारों को निकट से देखा। वह सोचती थी कि लोग अन्याय, अत्याचार और उत्पीड़न सहन क्यों करते हैं, उनके विरुद्ध आवाज क्यों नहीं उठाते? गाँव में ऊँच-नीच व छुआ-छूत का इतना भेदभाव था कि ऊँची जाति के लोग छोटी जाति के लोगों द्वारा छुआ पानी भी नहीं पीते थे। लगभग सात वर्षों तक सम्पत यह सब देखकर सहन करती रही, लेकिन आखिरकार एक दिन उनके धैर्य का बांध टूट गया। एक दिन जब एक ब्राह्मण ने दलित युवक को बुरी तरह पीटा। यह सब देखकर सम्पत बरदास्त नहीं कर सकी और दलित को थाने में ले जाकर ब्राह्मण के विरुद्ध रिपोर्ट लिखवा दी। इसका पूरे गाँव ने सम्पत व उसके परिवार का विरोध किया। गांव के दबंगों ने सम्पत व उसके परिवार को हैरान व परेशान करना प्रारंभ कर दिया। ऊँची जाति के लोगों द्वारा उसका खाना-पीना बंद करवा दिया गया और धमकी दी गई कि उसकी लड़की का विवाह नहीं होने देंगे। सम्पत ने हार नहीं मानी। बाद में उस ब्राह्मण को दलित युवक से माफी मांगनी पड़ी। इस घटना से सम्पत का मनोबल बहुत बढ़ गया और वह खुलकर अन्याय के विरुद्ध संघर्ष करने लगी।

धीरे-धीरे सम्पत की ख्याति पास-पड़ोस के अन्य गाँवों तक पहुंच गई और दूर-दूर से लोग आकर उससे सहायता मांगने लगे। एक दिन किसी गाँव की एक पीड़ित महिला सम्पत के पास आई और उसने उसे अपनी आप बीती सुनाई। उस महिला का पति उसके ऊपर चारित्रिक आरोप लगाकर उसके साथ मार-पीट करता

था। सम्पत उस महिला को साथ लेकर उसके पति के पास गई और उसे समझाने बुझाने का प्रयास किया। लेकिन उसके पति ने सम्पत के सामने ही उसकी मार-पीट शुरू कर दी। सम्पत ने कालर पकड़कर उस व्यक्ति को तब तक पिटाई की, जब तक उसने अपनी पत्नी से माफी नहीं मांग ली। इस घटना के बाद अनेक महिलाएँ सम्पत से जुड़ गईं।

सम्पत अत्यन्त निर्भीक थीं और उसमें खतरों से जूझने का जज्बा था। वह अपने काम के लिए किसी से भी भिड़ सकती थीं। यदि कोई समझाने से नहीं मानता था तो उसे सम्पत के क्रोध का सामना करना पड़ता था। एक बार एक अमीर और दबंग द्वारा प्रताड़ित उसकी पत्नी को लेकर वह थाने पहुंच गई। उस दबंग के ऊपर पुलिस हाथ डालने से कतराती थी, अतः पुलिस ने कोई कार्यवाही नहीं की। वह दबंग व्यक्ति थाने में ही सम्पत को भला-बुरा कहने लगा। सम्पत ने उसे समझाने की कोशिश की, लेकिन वह नहीं माना तो उसने उसे तथा कार्यवाही नहीं करने के कारण दरोगा की भी पिटाई कर दी। इस घटना के बाद पुलिस उन्हें नक्सलवादी कहने लगी। इस पर सम्पत ने निर्भीकता पूर्वक कहा कि अन्याय और अत्याचार के विरुद्ध आवाज उठाना नक्सलवाद है, तो वह निःसन्देह नक्सली है। अकारण अत्याचार करने वालों के विरुद्ध सम्पत इस हद तक सक्रिय थीं कि उनकी जानकारी में कोई दबंग या अमीर आदमी अपनी पत्नी या अन्य किसी कमजोर को प्रताड़ित या गाली गलौच करे, तो उसे सम्पत का कोपभाजन बनना पड़ता था। सम्पत अपनी लड़ाई अपनी ससुराल में रहकर ही लड़ रही थी। इस कारण घर वाले उसे घर से बाहर नहीं जाने देते थे और उसका विरोध करते थे। खेतों में कार्य करने के दौरान वह अपने साफ कपड़े खेतों में ही छिपाकर रख देती थीं। कोई काम आने पर वह खेतों से ही अपने कपड़े बदलकर चुपचाप निकल जाती थीं। यह उनके न्यायपूर्ण संघर्ष के जुनून का ही उदाहरण है।

सम्पत के कार्यों से उनके घर और गाँव के लोग विरोधी बन गए थे, जिससे उन्हें बहुत परेशानी होती थी। सम्पत जानती थी कि अन्याय और अत्याचार की शिकार सर्वाधिक महिलाएँ ही होती हैं, अतः उसने वृहद स्तर पर महिलाओं का संगठन बनाने का विचार किया। इस कार्य के लिए उन्होंने गाँव छोड़ने का फैसला किया। प्रारंभ में उनके पति ने उनका विरोध किया। बाद में जब उन्हें लगा कि सम्पत सही काम कर रही है, उन्होंने सम्पत का सहयोग करना प्रारंभ कर दिया। सम्पत अपने पति की 15 बीघे जमीन छोड़कर अपने पति व बच्चों के साथ बदौसा

चली गईं। बदौसा में उन्हें आर्थिक अभाव के कारण घर चलाना मुश्किल हो रहा था। सम्पत ने सड़क के किनारे एक चाय की दूकान खोल ली। इससे प्राप्त आय से उन्होंने सर्वप्रथम अपने पति के लिए साइकिल खरीद कर दी। उनके पति साइकिल से फेरी लगाकर सामान बेंचकर पैसा कमाने लगे। जब परिवार की आर्थिक स्थिति में सुधार हुआ तो सम्पत ने महिलाओं की आर्थिक दशा सुधार कर आत्मनिर्भर बनाने के लिए उन्हें सिलाई सिखानी शुरू कर दी। इस प्रकार मेलजोल से उनके साथ 90 औरतें जुड़ गईं। इन महिलाओं के सहयोग से सम्पत समस्याओं के विरुद्ध संघर्ष करने लगीं।

सम्पत की कार्यशैली से प्रभावित होकर दूर दराज की हजारों महिलाएँ उनसे जुड़ने लगीं। इस प्रकार उनकी सहयोगी महिलाओं की संख्या बढ़कर 18 हजार हो गई। इतनी बड़ी संख्या में परस्पर पहिचान एक समस्या थी, जिसके समाधान के लिए सम्पत ने एक जैसी वेशभूषा की जरूरत महसूस की। सर्व सम्मति से सुहाग के प्रतीक गुलाबी रंग, जो किसी राजनैतिक दल से संबंधित नहीं था, स्वीकार किया गया। इस कार्य हेतु प्रत्येक महिला से 100 रुपए लिए गए तथा कानपुर से थोक में हजारों गुलाबी साड़ियाँ खरीदी गईं। तब से गुलाबी रंग सम्पत की पहचान बन गया।

सम्पत ने अपनी संस्था आदिवासी महिला ग्रामोत्थान गुलाबी समिति का विधिवत पंजीकरण करवाया। चूंकि इस संस्था की कार्यकर्ता महिलाएँ गुलाबी रंग की साड़ी पहनती हैं, अतः लोग उसे गुलाबी गैंग के नाम से पुकारने लगे। सम्पत का उद्देश्य महिलाओं को स्वावलम्बी बनाकर उन्हें अन्याय व अत्याचार के विरुद्ध संघर्ष करना है। प्रारंभ में उन्होंने स्वयं महिलाओं को पापड़, बड़ियां बनाने का कार्य सिखाया। उन्होंने दस-दस महिलाओं के स्वयं सहायता समूह बनाकर उनसे रुपए जमा करवाए। फिर जो महिला व्यापार करना चाहती है, वह पैसे निकालकर कार्य शुरू कर देती है। आज सम्पत के पास 150 स्वयं सहायता समूह हैं। महिलाओं द्वारा तैयार उत्पादों की सम्पत पाल प्रदर्शनी लगाती हैं और नई महिलाओं को प्रेरित करती हैं। सम्पत का मुख्य कार्य है महिलाओं को जागृत करना। वह चाहती हैं कि महिलाओं के संवैधानिक अधिकारों को अमली जामा पहनाया जाए। उनका ध्येय है कि महिलाएँ अपना लक्ष्य स्वयं निर्धारित करें और उन्हें लक्ष्य प्राप्ति हेतु किसी की ओर देखना न पड़े। सम्पत स्वीकार करती हैं कि आज नारी ही नारी के पतन का कारण हैं। घर में कन्या का जन्म होने से शोक की लहर दौड़ जाती

है और पुत्र जन्म पर महिलाएँ गला फाड़कर सोहर गाती हैं। वे मानती हैं कि कन्या भ्रूण हत्या में प्रमुख भागीदारी महिलाओं की है।

सम्पत किसी समस्या के समाधान के लिए अपने दल के साथ धरने से लेकर बातचीत और रैली निकालने का सहारा लेती हैं। वे महिलाओं को जागरूक करने के लिए सतत् प्रयत्नशील हैं। आज सम्पत पाल, जिसके तन पर गुलाबी साड़ी है, बुन्देलखण्ड ही नहीं संपूर्ण भारत में अपने असाधारण व्यक्तित्व के लिए जानी जाती हैं। उन्हें राजनीति विरासत में नहीं मिली और न ही उसके ऊपर किसी बड़ी हस्ती का वरदहस्त है। उनकी एक आवाज पर एक साथ हजारों महिलाएं अन्याय और अत्याचार के विरुद्ध संघर्ष करने के लिए तैयार हो जाती हैं। वैसे तो वे कम पढ़ी-लिखी हैं, लेकिन उनकी न्याय-अन्याय की समझ इतनी पैनी है कि उसकी धार पर बड़े-बड़े दबंग, बलशाली व प्रभावशाली भी नहीं टिक पाए। अन्यायी को दण्ड और पीड़ित को न्याय, बस यही है सम्पत पाल की मांग, जिसे पूरा करवाने का उनका अपना देसी तरीका है। जब जरूरत हो, बात करो, फिर खरी खोटी सुनाओ और तब भी बात न बने तो लातों के भूत बातों से नहीं मानते की तर्ज पर वे अपना काम करती हैं।

सम्पत पाल महिलाओं को अपने अधिकरों के प्रति जागरूक करने के लिए बुन्देलखण्डी लोक गीतों का भी सहारा लेती हैं। गुलाबी गैंग जगह-जगह अपने कार्यक्रम आयोजित कर अपने गीतों व प्रभावशाली नारों से महिलाओं में जागरूकता फैलाता है। उन्होंने अपनी इस उपलब्धि के लिए बीस वर्ष तक गाँव-गाँव जाकर कठोर तपस्या की है। आज गुलाबी गैंग का विस्तार भारत के अनेक प्रांतों के साथ ही विश्व के कई देशों में हो गया है। सम्पत पाल के नारी सशक्तिकरण तथा अन्याय व अत्याचार के विरुद्ध संघर्ष के लिए फ्रांस की सरकार ने उन्हें सम्मानित किया है। फिलिप राविनेट ने उनके जीवन पर एक पुस्तक लिखी, जिसके फ्रेंच व स्पेनिश भाषाओं के संस्करण प्रकाशित हो चुके हैं। उनकी पुस्तक के लोकार्पण के लिए विगत दिनों फ्रांस में उन्हें आमंत्रित किया गया, जहाँ उन्होंने इंटरनेशनल वीमन्स फोरम को भी संबोधित किया। ब्रिटेन में उनके जीवन पर एक फिल्म भी बन रही है, जिसकी शूटिंग विगत दिनों बुन्देलखण्ड में हुई। अन्याय व अत्याचार के विरुद्ध सम्वत पाल का संघर्ष अनवरत जारी है।

31. सुनीता विलियम्स

प्रारंभ से ही महिलाओं की योग्यता और क्षमताओं पर प्रश्नचिह्न लगाया जाता रहा है। आज अवसर मिलने पर महिलाओं ने पूर्व की इस धारणा को नकारकर प्रायः प्रत्येक क्षेत्र में मानदंड स्थापित किए हैं। आज महिलाएँ घर की चारदीवारी लांघकर अंतरिक्ष तक छलांग लगा चुकी हैं, तब पुरुष वर्चस्ववादी समाज सोचने और महिलाओं को अवसर प्रदान करने को विवश हुआ है। अंतरिक्ष में छलांग लगाने वाली प्रथम रूसी महिला वेलन्तीना तेरस्कोवा ने सर्वप्रथम अंतरिक्ष में जाकर लोगों की आँखें खोल दीं और जब इस देश की ही एक बेटी कल्पना चावला ने अंतरिक्ष में उड़ान भरी तो महिलाओं के हौंसले बहुत बढ़ गए। हालांकि दुर्भाग्यवश कल्पना जीवित धरती पर नहीं आ सकीं, उनका अंतरिक्षयान कोलम्बिया पृथ्वी की कक्षा में प्रवेश करते समय दुघर्टनाग्रस्त हो गया और कल्पना अंतरिक्ष में विलीन हो गईं। अब पुनः भारतीय मूल की एक अन्य बेटी सुनीता विलियम्स अंतरिक्ष में दो अभियानों में कुल 322 दिन अंतरिक्ष में बिताकर और लगभग 50 घंटे 40 मिनट अंतरिक्ष में चहलकदमी (Space walk) कर वापस धरती पर आईं तो संपूर्ण देश का सीना गर्व से चौड़ा हो गया।

भारत में गुजरात प्रांत के मूल की सुनीता का जन्म 19 सितम्बर 1965 में संयुक्त राज्य अमेरिका के युक्लिड आहियो प्रांत में हुआ। उनके पिता दीपक पाण्ड्या जोकि जाने माने न्यूरो एनाटामिस्ट है, गुजरात प्रांत के भारतीय थे तथा उनकी माँ बोनी पाण्ड्या स्लोवेनियाँ मूल की हैं। अपने साथी अंतरिक्ष यात्री विलियम्स से विवाह कर वे सुनीता विलियम्स बन गईं। सुनीता ने मैसाचुएट्स के नीधम हाई स्कूल से अपनी पढ़ाई प्रारंभ कर वर्ष

1983 में स्नातक बनीं। 1987 में उन्होंने युनाइटेड स्टेट्स नेवल एकेडमी से भौतिकी से बैचलर आफ सांइस की उपाधि प्राप्त की तथा 1995 में फ्लोरिडा इंस्टीट्यूट ऑफ टेक्नोलॉजी से अभियांत्रिकी व प्रबन्धक में मास्टर ऑफ साइन्स की उपाधि प्राप्त की।

सुनीता ने 1987 में युनाइटेड स्टेट्स नेवल एकेडेमी में प्रवेश लेकर एनसाइन (Ensign) के रूप में अपने सैन्य जीवन की शुरूआत कर अमेरिकन नेवी में कमीशन प्राप्त किया। छः महीने के उपरांत उन्हें नेवल कोस्टल सिस्टम कमाण्ड में स्थायी एसाइनमेंट मिला। पहले उनका पद बेसिक डायविंग आफीसर का था और जुलाई 1989 में वे नेवल एअर ट्रेनिंग कमाण्ड से नेवल एविएटर पद पर पहुँचीं। इसके बाद वे हेलीकाप्टर कम्बट स्क्वाड्रन 3 में पहुँची। अपने प्रशिक्षण के उपरांत अनेक उड़ानों का अनुभव प्राप्त किया तथा अनेक समुद्री जहाजों पर रहीं। उन्होंने तीस विभिन्न वायुयानों से 3000 घंटे की उड़ानें भरीं। बाद में जून 1998 में उन्हें नासा (NASA) द्वारा अंतरिक्ष कार्यक्रम के लिए चुना गया। उन्हें अगस्त 1998 में जानसन स्पेश सेंटर में प्रशिक्षण हेतु भेजा गया। एक लंबे प्रशिक्षण के बाद उन्हेंने मास्को में रशियन स्पेश एजेन्सी में कार्य किया। 2008 में वे नासा के अंतरिक्ष कार्यालय की डिपुटी चीफ बनीं। वे अभियान 30 के लिए अंतर्राष्ट्रीय अंतरिक्ष स्टेशन (ISS) की क्रू मेम्बर बनीं। अभियान 32 जुलाई 2012 में लांच हुआ तथा सितम्बर2012 में प्रारंभ हुए अभियान 33 की वे कमाण्डर बनीं। 9 दिसम्बर 2006 में उन्होंने डिस्कवरी अंतरिक्ष यान से अंतर्राष्ट्रीय अंतरिक्ष स्टेशन (ISS) को लांच किया।

अंतरिक्ष अभियान 32 व 33 में सुनीता ने Baikonur cosmodrome से 15 जुलाई 2012 में अंतरिक्ष उड़ान भरी। उनका अंतरिक्ष यान चार माह के लंबे समय तक अंतरिक्ष में रहा तथा उन्होंने इस दौरान कई बार अंतरिक्ष में चहलकदमी (Spacewalk) करने वाली वे प्रथम महिला बनीं। बाद में वे अपने रूसी अंतरिक्ष यात्री यूरी मैलेन चेंकेन (Yuri Malenchanko) के साथ कजाकिस्तान में सकुशल पृथ्वी पर उतरीं। इसके बाद पुनः अंतरिक्ष में लंबे समय तक रहकर उन्होंने अंतरिक्ष में चहलकदमी की।

सुनीता विश्व की प्रथम महिला हैं, जिसने पृथ्वी से 250 किलोमीटर ऊपर अंतरिक्ष में स्थापित अंतर्राष्ट्रीय अंतरिक्ष पटल (ISS) से पृथ्वी पर यू ट्यूब लेव द्वारा साक्षात्कार दिया। उन्होंने लंदन में आयोजित ओलम्पिक को सजीव अंतरिक्ष

में बैठकर देखा। सुनीता ने एक साक्षात्कार में बताया कि वे अंतरिक्ष में अपने साथ सभी उपनिषद और श्रीमद्भगवद्गीता की प्रतियाँ अंतरिक्ष में पढ़ने हेतु अपने साथ ले गयी थीं। वे अपने साथ गणेशजी की एक छोटी प्रतिमा तथा भारतीय व्यंजनों में उन्हें सर्वाधिक प्रिय समोसा भी ले गई थीं।

सितम्बर 2007 में सुनीता भारत आईं। वे सर्वप्रथम महात्मा गांधी के साबरमती आश्रम तथा अपने पैत्रिक गाँव झुलासन गईं। उन्हें गुजराती समाज द्वारा सरदार वल्लभभाई पटेल विश्व प्रतिभा सम्मान से विभूषित किया गया। वे दिल्ली आकर देश के प्रधानमंत्री डॉ. मनमोहन सिंह से भी मिलीं। भारत सरकार ने अपने तीसरे सर्वोच्च नागरिक सम्मान पद्मभूषण सम्मान से सम्मानित किया। दूसरी बार वे मार्च 2013 में भारत आईं, जहाँ उन्होंने विद्यालयों में जाकर छात्रों को संबोधित किया। सुनीता ने पूरे भारत को एक साथ देखने की इच्छा प्रकट की। सुनीता और उनके पति ने अहमदाबाद गुजरात की किसी बच्ची को गोद लेने की इच्छा व्यक्त की है। संपूर्ण देश को सुनीता पर नाज है, वह विदेशी होकर भी अपनी पैत्रिक भारतभूमि से इतना लगाव रखती हैं।

32. अनुशेह अन्सारी

अनुशेह अंसारी ईरान की प्रथम महिला हैं, जिसने अंतरिक्ष में पर्यटन कर कीर्तिमान स्थापित किया। उन्होंने इंटरनेशनल स्पेश स्टेशन पर अपने खर्च पर उड़ान भरी और विश्व की चौथी सेल्फ फण्डिड अंतरिक्ष पर्यटक बनी।

अनुशेह का जन्म ईरान के मशहाद में 12 सितम्बर 1966 को हुआ। अनुशेह ने 1979 की ईरानी क्रांति को अपनी आंखों से देखा है। 1984 में वे ईरान छोड़कर संयुक्त राज्य अमेरिका चली गईं, उस समय वे एक किशोरी थीं। अपनी मातृभाषा फारसी के साथ ही उन्हें अंग्रेजी व फ्रेंच भाषाओं का अच्छा ज्ञान था। उन्होंने अंतरिक्ष उड़ान हेतु रूसी भाषा का भी ज्ञान प्राप्त कर लिया। उन्होंने विद्युत अभियांत्रिकी में बी.एस-सी. की डिग्री प्राप्त की तथा जार्ज मैसन विश्वविद्यालय फेयर फैक्स, वरजीनिया से कम्प्यूटर सांइस की उपाधि प्राप्त की। अनुशेह ने जार्ज वाशिंगटन विश्वविद्यालय से परास्नातक उपाधि प्राप्त की। 1991 में उनकी भेंट अपने भावी पति हामिद अंसारी से हुई, जिनसे उन्होंने शीघ्र ही विवाह कर लिया।

1993 में अपने पति हामिद अंसारी और देवर आमिर अंसारी के साथ मिलकर अनुशेह अंसारी ने संयुक्त रूप से टेलीकाम टेक्नोलोजीज, inc (T.T.I.) की स्थापना की। यह कम्पनी शीघ्र ही एक अच्छी सूचना तकनीक प्रदान करने वाली कम्पनी बन गई। इस कंपनी का मुख्यालय रिर्चड्सन टैक्सास में था। 2001 में टेलीकाम टेक्नोलोजीज का अधिग्रहण सोनस नेटवर्क्स ins द्वारा कर लिया गया। 2006 में अनुशेह अंसारी ने प्रोडिया सिस्टम (Prodea System) की स्थापना की जिसकी वह मुख्य कार्यकारी अधिकारी (CEO) हैं।

अनुशेह अंसारी ने 5 मई 2004 X Prize फाउन्डेशन को लाखों डालर का दान दिया। जिसका दान के कारण बाद में अधिकृत रूप से नामकरण अन्सारी X

Prize हो गया। अंसारी परिवार की फर्म प्रोडिया (Prodea) ने स्पेश एडवेन्चर्स लि. और फेडरल स्पेश एजेन्सी आफ द रशन फेडरेशन (FSA) के साथ भागीदारी कर व्यवसायिक प्रयोजन हेतु सब आर्विटल स्पेश फ्लाइट व्हीकिल्स बनाने की घोषणा की।

अनुशेह ने स्पेश एडवेंचर्स लि. द्वारा अंतर्राष्ट्रीय अंतरिक्ष स्टेशन की सोयूज से उड़ान हेतु प्रशिक्षण प्राप्त किया। अनुशेह का कहना था कि वह अंतरिक्ष की उड़ान द्वारा विश्व के नौजवानों, महिलाओं और नवयुवतियों को प्रेरित करना चाहती है।

18 सितम्बर 2006 को अनुशेह अंसारी ने कजाकिस्तान से सोयूज टी एम ए. अभियान द्वारा कमाण्डर मिखायल ट्यूरिन और अल्जीरिया के नासा से सम्बद्ध फ्लाइट इंजीनियर माइकेल लापेज ठीक 04-59 (UTC) पर उड़ान भरी। इस प्रकार अनुशेह अंसारी विश्व की चौथी तथा प्रथम महिला अंतरिक्ष पर्यटक बनीं। उनका अंतरिक्ष यान 20 सितम्बर 2006 को सुरक्षित 05.21 (UTC) पर अंतर्राष्ट्रीय अंतरिक्ष स्टेशन पहुँचा। वह सोयूज् टी एम ए 8 द्वारा 29 सितम्बर 2006 को 05.21 (UTC) बजे रूसी और अंतरिक्ष यात्रियों के साथ सुरक्षित उतरीं।

यह स्पष्ट नहीं हो सका कि अनुशेह अंसारी ने अपने अंतरिक्ष पर्यटन के लिए कितना व्यय किया। लेकिन उनसे पूर्व गए लोगों के अनुसार उन्हें अंतरिक्ष पर्यटन के लिए 20 मिलियन अमेरिकी डालर व्यय करने पड़े थे। अनुशेह ने आठ दिन तक इंटरनेशनल स्पेस स्टेशन पर कई प्रयोग किए। अंतरिक्ष से Wellog (वेवलाग) प्रकाशित करने वाली प्रथम व्यक्ति बनीं। किसी इस्लामी देश में किसी महिला द्वारा यह उपलब्धि चमत्कारी है।

अनुशेह की अंतरिक्ष उड़ान की ईरान में मिली-जुली प्रतिक्रिया हुई। ईरानी टेलीविजन तथा समाचारपत्रों ने अनुशेह की इस यात्रा को बहुत महत्व दिया। अनुशेह ने एक साक्षात्कार में बताया कि उसका अंतरिक्ष में बिताया गया समय अद्भुत था उन्होंने अंतरिक्ष में एक-एक सेकंड आनन्द लिया।

अनुशेह अंसारी को अपनी इस पर्यटन यात्रा के लिए अंतर्राष्ट्रीय स्तर पर सम्मानों से सुशोभित किया गया।

33. एवरेस्ट विजेता बछेन्द्री पाल

विश्व की सबसे ऊँची पर्वत चोटी एवरेस्ट का नाम भारतीय सर्वेक्षण विभाग के प्रमुख सर जार्ज एवरेस्ट के नाम पर रखा गया है। विश्व की सबसे ऊँची चोटी माउण्ट एवरेस्ट सदैव से ही कौतूहल का विषय रही है। उन्नतीस हजार फीट इस पर्वत शिखर पर पहुँचने के अनेक प्रयास किए गए लेकिन वे शिखर पर न पहुँच कर दुर्घटनाग्रस्त होकर काल के कराल गाल में समा गए। इस शिखर की चढ़ाई जितनी रोमांचक है, उतनी ही कष्टसाध्य और कठिन। सर्वप्रथम ब्रिटिश नागरिक एडमण्ड हिलेरी के नेतृत्व में शेरपा तेनजिंग ने इस पर्वत शिखर पर पहुँचकर विश्व में कीर्तिमान बनाया था।

शेरपा तेनजिंग की एवरेस्ट विजय के बाद भी एवरेस्ट पर चढ़ने का सिलसिला लगातार जारी रहा और इक्कीस वर्ष बाद एक भारतीय महिला द्वारा शिखर पर पहुँच कर इतिहास बनाया गया। इस जांबाज, बहादुर महिला का नाम था—बछेन्द्री पाल। बछेन्द्री पाल ने 23 मई 1984 को एवरेस्ट की चोटी पर कदम रखकर भारत एवं संपूर्ण नारी जाति का सिर गर्व से ऊँचा किया था।

बछेन्द्री पाल का जन्म उत्तराखण्ड राज्य के उत्तरकाशी जनपद के नाकू गाँव के एक साधारण परिवार में हुआ था। उन्हें बचपन से ही पर्वत शिखर आकर्षित करते थे और वे उन पर चढ़ने का स्वप्न देखती थीं। जब वे एम.ए. की पढ़ाई कर रही थीं उसी समय उनके मन में पर्वतराज हिमालय की सबसे ऊँची चोटी एवरेस्ट पर विजय प्राप्त करने की इच्छा बलवती हुई। अपने स्वप्न को साकार करने के लिए उन्होंने नेहरू पर्वतारोहण संस्थान में प्रवेश लेकर विधिवत पर्वतरोहण का प्रशिक्षण प्राप्त किया। उल्लेखनीय है कि इस पर्वतारोहण संस्थान की स्थापना

एवरेस्ट विजेता शेरपा तेनजिंग द्वारा की गई थी और वे इसके निदेशक थे। अपनी लगन, मेहनत से बछेन्द्री ने पर्वतारोहण के गुर सीखे और कुशलता प्राप्त की। अपने एवरेस्ट अभियान से पूर्व बछेन्द्री ने इसी संस्थान द्वारा आयोजित प्री एवरेस्ट ट्रेनिंग कैम्प कम एक्सपीडीशन में भी भाग लिया था। उन्होंने 19091 फीट ऊँची रुदुगुरिया चोटी पर तथा 21900 फीट ऊँचे गंगोत्री शिखर पर चढ़ने में भी सफलता प्राप्त की। इसी समय उनकी नेशनल एडवेंचर फाउन्डेशन (NAF) में प्रशिक्षक के रूप में नियुक्ति हो गई। यह संस्थान महिलाओं के लिए पर्वतारोहण के प्रशिक्षण कार्यक्रम आयोजित करता था।

1984 का दिन बछेन्द्री पाल के लिए सबसे महत्वपूर्ण दिन था, इसी दिन उन्हें एवरेस्ट अभियान दल में शामिल किया गया। उनके बचपन का स्वप्न पूरा हुआ था। इस अभियान दल में शामिल होकर बछेन्द्री बहुत उत्साहित थीं। इस अभियान दल में उनके साथ छः अन्य भारतीय महिलाएँ एवं ग्यारह पुरुष सम्मिलित थे।

मार्च 1984 को यह अभियान दल नेपाल की राजधानी काठमाण्डू पहुँचा और वहाँ से आगे के लिए प्रस्थान किया। यह साहसिक अभियान अत्यन्त जोखिम भरा था, जिसमें बछेन्द्री को अनेक कठिनाइयों का सामना करना पड़ा। मई 1984 में अभियान दल ने चढ़ाई प्रारंभ की और 14-15 मई की रात को अभियान दल ने लगभग 24 हजार फीट की ऊँचाई पर अपना पढ़ाव डाला। उसी समय हुई एक दुर्घटना में अभियान दल के सभी सदस्य घायल हो गए तथा बछेन्द्री के भी सिर में चोट लगी। उन्होंने इसके बाद भी धैर्य और संयम नहीं खोया। दुर्घटना के बाद अभियान दल के सभी सदस्य गिरकर बेस कैम्प में पहुँच गए। गंभीर रूप से घायल होने के बावजूद बछेन्द्री ने हिम्मत नहीं हारी और अपनी चढ़ाई जारी रखी। 22 मई 1984 को कुछ अन्य लोग भी अभियान दल में शामिल हो गए और एवरेस्ट शिखर पर चढ़ाई का अभियान जारी रहा। इस अभियान दल में बछेन्द्री अकेली महिला पर्वतारोही थीं। तूफानी, बर्फीली हवाएं 100 कि.मी. प्रति घंटे की दर से चल रही थीं और तापमान 30^0 से 40^0 सेल्सियस माइनस था। बछेन्द्री इसके बावजूद हर कठिनाई का धैर्य व साहस से मुकाबला करते हुए आगे बढ़ती चली गईं।

अन्ततः मार्ग की सभी बाधाओं को जीतकर बछेन्द्री भारतीय समयानुसार 1.07 अपराहन 29028 फीट ऊँचे एवरेस्ट शिखर पर पहुँच गईं। यह दिन बछेन्द्री के लिए बहुत शुभ दिन था। उनका स्वप्न साकार हुआ था। पर्वत

शिखर पर उनके साथ उनका एक अन्य सहयोगी भी था। उन्होंने शिखर की बर्फ को खोदकर दो लोगों के खड़े होने के लिए स्थान बनाया और अपने को सुरक्षित किया। बछेन्द्री ने घुटने के बल बैठकर शिखर को अपने मस्तक से छुआ और ईश्वर को धन्यवाद दिया। बछेन्द्री शिखर पर लगभग 43 मिनट रुकीं और उन्होंने अपने इस ऐतिहासिक क्षण को जीवन्त करने के लिए फोटोग्राफी भी की। बछेन्द्री भारत की प्रथम एवं विश्व की पाँचवी एवरेस्ट विजेता बनीं। उन्होंने एवरेस्ट विजय के इस अभियान के लिए कठोर परिश्रम किया था। उन्होंने एवरेस्ट पर विजय प्राप्त कर यह सिद्ध कर दिया था कि महिलाएं किसी भी क्षेत्र में पुरुषों से कम नहीं हैं। यदि साहस, परिश्रम और धैर्य से महिलाएं ठान लें तो कठिन से कठिन लक्ष्य को प्राप्त किया जा सकता है। वे एवरेस्ट से उतरकर सुरक्षित बेस कैम्प पहुँची। उन्होंने विश्व के सबसे ऊँचे पर्वत शिखर पर चढ़कर प्रथम महिला पर्वतारोही बनने का अभूतपूर्व गौरव प्राप्त कर लिया था। बछेन्द्री को गायन व संगीत का भी बड़ा शौक है।

एवरेस्ट विजय के उपरान्त बछेन्द्री को भारत के राष्ट्रपति और प्रधानमंत्री ने उन्हें बधाई दी। टाटा समूह ने भी उन्हें सम्मानित किया तथा उन्हें टाटा स्टील एडवेंचर फाउन्डेशन में नियुक्त किया। इस समय बछेन्द्री पाल नई पीढ़ी को पर्वतारोहण का प्रशिक्षण दे रही हैं। बछेन्द्री पाल को संपूर्ण विश्व में ख्याति प्राप्त हुई। 1984 में भारत सरकार द्वारा 'पद्मश्री' सम्मान से सम्मानित किया गया। 1985 में इंडोनेपालीज एवरेस्ट अभियान दल जिसमें महिलाएँ ही थीं, का सफल नेतृत्व किया। इस अभियान दल ने सात विश्व कीर्तिमान स्थापित किए। 1994 में भी बछेन्द्री पाल ने महिला पर्वतारोही दल का नेतृत्व किया। बछेन्द्री पाल पर्वतारोहण के क्षेत्र में महिलाओं के लिए आदर्श बनीं। उनकी प्रेरणा से ही संतोष यादव सदृश अनेक महिलाएँ इस क्षेत्र में आकर अपनी उपलब्धियों से अनेक कीर्तिमान स्थापित किए हैं।

34. संतोष यादव

आज की जागरूक नारी के मन में कुछ कर गुजरने की आग है। उसकी निगाहें उन शिखरों पर हैं, जहाँ पुरुषों का वर्चस्व व एकाधिकार रहा है, जहाँ वहीं पहुँचता है जो विजेता है। वह पुरुषों की तरह विजेता बनकर शिखर पर पहुंचना चाहती हैं। बस यहीं से शुरू होता है भीड़ से, समाज से अलग होने का सिलसिला और स्त्रियाँ विभिन्न प्रकार की उपलब्धियाँ प्राप्त करती हैं।

बछेन्द्री पाल द्वारा 1984 में एवरेस्ट विजय के बाद महिलाओं द्वारा पर्वतारोहण का सिलसिला रुका नहीं, अनवरत चलता रहा। बछेन्द्री पाल से ही प्रेरणा प्राप्त कर अनेक महिलाएँ पर्वतारोहण के क्षेत्र में आईं और उन्होंने कई कीर्तिमान स्थापित किए। ग्रामीण परिवेश से आकर संतोष यादव ने एक वर्ष में दो बार एवरेस्ट विजय कर जनमानस को चमत्कृत कर दिया। चन्द्रप्रभा अटवाल, हर्षवती विष्ठ, रेखा शर्मा और संतोष यादव ने एक सम्मिलित अभियान में 24645 फीट ऊँचे पर्वत शिखर पर विजय प्राप्त की, जिसके लिए उन्हें प्रतिष्ठित अर्जुन पुरस्कार से सम्मानित किया गया।

संतोष यादव का जन्म हरियाणा प्रांत के रैवारी जिले के जोनियावास गाँव में 1969 में एक कृषक परिवार में हुआ था। उनकी शिक्षा-दीक्षा राजस्थान राज्य के जयपुर के प्रतिष्ठित महारानी गायत्री देवी कालेज में हुई। संतोष बचपन से ही पर्वतारोहण के प्रति आकर्षित थीं। उन्होंने इस कारण कस्तूरबा गर्ल्स छात्रावास में रहते हुए उत्तराखण्ड राज्य के उत्तरकाशी स्थित नेहरू पर्वतारोहण संस्थान में प्रवेश लिया। अपने अध्ययन के दौरान संतोष एक साथ दो शिखरों को छूना चाहती थीं, प्रथम एवरेस्ट विजय और दूसरा भारतीय प्रशासनिक सेवा में प्रवेश। अपनी लगन, कठोर परिश्रम और निष्ठा के बल पर वह एक साथ इन दोनों उपलब्धियों को प्राप्त करने का प्रयास कर रही थीं। इंडियन माउन्टेनियरिंग फेडरेशन दिल्ली के कनाट प्लेस

स्थित छात्रावास में अपने संकल्पों को मूर्त रूप देने के लिए भारतीय प्रशासनिक सेवा में प्रवेश हेतु कठोर परिश्रम कर रही थीं। भारतीय प्रशासनिक सेवा में प्रवेश एवरेस्ट की चढ़ाई से कम नहीं है। उन्होंने मई 1992 में एवरेस्ट विजय प्राप्त की और उसी वर्ष उन्होंने भारतीय प्रशासनिक सेवा में सफलता प्राप्त की। इस समय संतोष इण्डो तिब्बत सीमा पुलिस में उच्चाधिकारी हैं। वस्तुतः यह एक वर्ष में दो बार एवरेस्ट विजय प्राप्त करना है, क्योंकि भारतीय प्रशासनिक सेवा में प्रवेश एवरेस्ट विजय से कम नहीं है। हालांकि संतोष ने अगले वर्ष मई 1993 में पुनः विश्व के सर्वोच्च पर्वत शिखर पर विजय श्री प्राप्त की। उनकी इस उपलब्धि पर संपूर्ण विश्व चमत्कृत था। यह सचमुच एक बहुत बड़ा कीर्तिमान था।

भारत सरकार द्वारा संतोष यादव की इन उपलब्धियों के लिए वर्ष 2000 में 'पद्म श्री' सम्मान से विभूषित किया गया। संतोष को नौ देशों के संयुक्त अंतर्राष्ट्रीय नुम-कुन अभियान दल में सम्मिलित होने का भी अवसर प्रदान किया गया। वस्तुतः उन्होंने मई 1992 से मई 1993 के मध्य एक वर्ष के अन्दर तीन बार एवरेस्ट विजय प्राप्त कर नारी जाति को गौरवान्वित किया है। उनका उत्साह, कठोर परिश्रम, लगन व निष्ठा भावी पीढ़ी के लिए प्रेरणा का असीम स्रोत हैं।

संतोष यादव की एवरेस्ट विजय के बाद भी एवरेस्ट अभियान का सिलसिला अनवरत जारी है। पूर्व राष्ट्रीय बालीबाल खिलाड़ी, जो गुण्डों से प्रतिरोध करने के कारण अपनी बायीं टांग गंवा चुकी थी, ऐसी अरुणिमा सिन्हा ने मई 2013 को एवरेस्ट शिखर पर पहुँचकर विश्व की प्रथम विकलांग महिला का एक नया कीर्तिमान स्थापित किया है। अरुणिमा सिन्हा के साथ जो घटनाक्रम हुआ, उसके अनुसार अप्रैल 2013 को जब वह लखनऊ से रेल द्वारा दिल्ली जा रही थीं। उसी दौरान अपराधिक तत्वों द्वारा चैन खींचने का विरोध करने पर उन लोगों ने अरुणिमा को रेल के डिब्बे से नीचे फेंक दिया। उपचार के दौरान उनकी जान बचाने के लिए उनकी बाईं टांग कटवा दी गई। अपनी एक टांग गंवा देने के बाद भी अरुणिमा ने हिम्मत व हौसला नहीं खोया। उन्होंने उत्तरकाशी में टाटा स्टील एडवेंचर फाउन्डेशन शिविर में भाग लिया। शिविर में उन्हें प्रथम महिला एवरेस्ट विजेता बछेन्द्री पाल द्वारा प्रशिक्षण दिया गया। बछेन्द्री पाल की प्रेरणा से ही उन्होंने विकलांग होते हुए भी एवरेस्ट विजय प्राप्त की। वर्ष 2013 में ही दो जुड़वां बहनों ताशी व नुग्शी मलिक ने एक साथ एवरेस्ट विजय की। इसके पूर्व प्रेमलता अग्रवाल ने एवरेस्ट पर तो विजय प्राप्त की ही, उन्होंने पचास वर्ष की आयु में विश्व के सात महाद्वीपों के सात सर्वोच्च शिखरों पर चढ़कर कीर्तिमान स्थापित किया है।

35. भंवरी देवी

भारत में एक लंबे समय से बाल विवाह का प्रचलन रहा है। यह रिवाज राजस्थान में कुछ अधिक ही है। गोद में खेलते बच्चों को शादी के बंधन में बांधा जाता रहा। कभी-कभी तो जन्म से पूर्व ही विवाह तय कर लिए जाते थे। यद्यपि आज यह प्रथा कानूनन प्रतिबन्धित है, तथापि गाहे-बगाहे आज भी अव्यस्क बच्चों की शादियाँ की जा रही हैं।

राजस्थान सरकार ने बाल विवाहों को रोकने के लिए महिला विकास कार्यक्रम (W.D.P.) कार्यक्रम चलाया। इस कार्यक्रम के अंतर्गत दूरदराज की हजारों महिलाओं (साथिनों) ने संगठित होकर बाल विवाह तथा महिलाओं के प्रति होने वाले अन्याय व अत्याचारों को रोकने के लिए आवाज बुलन्द की। यह सम्भवतः इस प्रकार का प्रथम सरकारी कार्यक्रम था, जो जनता में बहुत लोकप्रिय हुआ। लोग इस कार्यक्रम को साथिनों का कार्यक्रम कहने लगे। यह कार्यक्रम न्यून वेतनभोगी छोटे कार्यकर्ताओं द्वारा संचालित था। भंवरी देवी इसी कार्यक्रम से सम्बद्ध अनेक साथिनों में एक थी।

भंवरी बाई राजस्थान राज्य के जयपुर जिले की बस्सी तहसील के भटेरी गाँव की कुम्हार जाति की एक साधारण महिला हैं। भटेरी गाँव जयपुर से कुल 45 किलो मीटर दूर है। उसके पति मोहन रिक्शा चलाकर अपने परिवार का खर्च बड़ी मुश्किल से चला पाते थे। उसके दो बच्चे हैं। 1992 तक भंवरी देवी का परिवार जातीय आधार पर अपना परंपरागत मिट्टी के बर्तन बनाने का कार्य करता था।

सामान्यतया यह मान्यता है कि वैशाख मास की अक्षय तृतीया (अखतीज) के अवसर पर होने वाली शादियां सफल होती हैं और इससे सुख व समृद्धि आती है। इसी कारण अधिकांश शादी समारोह अंधविश्वास के कारण इसी दिन सम्पन्न होते थे। 1992 में उपरोक्त महिला विकास कार्यक्रम (W.D.P.) की

साथिनों को सरकार की ओर निर्देश दिया गया था कि धार्मिक उत्सव अखतीज के दिन सम्पन्न होने वाली शादियों की सूचना स्थानीय जिला प्रशासन को दें, हालांकि इस प्रशासनिक हस्तक्षेप का साथिनों द्वारा विरोध किया गया था। भंवरी देवी व उसकी साथिनों को विश्वास था कि बाल विवाह शक्ति का प्रयोग कर नहीं रोके जा सकते। उनका यह भी कहना था कि उन्हें उन्हीं गाँवों में रहना है। क्योंकि प्रशासन से शिकायत करने पर उनकी दुश्मनी बढ़ेगी जिससे कोई लाभ नहीं होगा। उनका सुझाव था कि लोगों को शिक्षित कर बाल विवाह के विरुद्ध वातावरण तैयार किया जाना चाहिए। वे चाहती थीं कि ऐसे विद्यालय खोले जाएं जहाँ बालक बालिकाएँ को रोजगार परक शिक्षा दी जाए, जिससे वे स्कूली शिक्षा के बाद सुखी व समृद्ध जीवन जी सकें। जनमानस को शिक्षित किए बिना बालविवाह नहीं रोके जा सकते।

जयपुर की बस्सी तहसील के भटेरी गाँव में भंवरी देवी की कुम्हार जाति का केवल एक घर था। गाँव में अधिकांश घर गूजर और मीणा जाति के थे, जोकि बहुत दबंग व प्रभावशाली थे। गाँव में 40 घर गूजरों के थे। मई 1992 को गाँव के रामकरण गूजर की एक वर्षीय बेटी का विवाह पुलिस के हस्तक्षेप से रोक दिया गया। उच्च पुलिस व प्रशासनिक अधिकारी स्वयं मौके पर जाकर विवाह रोकने आए थे। गाँव वालों ने साथिनों तथा भंवरी देवी को इस कार्य के लिए जिम्मेदार ठहराया। गुजरों में आक्रोश था कि शादी-विवाह जैसे पुण्य कार्य में एक कुम्हारिन ने विघ्न डाला है। शादी रुकी भी नहीं, तड़के दो बजे उसी एक वर्षीय लड़की का विवाह कर दिया गया। गुजरों ने भंवरी देवी के लिए दुश्मनी की गांठ बांध ली और वे भंवरी देवी के परिवार को हैरान व परेशान करने लगे।

22 सितम्बर 1992 को जब भंवरी अपने पति मोहन के साथ अपने खेत में काम कर रही थी। वहाँ पर मौजूद रामकरण, ग्यारसा, बद्री, रामसुख और श्रवण पण्डा ने मोहन को धर दबोचा। ग्यारसा और श्रवण ने उसके ऊपर लाठियों का प्रहार किया, जिससे मोहन जमीन पर गिर पड़ा। उसी समय भंवरी के मुंह में कपड़ा ठूंसकर बद्री ग्यारसा ने बारी-बारी से भंवरी देवी के साथ उसके पति के सामने बलात्कार किया। भंवरी चिल्ला तक न सकी। अगले दिन भंवरी देवी ने साथिन प्रचेता की सहायता से बस्सी थाने में प्रथम सूचना रिपोर्ट अंकित करवाई। बाद में उसे जयपुर के सवाई मानसिंह अस्पताल में चिकित्सीय परीक्षण हेतु भेज दिया गया। पुलिस जानबूझकर विलम्ब करती रही तथा भंवरी का चिकित्सीय परीक्षण 24 सितम्बर को हो

सका और साक्ष्य हेतु भंवरी का घाघरा परीक्षण हेतु सील कर दिया गया, लेकिन कोई कार्यवाही नहीं की गई।

महिला संगठनों के प्रतिनिधियों ने उच्च स्तर पर बातचीत की, लेकिन तत्कालीन मुख्यमंत्री भैरोसिंह शेखावत व उनके मंत्रिमंडल के सहयोगियों तथा क्षेत्रीय विधायक कन्हैयालाल मीणा ने इस घटना को गलत ठहराया और कहा कि भंवरी देवी झूठ बोल रही है। राष्ट्रीय महिला आयोग के प्रतिनिधि ने जयपुर आकर मामले की स्वतंत्र रूप से जांच की और घटना को सही पाया। महिला विकास सचिव, निदेशक महिला विकास की हजारों कार्यकर्ताओं महिला व स्वैच्छिक संगठनों ने भी घटना को सही बताया। एक महीने तक अनेक प्रयासों के बाद भी अभियुक्तों को गिरफ्तार नहीं किया गया। अतः 22 अक्टूबर को जयपुर में एक विशाल रैली व सभा आयोजित की गई जिसमें अभियुक्तों को गिरफ्तार कर भंवरी देवी के लिए न्याय की मांग की गई। अक्टूबर 1992 में जयपुर व दिल्ली के पांच महिला संगठनों उच्चतम न्यायालय में याचिका दायर कर मांग की कि कार्यस्थल पर महिलाओं की सुरक्षा भंवरी को मुआवजा, सी.बी.आई. जांच तथा देरी करने वाले अधिकारियों के विरुद्ध कार्यवाही की जाए। बाद में एक प्रतिनिधि मण्डल केन्द्रीय गृहमंत्री से मिला। आखिरकार मामले को सीबीआई को सौंपने का निर्णय लिया गया। जांच पूरी होने में एक वर्ष लग गया। इस बीच 22 सितम्बर को महिला संगठनों ने काला दिवस घोषित किया।

भंवरी देवी का प्रकरण केन्द्रीय जांच एजेन्सी (सी.बी.आई) को सौंपा जा चुका था। प्रारंभ में तो सीबीआई की जाँच भी पुलिस जाँच से भिन्न नहीं थी। सी.बी. आई. द्वारा भंवरी देवी को नौ बार बयान देने को विवश किया गया। दिल्ली व जयपुर के महिला संगठनों के दबाव में सी.बी.आई. के उच्चाधिकारियों को हस्तक्षेप करना पड़ा। भंवरी देवी व उसके पति मोहन का न्यायालय के समक्ष धारा 164 दं.प्र.सं. के अंतर्गत बयान दर्ज किया गया। अन्ततः एक वर्ष बाद सी.बी. आई. ने अभियुक्तों के विरुद्ध आरोप पत्र प्रस्तुत किया, जिसमें भंवरी देवी की बात को सच माना गया। 27 सितम्बर 1993 को जयपुर के न्यायालय ने अभियुक्तों के विरुद्ध गिरफ्तारी वारन्ट जारी किया। इसके बावजूद अभियुक्तों की गिरफ्तारी में पांच महीने लग गये।

इस बीच भंवरी देवी के ऊपर मुकदमा वापस लेने का दबाव डाला गया। अगस्त 1994 में तीन अभियुक्त जमानत पर छूट गए। दो प्रमुख अभियुक्त जिन्होंने भंवरी देवी के साथ बलात्कार किया था, जेल में रहे। मुकदमा वापसी के

लिए भंवरी को प्रलोभन व धमकी दी गई। उन्होंने भंवरी के सामाजिक बहिष्कार का आह्वान किया। कुम्हार समाज ने भंवरी देवी को जाति से बहिष्कृत कर दिया। उनके बनाए मटके कोई नहीं खरीदता था तथा उन्हें गाँव में रोजमर्रा की वस्तुएं भी खरीदने से नहीं मिलती थीं। उन्हें गाँव छोड़ने तक की धमकी दी गई। पूरे देश के महिला संगठनों ने इस बात की निन्दा की। राष्ट्रीय महिला आयोग ने इस घटना की जाँच करने का आदेश राज्य सरकार को दिया। इस दौरान साथिनों ने भंवरी देवी की आर्थिक सहायता की।

अक्टूबर 1994 को जयपुर सत्र न्यायालय में भंवरी देवी केस की सुनवाई प्रारंभ हुई जो 1995 तक चली। इस दौरान पाँच न्यायाधीश बदल गए थे। छठे न्यायाधीश ने निर्णय घोषित किया। भंवरी देवी का बयान बंद कमरे में हुआ, जिसमें बचाव पक्ष के अधिवक्ता द्वारा खोद-खोदकर बलात्कार के प्रश्न पूछे गए, जिनसे सभी हदें टूट गईं। भंवरी देवी को कहना पड़ा कि बलात्कार तो उसके साथ गाँव में हुआ और आज अदालत में सबके सामने फिर एक बार बलात्कार हुआ है। बयान के दौरान बचाव पक्ष का तरीका अत्यन्त भौंड़ा, अभद्र व अमानवीय था। लेकिन 15 नवम्बर 1995 को सत्र न्यायाधीश द्वारा दिए गए निर्णय ने वहाँ पर मौजूद महिलाओं के धैर्य का बांध तोड़ दिया। जिला एवं सत्र न्यायालय ने अपने निर्णय में अपराधियों को बलात्कार के आरोप से मुक्त कर दिया तथा केवल मारपीट और मिलकर अपराध की योजना बनाने के लिए अपराधियों को 6 और 3 माह की सजा तथा 500 रुपए जुर्माने की सजा दी। निर्णय के साथ ही अनेक पूर्वाग्रह पूर्ण बातें की गई, जिनकी समाचार पत्रों द्वारा जमकर आलोचना की गई।

राष्ट्रीय महिला आयोग की अध्यक्ष मोहिनी गिरि ने इस निर्णय के विषय में कहा कि निर्णय न्याय के सिद्धांतों के प्रतिकूल है। उन्होंने उच्चतम न्यायालय के प्रधान न्यायाधीश से हस्तक्षेप की अपील की। कांग्रेस सांसद गिरिजा व्यास तथा भारतीय कम्युनिस्ट पार्टी ने भी इस निर्णय की निंदा की। इस निर्णय का देश भर के जागरुक नागरिकों, स्वैच्छिक और महिला संगठनों ने एकजुट होकर विरोध का फैसला लिया।

15 दिसम्बर 1995 को न्यायालय के निर्णय के विरोध में जयपुर के बड़ी चौपड़ पर एक सभा आयोजित की गई जिसमें राष्ट्रीय आयोग की अध्यक्ष मोहिनी गिरि तथा उच्चतम न्यायालय के पूर्व न्यायाधीश न्यायमूर्ति कृष्ण अय्यर ने भाग लिया। न्यायमूर्ति कृष्ण अय्यर ने न्यायालय के निर्णय को भारतीय न्यायपालिका

के इतिहास का काला दिवस कहा। उन्होंने अपने को भंवरी देवी के साथ रखकर कहा कि "आज मुझे अपने पुरुष होने पर शर्म महसूस हो रही है। इस विशाल जनसभा को महिला अत्याचार विरोधी मंच द्वारा आयोजित किया गया था, जिसमें राजस्थान, उत्तरप्रदेश, गुजरात एवं दिल्ली के लगभग 200 महिला संगठनों ने भाग लिया। सभा की अध्यक्षता राष्ट्रीय महिला आयोग की अध्यक्ष मोहिनी गिरि ने की। उन्होंने महिला आयोग को और अधिक शक्तियाँ देने की मांग की। सभा में प्रस्ताव पारित कर न्यायालय के निर्णय के विरुद्ध अपील करने तथा देशभर में महिला अत्याचारों के विरुद्ध संघर्ष की घोषणा की गई।"

इस सभा के विरुद्ध 28 जनवरी 1996 बस्सी से भाजपा विधायक कन्हैया लाल मीणा के नेतृत्व में उसी स्थान पर एक सभा आयोजित कर भंवरी केस के अभियुक्तों का अभिनन्दन किया गया और कहा गया कि भंवरी झूठी है। इस सभा में भंवरी देवी एवं अनेक समर्थकों पर कीचड़ उछालकर अपमानित किया गया।

भंवरी देवी का केस 1996 से उच्चतम न्यायालय में ठंडे बस्ते में पड़ा है। महिला संगठनों की बार-बार मांग करने के बाद भी इस केस की सुनवाई नहीं हो रही है।

भंवरी देवी को अपने गाँव में सालों तक सामाजिक बहिष्कार झेलना पड़ा। कभी उसके साथ मारपीट की गई और कभी उसकी सम्पत्ति पर कब्जा किया गया। देशभर के महिला संगठनों व मीडिया ने उसका साथ दिया। 1995 में बीजिंग चीन में आयोजित अंतर्राष्ट्रीय महिला सम्मेलन में भाग लेने भंवरी देवी चीन गईं। भंवरी देवी ने बलात्कार के विरोध में जिस बहादुरी से संघर्ष किया था, यह अपने आप में एक उपलब्धि है। 1994 में उन्हें नीरजा भनोट सम्मान से विभूषित किया गया। इसके साथ प्राप्त सम्मान राशि को भी उन्होंने अपने संघर्ष में खर्च कर दिया। 2001 में मुख्यमंत्री अशोक गहलौत ने भंवरी देवी को आवासीय भूमि आबंटित कर 40 हजार रुपए की आर्थिक सहायता की। केन्द्र सरकार ने भी भंवरी देवी को आर्थिक सहायता की।

36. फूलन देवी

अन्याय, अत्याचार, शोषण व उत्पीड़न की जब इन्तहा हो जाती है तो अमनपसंद इन्सान भी बगावती हो जाते हैं और हाथों में हथियार लेकर व्यवस्था के विरुद्ध खूनी संघर्ष तक कर डालते हैं। यद्यपि लोकतंत्र में इस प्रकार खून खराबे की इजाजत नहीं दी जा सकती और न ही इसे अनुकरणीय कहा जा सकता है। ऐसी ही दास्तान है फूलन देवी की, जिसने जातीय अत्याचार, अन्याय व उत्पीड़न के विरुद्ध शस्त्र धारण कर चम्बल की डकैत बनकर खून का बदला खून से लिया। हमारा आशय इस प्रकार के प्रतिरोध का महिमामण्डन कर उसकी वकालत करना कदापि नहीं है, फिर भी उसके दस्यु जीवन के पूर्व में उसके साथ हुए अन्याय उत्पीड़न व बलात्कार से उठी चीखों को नजरअंदाज तो नहीं किया जाना चाहिए।

फूलन देवी को दस्यु सुंदरी, बैडिंट क्वीन भी कहा जाता है। वे चम्बल की महिला डकैत थीं, जो बाद में आत्मसमर्पण कर सामान्य जिन्दगी जीकर भारतीय संसद में भी पहुंची। फूलन का जन्म उत्तरप्रदेश राज्य के जालौन जिले के घूरा का पुरवा में एक गरीब मल्लाह परिवार में हुआ था। उनकी माँ का नाम मूला तथा उनके पिता का देवीदीन था। वे अपने माता-पिता की चौथी संतान थी।

फूलन के पिता देवीदीन के पास एक एकड़ जमीन थी, जिसपर वह खेती कर अपने परिवार का भरण पोषण करता था। इसी खेत के ऊपर एक नीम का पेड़ खड़ा था। उनके पिता चाहते थे इसी नीम के पेड़ को काटकर उसकी लकड़ी को बेचकर अपनी लड़कियों की शादी करें। इस लकड़ी से उन्हें बहुत सहयोग मिलता। जब फूलन की उम्र मात्र ग्यारह वर्ष थी, उनके दादा का देहान्त हो गया और उनके ताऊ ने अपने को परिवार का मुखिया घोषित कर दिया और उन्होंने धोखे से सभी पारिवारिक सम्पत्ति अपने नाम करवा ली। इस प्रकार फूलन के पिता के पास जीवनयापन के लिए कुछ भी नहीं बचा। उनके चाचा के लड़के मायादीन ने पैत्रिक

नीम के पेड़ को काटकर उसकी लकड़ी बेच दी। फूलन के पिता देवीदीन ने विरोध तो किया, लेकिन वे कुछ भी नहीं कर सके। फूलन को यह सब देखकर अच्छा नहीं लगा और वह अपने चचेरे भाई मायादीन से लड़ पड़ी और गुस्से में उसे चोर कह दिया। मायादीन फूलन को अपनी राह का कांटा समझने लगा, उसे दूर करने के लिए मायादीन ने ग्यारह वर्षीय फूलन का विवाह सैकड़ों मील दूर रह रहे तीस वर्षीय पुत्तीलाल से करवा दिया। पुत्तीलाल एक दुश्चरित्र और शराबी व्यक्ति था।

विवाह के उपरांत जब फूलन अपनी ससुराल गई, तो पुत्तीलाल की वास्तविकता जान सकी। वह जब-तब फूलन को बेरहमी से मारने पीटने लगा। फूलन ने कुछ समय तो पुत्तीलाल के व्यवहार और अत्याचारों को सहन किया और उसने कई बार अपने पति के घर से भागने का प्रयास किया, लेकिन उसे बार-बार अपने पति के पास लौटना पड़ता और उसके साथ बर्बता जारी रही।

अन्त में एक दिन फूलन अपने पिता के घर वापस आ गई। सामान्यतया गांव में विवाहिता लड़की का पिता के घर पर रहना अच्छा नहीं माना जाता। इस कारण वहां भी फूलन के साथ अत्याचारों का सिलसिला बंद नहीं हुआ। जब गांव में उसके परिवार का बहिष्कार कर दिया गया तब फूलन पुनः अपने पति पुत्तीलाल के घर पर चली गई। पुत्तीलाल के व्यवहार में कोई परिवर्तन नहीं आया और वह फिर फूलन के साथ मारपीट करने लगा। इससे निजात पाने के लिए फूलन ने पति का घर छोड़ दिया और वह फिर अपने पिता के घर नहीं गई।

फूलन अपने चचेरे भाई मायादीन को भला बुरा कहकर कोसती थी, जिसने धोखे से उसके पिता की जमीन हड़प ली थी। फूलन ने मायादीन के विरुद्ध न्यायालय में मुकदमा दायर कर दिया, जिसमें धोखे से उसके पिता की हड़पी जमीन को वापस लेने की बात कही गई थी। फूलन को न्यायालय से कोई राहत नहीं मिली और न्याय नहीं मिला। इस मामले में फूलन की किसी ने भी सहायता नहीं की।

1979 में डकैतों द्वारा फूलन का अपहरण कर लिया गया। बाबू गुजर ने फूलन के साथ बलात्कार करने का प्रयास किया, लेकिन गिरोह के दूसरे दर्जे के नायक विक्रम मल्लाह ने उसे बचा लिया। विक्रम मल्लाह ने बाबू गूजर को मारकर स्वयं गिरोह का सरदार बन गया। विक्रम मल्लाह फूलन की जाति का था। फूलन को उससे प्यार हो गया और वह विक्रम की दूसरी पत्नी बन गई। फूलन अपने गिरोह के साथ अपने पति पुत्तीलाल के घर पहुंची। वहाँ उसने पुत्तीलाल की पिटाई कर अधमरा कर उसे सड़क के किनारे फेंक दिया और एक चेतावनी लिखकर लगा दी कि भविष्य में कोई बूढ़ा आदमी कभी नौजवान लड़की से शादी करने की

हिम्मत न कर सके। यह फूलन की प्रथम प्रतिशोध की कार्यवाही थी।

फूलन ने विक्रम की सहायता से बंदूक और राइफल चलाना सीखा और वह गिरोह की गतिविधियों में खुलकर भाग लेने लगी। वह अपने गिरोह के साथ उत्तरप्रदेश और मध्यप्रदेश के कई जिलों में फिरौती के लिए अपहरण जैसी वारदातें करने लगीं। अपनी वारदातों को अंजाम देने के बाद फूलन का गिरोह धौलपुर में चंबल की घाटियों और कछारों में छिप जाता था।

कुछ समय बाद ठाकुर जाति के दो डाकू श्रीराम और लालाराम ने गिरोह द्वारा डकैती के दौरान ऊँची जाति के लोगों के साथ अत्याचारों का विरोध किया और फूलन के साथ बलात्कार करने का प्रयास किया गया। इससे श्रीराम और विक्रम के मध्य तनाव की स्थिति उत्पन्न हो गयी। बाद में श्रीराम को अपने दुष्कृत्य के लिए फूलन से माफी मांगनी पड़ी।

जब यह गिरोह किसी गाँव पर हमला करता तो मल्लाहों के साथ अपमान और अत्याचार करता, जिससे गिरोह के मल्लाह सदस्यों में असंतोष व्याप्त हो गया। इससे कई मल्लाह सदस्यों ने गिरोह छोड़ दिया। श्रीराम ने एक दर्जन ठाकुरों को गिरोह में शामिल कर लिया, जिससे विवाद और बढ़ गया। विक्रम के सुझाव पर कि गिरोह दो भागों में बाँट दिया जाए, श्रीराम विरोध में खड़ा हो गया। गिरोह के ठाकुर डकैतों ने विक्रम और फूलन को मार डालने का प्रयास किया, लेकिन वे किसी प्रकार बच गए। अन्ततः विक्रम मल्लाह को मार डाला गया और फूलन का अपहरण कर बेहमई गाँव में ले जाकर बंद कर दिया गया। बेहमई ठाकुरों को गाँव था। फूलन के साथ मारपीट की गई तथा उसके साथ कई लोगों द्वारा बलात्कार किया गया। असहाय फूलन रोती चिल्लाती रही पर कोई सुनने वाला नहीं था। तीन सप्ताह बाद फूलन गिरोह के मल्लाह सदस्यों की सहायता से बचकर निकल गई और गिरोह के पूर्व सदस्य मानसिंह की सहायता से पुनः मल्लाह गिरोह को संगठित किया।

फूलन गिरोह ने संगठित होकर उत्तर तथा मध्य भारत में अनेकों हत्या, डकैती, अपहरण आदि घटनाओं को अंजाम दिया। उस पर यह आरोप था कि वह केवल ऊँची जाति से प्रतिशोध लेने के लिए केवल ऊँची जाति के लोगों के यहाँ ही वारदातें करती है, लेकिन ऐसा नहीं था।

बेहमई से बच निकलने के ठीक सत्तरह महीने बाद फूलन देवी ने 14 फरवरी 1981 को प्रतिशोध और बदले की भावना से अपने सशस्त्र गिरोह के साथ बेहमई पर धावा बोल दिया। उस समय गिरोह के सभी सदस्य पुलिस की यूनीफार्म में थे।

बेहमई के ठाकुर उस समय एक शादी की तैयारियों में व्यस्त थे। फूलन देवी ने चिल्लाकर अपने अपहरणकर्ताओं और बलात्कारियों को ललकारा और कहा कि वे लोग अपना कीमती सामान लेकर आएँ। फूलन ने गाँव के दो ठाकुरों को पहचान लिया, जिन्होंने उसके साथ बलात्कार किया था और उसके पति विक्रम को मारा था। जब फूलन को सभी बलात्कारी नहीं मिले तो उसने मौके पर मौजूद सभी ठाकुरों को एक पंक्ति में खड़ा कर अपने गिरोह को आदेश दिया कि सभी को एक साथ गोली से भून दिया जाए। देखते ही देखते बेहमई में उच्च जाति के ठाकुरों का श्मशान बन गया और धरती लहूलुहान हो गई। यह बात भी सही है कि इस घटना में कुछ ऐसे निर्दोष लोग भी मरे थे, जिनका फूलन देवी के अपहरण और बलात्कार से कोई लेना-देना नहीं था।

बेहमई की इस क्रूर घटना से चारों ओर कोहराम मच गया। इस घटना की गूँज राज्य की विधान सभा में भी हुई। चारों ओर इस कांड की निंदा व भर्त्सना हुई और प्रतिक्रिया स्वरूप उत्तरप्रदेश के मुख्यमंत्री विश्व नाथ प्रताप सिंह को अपने पद से त्यागपत्र देना पड़ा। जो लोग फूलन के साथ सामूहिक बलात्कार एवं उसके करुण क्रन्दन व चीत्कार से किंचित मात्र भी विचलित नहीं हुए थे, वे लोग भी इस काण्ड के विरुद्ध आंदोलित थे। भारतीय प्रचार माध्यमों ने भी इस काण्ड को बहुत तूल दिया, इन लोगों ने फूलन देवी को माँ चण्डी दुर्गा का अवतार कहकर महिमामण्डित किया। कैसा जातीय विद्वेष है?

प्रदेश की पुलिस सक्रिय हो गयी और कई मुठभेड़ें हुईं, लेकिन फूलनदेवी को न तो मारा जा सका और न ही गिरफ्तार किया जा सका। केन्द्र की तत्कालीन इन्दिरा गांधी सरकार ने पुलिस के उच्चाधिकारियों द्वारा वार्ता करवाकर फूलन के आत्मसमर्पण का प्रयास किया गया। इस दौरान फूलन का स्वास्थ्य धीरे-धीरे बिगड़ रहा था और गिरोह के अधिकांश सदस्य मारे जा चुके थे। अन्ततः फूलन ने हथियार डालकर आत्मसमर्पण करने का निर्णय लिया। आत्मसमर्पण के लिए उनकी शर्त थी कि वह उत्तरप्रदेश पुलिस का विश्वास नहीं करती, अतः वह मध्यप्रदेश पुलिस के समक्ष आत्मसपर्मण करने को तैयार है। उसने मृत्युदंड न दिए जाने की भी शर्त रखी तथा कहा कि उसे अधिकतम 8 वर्ष से अधिक सजा न दी जाए। उसने अपने पुर्नवास के लिए खेती की मांग की तथा अपनी सुरक्षा मांगी।

तत्कालीन मध्यप्रदेश पुलिस का एक उच्चाधिकारी चम्बल क्षेत्र में छिपकर फूलन से मिला। बाद में मध्यप्रदेश के तत्कालीन मुख्यमंत्री अर्जुन सिंह के समक्ष हजारों लोगों की मौजूदगी में फूलन देवी व उसके गिरोह के सदस्यों ने महात्मा

गांधी के चित्र के समक्ष अपने शस्त्र समर्पित कर दिए। उस अवसर पर 300 पुलिस कर्मी फूलन की गिरफ्तारी की प्रतीक्षा कर रहे थे।

फूलन देवी 48 अपराधों में आरोपित की गई, जिसमें 30 डकैती और अपहरण के मामले थे। उसके विरुद्ध न्यायालय में विचारण हुआ जोकि ग्यारह वर्ष चला। इस दौरान फूलन कारागार में ही निरुद्ध रही। कारागार में ही उनकी बच्चेदानी (Overy) का आप्रेशन हुआ। कहा जाता है कि बच्चेदानी का आपरेशन इसलिए किया गया कि डॉक्टर यह नहीं चाहते थे कि फूलन देवी कई अन्य फूलनों को जन्म दे सके।

एक मल्लाह नेता विशम्भर प्रसाद निषाद के प्रयास से तत्कालीन मुलायम सिंह सरकार ने फूलनदेवी के ऊपर चल रहे सभी मुकदमें वापस कर लिए। 1996 में फूलन समाजवादी पार्टी की टिकट पर मिर्जापुर उत्तरप्रदेश से लोकसभा की सदस्य निर्वाचित हुईं। 1998 में वे निर्वाचन में हार गयीं तथा पुनः 1999 में लोकसभा की सदस्य निर्वाचित हुईं। उस समय तक वे मल्लाह, विंद, कश्यप समाज की सर्वमान्य नेता बन चुकी थीं।

25 जुलाई 2001 की घटना है, जब फूलन देवी दिल्ली में अपने आवास से संसद भवन जा रही थीं, उसी समय तीन नकाबपोशों ने उन पर ताबड़तोड़ गोलियां बरसा दीं। फूलन देवी घायल होकर वहीं गिर पड़ीं और उन्होंने अपने प्राण त्याग दिए। नकाबपोश बहुत ही आसानी से पास में खड़ी मारुति कार से बचकर निकल गए। बाद में मुख्य अभियुक्त शेरसिंह राणा ने आत्मसमर्पण कर दिया और उसने अपना अपराध स्वीकार कर लिया। उसने कहा कि उसने बेहमई में ऊँची जाति के लोगों की हत्या का बदला लिया है। जिस प्रकार फूलन द्वारा किए गए अपराधों को क्षमा नहीं किया जा सकता उसी प्रकार इस तरह की घटनाओं को क्षम्य नहीं माना जाना चाहिए। इस प्रकार तो लोकतंत्र और न्यायव्यवस्था की जड़े ही हिल जाएंगी।

प्रसिद्ध फिल्म निर्माता निर्देशक शेखर कपूर ने 1994 में फूलन देवी के ऊपर 'बैडिंट क्वीन' नामक फिल्म बनाई। यद्यपि फूलन अनपढ़ थी, उन्होंने अंतर्राष्ट्रीय ख्याति के लेखक मारीथिरेसी कनी (Marie Therese cuny) और पाल रनबाली (Paul Ranbali) के सहयोग से अपनी आत्मकथा 'बैंडिट क्वीन आफ इंडियाः एन इंडियन वोमन्स अमेजिंग जर्नी' (Bandit Queen of India: A Indian woman's amazing journey) लिखी। फूलन देवी बहुत ही गरीब और छोटी जाति में जन्म लेकर भी बहुसंख्यक समाज की प्रेरणास्रोत व संघर्ष का पर्याय बनीं।

37. इरोम शर्मिला

इरोम शर्मिला चानू को मणिपुर की लौह महिला के नाम से भी जाना जाता है। यह मानवाधिकारों के लिए सतत् संघर्षरत एक राजनीतिक कार्यकत्री हैं तथा वे कवयित्री भी हैं। उन्होंने मणिपुर में शांति स्थापना के लिए पिछले 2 नवम्बर 2000 से भूख हड़ताल की है और आज तक कायम है। सम्भवतः यह विश्व की सबसे लंबी अवधि की भूख हड़ताल है। उनका जन्म 14 मार्च 1972 को हुआ था।

2 नवम्बर सन् 2000 की घटना है, मणिपुर की इम्फाल घाटी के एक गाँव मलोना में असम राइफल्स के जवानों द्वारा एक साथ दस नागरिकों को गोली से उड़ा दिया गया था। यह लोग कहीं जाने के लिए सड़क के किनारे खड़े बस की प्रतीक्षा कर रहे थे। इस घटना को मलोन हत्याकांड (Malon masscase) कहा गया। दूसरे दिन समाचार पत्रों में इन लोगों की मृत देह के फोटो छपे। मारे गए इन लोगों में एक 60 वर्षीय वृद्ध महिला थी तथा एक 18 वर्षीय युवक चन्द्रमणि भी था, जिसे 1988 में राष्ट्रीय वीरता पुरस्कार से सम्मानित किया गया था।

इस घटना का अट्ठाइस वर्षीय शर्मिला के भावुक मन पर बहुत प्रभाव पड़ा, वह यह सब देखकर हैरान रह गई। शर्मिला ने इस हत्याकाण्ड का जोरदार विरोध किया और विरोध स्वरूप उसी दिन से उपवास पर बैठ गई और उसी दिन से अन्न व जल ग्रहण करना बंद कर दिया। शर्मिला के भाई इरोम सिंह जीत सिंह के कथनानुसार घटना वाले दिन शुक्रवार था। शर्मिला बचपन से ही शुक्रवार का व्रत करती थी और वह उस दिन भी व्रत थीं। उपवास करने से पूर्व शर्मिला ने सर्वप्रथम अपनी माँ का आशीर्वाद प्राप्त किया। दरअसल केन्द्र सरकार का एक कानून आर्म्ड फार्सेस स्पेशल पावर्स एक्ट 1958 (AFSPA)

द्वारा भारतीय सेना को यह विशेषाधिकार प्राप्त था, जिसके तहत वह किसी को भी व्यक्ति को मार सकती है। इस कानून से नागरिकों के मानवाधिकारों का हनन होता है। भारतीय सेना की इन विशेष शक्तियों के विरुद्ध शर्मिला ने आवाज बुलन्द की और इस हत्याकाण्ड की निष्पक्ष जाँच की मांग कर इस अलोकतांत्रिक कानून को समाप्त करने की मांग की।

भूख हड़ताल प्रारंभ करने के तीन दिन बाद शर्मिला को पुलिस द्वारा इस आधार पर गिरफ्तार कर लिया गया कि वह आत्महत्या करने का प्रयास कर रही है। आत्महत्या करने का प्रयास करना भारतीय दण्ड संहिता की धारा 309 के अंतर्गत दण्डनीय अपराध है जिसके लिए उसे एक वर्ष की सजा अर्थदण्ड या दोनों की हो सकती है। बाद में उन्हें न्यायिक अभिरक्षा में कारागार में डाल दिया गया। शर्मिला ने कारागार में अपना अनशन जारी रखा, जिससे उसके स्वास्थ्य में लगातार गिरावट आने लगी। कारागार में उनकी नाक में ट्यूब डालकर जबरन भोजन दिया जाने लगा। 2004 तक इरोम शर्मिला नागरिक अधिकारों के लिए लड़ने वालों की आदर्श बन चुकी थीं। 2 अक्टूबर 2006 को उन्हें गांधी जयन्ती के अवसर पर मुक्त किया गया।

इरोम शर्मिला ने मुक्त होने के बाद सर्वप्रथम दिल्ली में राजघाट जाकर महात्मा गांधी की समाधि पर पुष्प अर्पित किए। बाद में वे जन्तर-मन्तर पर गईं और अपना आमरण अनशन प्रारंभ कर दिया। यहीं पर वे छात्रों और मानवाधिकारों के लिए संघर्षरत अनेक बुद्धिजीवियों से मिलीं और विरोध प्रदर्शन किया। उनका उद्देश्य संपूर्ण देश और मीडिया का ध्यान आकर्षित करना था, जिस कार्य में वे सफल भी हुईं। देश की जनता के लिए आमरण अनशन कर अपनी मांगें मनवाने का सबसे बड़ा हथियार है। प्रायः हर बड़े नेता ने कभी न कभी इसका उपयोग किया है। अपनी मांग मनवाने के लिए शर्मिला का आमरण अनशन इसी प्रकार का एक प्रयास था। परंतु अनशन के बाद उन्हें पुनः गिरफ्तार कर कारागार में निरुद्ध कर आत्महत्या के प्रयास का मुकदमा दायर कर दिया गया। आत्महत्या का प्रयास भारतीय दंड संहिता की धारा 309 के अंतर्गत दंडनीय है, पर क्या इरोम शर्मिला क्या किसी अपराध में संलिप्त है? व्यवस्था ने पहले तो जबरन अनशन तुड़वाने का प्रयास किया, लेकिन बाद में उन्हें जीवित रखने का प्रबन्ध उनकी नाक में भोजन नली डालकर कर दिया। क्या इससे शर्मिला के सवालों का जवाब मिल सका है?

एक साक्षात्कार में स्वयं शर्मिला ने कहा कि वह जीवन से प्यार करती है और जीना चाहती हैं। लंबी अवधि तक उपवास कर वह आत्महत्या नहीं करना चाहती। उनका कहना था उनका प्रदर्शन अहिंसक है और वे अन्य इंसानों की तरह जीना चाहती हैं। दुनिया के सबसे लंबी अवधि के आमरण अनशन की परिणति क्या इस अपराधिक मामले में निर्धारित हो सकती है? विशेषकर उस देश में जहाँ उपवास राजनीतिक प्रतिरोध का प्रतीक है और जहाँ महात्मा गांधी ने अपने जीवन में कई बार इस हथियार का प्रयोग किया था? ऐसा लगता है कि दिल्ली पुलिस के पास भारतीय दंड संहिता के अतिरिक्त अन्य कोई विकल्प शेष नहीं था। पर यह विचारणीय है कि क्या सचमुच दिल्ली पुलिस के पास इसके अतिरिक्त अन्य कोई विकल्प नहीं बचा था? क्या सचमुच यह आत्महत्या के प्रयास का एक आपराधिक मामला है? इरोम शर्मिला हमारी व्यवस्था की दशा और दिशा पर सवाल खड़े करती हैं। विगत 13 वर्ष से चल रहा उनका उपवास एक नाटकीय घटना तो बना लेकिन किसी राष्ट्रीय गंभीर बहस का मुद्दा नहीं बन सका। दुर्भाग्य से नाक में भोजन नली लगाए शर्मिला की तस्वीर प्रतिरोधी आंदोलनों की प्रतीक तो बनीं, पर राष्ट्रीय विमर्श का प्रतीक नहीं बन सकी। इरोम शर्मिला मणिपुर की जनता के मानवाधिकारों के लिए संघर्ष कर रही है। सच तो यह मामले का उपचार कानून में नहीं, बल्कि राष्ट्रीय विमर्श की सर्वानुमति में है।

यह सच है कि हमें देश की सुरक्षा की कीमत पर मात्र इसलिए कि शर्मिला एक लंबे समय से आमरण अनशन पर रही है, एफ्स्पा कानून को खत्म किया जाना चाहिए, मानवाधिकार संगठनों के दृष्टिकोण ही इतने महत्वपूर्ण नहीं है। हमारे देश की सुरक्षा भी अत्यन्त आवश्यक है। लेकिन इस संपूर्ण घटना की अनदेखी कर मानवाधिकारों की भी अनदेखी नहीं की जानी चाहिए। न्यायमूर्ति जीवन रेड्डी की अध्यक्षता में गठित पाँच सदस्यीय समिति के सुझावों को भी अमल में लाया जाना चाहिए। हमारी संसद और हमारे कर्णधार किसी मानवीय कानून की सृष्टि क्यों नहीं कर सकते? एफ्स्पा कानून समाप्त हो जाने से हमारी सशस्त्र सेनाओं का मनोबल पर निश्चित रूप से प्रतिकूल प्रभाव पड़ेगा, लेकिन इस आशंका मात्र से मानवीय मूल्यों की हत्या भी नहीं की जानी चाहिए। क्या एफ्स्पा कानून के रहते कोई ऐसी व्यवस्था नहीं की जा सकती कि कोई निर्दोष की हत्या न हो और मानवता अक्षुण्ण रहे।

यदि हमारी केन्द्र सरकार जानबूझकर शर्मिला के आमरण अनशन की अनदेखी करना चाहती है, इस हद तक तो कोई बात नहीं, लेकिन उनके विरुद्ध आत्महत्या के प्रयास का अपराधिक व दण्डनीय मामला दायर करने की कौन सी विवशता है? यह बात समझ से सर्वथा परे है। दिल्ली पुलिस केन्द्रीय सरकार के अधीन है, इसी पुलिस द्वारा अगस्त 2011 में सामाजिक कार्यकर्ता अन्ना हजारे को गिरफ्तार कर कारागार में निरुद्ध किया था, लेकिन बाद में भारी जनाक्रोश के दबाव में उन्हें छोड़ दिया गया था। क्या शर्मिला के मामले में भी, ऐसा न करना विसंगति नहीं है।

6 अक्टूबर 2006 को शर्मिला को गिरफ्तार कर दिल्ली पुलिस ने उन्हें अखिल भारतीय आयुर्विज्ञान संस्थान में भर्ती करवा दिया। यहीं से उन्होंने महामहिम राष्ट्रपति, प्रधानमंत्री और गृहमंत्री को पत्र लिखे। इसी समय उनकी भेंट नोबेल पुरस्कार विजेता शिरीन इवाडी (Shrin Ebadi) तथा मैगसेसे पुरस्कार विजेता संदीप पाण्डेय से हुई। उन्होंने भी इरोम शर्मिला का समर्थन किया और उनके मामले को संयुक्त राष्ट्र मानवाधिकार संगठन में उठाने का वायदा किया।

अक्टूबर 2011 में मणिपुर प्रदेश तृणमूल कांग्रेस ने शर्मिला की मांगों का समर्थन किया और अपनी राष्ट्रीय अध्यक्ष सुश्री ममता बनर्जी से एफ्स्पा को समाप्त करवाने का अनुरोध किया। 2011 में ही इरोम शर्मिला ने भ्रष्टाचार के विरुद्ध संघर्षरत अन्ना हजारे को मणिपुर में पधारने का अनुरोध किया, जिसमें अन्ना ने अपने दो प्रतिनिधि भेजकर शर्मिला से भेंट की। भारतीय कम्युनिस्ट पार्टी (CPIML लिस्बन) ने भी शर्मिला का पुरजोर समर्थन किया और आंदोलन चलाने की घोषणा की।

अपने उपवास के ग्यारह वर्ष बाद इरोम शर्मिला ने एक बार पुनः प्रधानमंत्री मनमोहन सिंह से भेंटकर एफ्स्पा को समाप्त करने की मांग की। 3 नवम्बर 2011 को अम्बारी में 100 महिलाओं ने मानव शृंखला बनाकर शर्मिला की मांगों के समर्थन में आवाज बुलन्द की। सिविल सोसाइटी ने भी उनके समर्थन में अनेक ग्रुपों ने 24 घंटे का उपवास कर अपना समर्थन व्यक्त किया।

इराम शर्मिला के उपवास की राजनीतिक पृष्ठभूमि और उनके जीवन संघर्ष के विषय में दीप्ति प्रिया मेहरोत्रा ने बर्निंग ब्राइट इरोम शर्मिला एण्ड दि स्ट्रगिल फार पीस इन मेघालय (Burning Bright Irom Sharmila and the struggle for peace in Meghalaya) एक लेख लिखा। एक थियेटर कलाकार ने उनके ऊपर एक एकांकी नाटक दिटार्च लिखकर उसका नाटकीय मंचन किया। सच्ची मुच्ची पत्रिका के सम्पादक संदीप पाण्डेय ने भी इरोम शर्मिला विशेषांक प्रकाशित कर उनके आंदोलन का समर्थन किया है।

(नोट- पुस्तक प्रकाशन होने तक शर्मिला जी का आमरण अनशन समाप्त हो चुका है।)

38. मेरी काम

महिलाएँ किसी क्षेत्र या जाति की मोहताज नहीं होती। भारत के सुदूर उत्तर पूर्वी राज्य मणिपुर के जनजाति में जन्मी और बहुत परिश्रम से हुई शिक्षित मेरी काम ने अपनी उपलब्धियों से सिद्ध कर दिया है। दो बच्चों की माँ मेरी काम ने मुक्केबाजी में जब ओलम्पिक पदक जीता, तो लोग चमत्कृत रह गए और सोचने को विवश हो गए कि आदिवासी जनजाति क्षेत्रों में भी प्रतिभाओं की खोज की जानी चाहिए। मांगते चुनीचैंग मेरी काम को साधारणतया एम.सी. मेरी काम नाम से जाना जाता है।

मेरी काम का जन्म मणिपुर राज्य के चुरचुनपुर जिले के कैंगाथी गाँव में एक मार्च 1983 को एक साधारण जनजाति परिवार में हुआ था। उनके पिता का नाम मांग्ते तोन्या काम और माँ का नाम मांग्त आखम काम था, जोकि झुम फील्ड्स में काम करते थे। उनकी प्रारंभिक शिक्षा लोकटाक क्रिश्चियन मॉडेल हाई स्कूल मैरांग में हुई। उन्होंने कक्षा 8 तक की शिक्षा सेंट जेवियर कैथोलिक स्कूल मैरांग में प्राप्त की। उन्होंने हाई स्कूल की शिक्षा हेतु आदिम जाति हाई स्कूल इम्फाल में प्रवेश लिया, लेकिन कक्षा 10 में वे अनुत्तीर्ण हो गई। इस कारण उन्होंने स्कूल छोड़ देना पड़ा। इसके बाद उन्होंने NIOS इम्फाल से परीक्षा उत्तीर्ण की और चुरचुनपुर कॉलेज से स्नातक की उपाधि प्राप्त की।

मेरी काम की बचपन से ही खेलकूद में रुचि थी। दिंगको सिंह की वाक्सिग क्षेत्र में उपलब्धियों से प्रभावित होकर वे सन् 2000 में मुक्केबाजी की ओर आकर्षित हुईं। उनका विवाह ओनियर काम से हुआ तथा उनके दो जुड़वां बच्चे पैदा हुए।

साधरणतया मुक्केबाजी महिलाओं के लिए उपयुक्त्र खेल नहीं माना जाता है, फिर भी अपने परिवार से छिपकर उन्होंने मुक्केबाजी को ही अपना कॅरियर

बनाया। सन् 2000 में मणिपुर राज्य महिला मुक्केबाजी प्रतियोगिता जीतने के उपरांत उनकी चर्चा दूर-दूर तक होने लगी। उनके पिता को भी अपनी बेटी की उपलब्धि की जानकारी समाचार पत्र में पढ़कर ही मिल सकी। पश्चिम बंगाल में क्षेत्रीय प्रतियोगिता जीतने के उपरांत मुक्केबाजी प्रारंभ करने के एक वर्ष के अन्दर मात्र 18 वर्ष की अल्पायु में मेरी काम ने राष्ट्रीय मुक्केबाजी प्रतियोगिताओं में भाग लेना प्रारंभ कर दिया था। यह उनके कठोर परिश्रम एवं लगन का ही परिणाम था।

उन्होंने अमेरिका में प्रथम AIBA वीमन्स वार्ल्ड बाक्सिंग चैम्पियनशिप में भाग लिया और 48 किलोग्राम वर्ग में रजत पदक जीता। द्वितीय AIBA वीमंस वर्ल्ड चैंपियनशिप जो वर्ष 2002 में तुर्की में आयोजित हुई, में उन्होंने 45 कि.ग्राम वर्ग में स्वर्ण पदक जीतकर लोगों को चकित कर दिया। वर्ष 2003 उन्होंने पुनः 46 कि.ग्राम वर्ग में पुनः स्वर्ण पदक जीता और एशियन वीमन्स बाक्सिंग चैम्पियनशिप में अगले तीन वर्ष तक भारत का प्रतिनिधित्व किया। मेरी काम को वर्ष 2004 में खेलों में उनकी उपलब्धियों हेतु सरकार द्वारा अर्जुन पुरस्कार प्रदान किया गया।

वीमन्स बाक्सिंग विश्व कप प्रतिस्पर्धा जो नार्वे में आयोजित हुई, में उन्होंने स्वर्ण पदक और वर्ष 2005 में एशियन वीमेन्स बाक्सिंग चैम्पियनशिप जो ताइवान में आयोजित हुई में भी उन्होंने स्वर्ण पदक जीता। AIBA वीमन्स बाक्सिंग चैम्पियनशिप जो रूस में आयोजित हुई में स्वर्ण पदक जीतकर अगले वर्ष उन्होंने वीनस क्वींस बाक्सिंग कप जो डेनमार्क में सम्पन्न हुआ में भी स्वर्ण पदक जीते। भारत में आयोजित AIBA वीमन्स बाक्सिंग चैम्पियनशिप में भी उन्होंने स्वर्ण पदक जीता। लेकिन बीमारी के कारण वे विश्व चैम्पियनशिप नहीं जीत सकीं।

दो वर्ष की अवधि के उपरांत मेरी काम ने AIBA वीमन्स वर्ल्ड बाक्सिंग चैम्पियनशिप जोकि चीन में संपन्न हुई में स्वर्ण पदक जीता। अगले वर्ष विएतनाम में संपन्न 2009 एशियन इंडोर गेम्स में उन्होंने पुनः स्वर्ण पदक जीता। वर्ष 2010 में कजाखिस्तान में संपन्न हुए एशियन वीमन्य बाक्सिंग चैम्पियनशिप में स्वर्ण पदक और AIBA वीमन्स वर्ल्ड बाक्सिंग चैम्पियनशिप, जो बारवादोस (Barbodos) में संपन्न हुई में भी स्वर्ण पदक जीता।

2011 में चीन में आयोजित एशियन वीमन्स बाक्सिंग चैम्पियनशिप में 51 किलोग्राम वर्ग में स्वर्ण तथा 2012 में मंगोलिया में संपन्न हुए एशियन वीमन्स

बाक्सिंग चैम्पियनशिप में भी 51 किलोग्राम वर्ग में भी उन्होंने स्वर्ण पदक जीता।

उन्होंने 2012 में लंदन ओलंपिक में प्रवेश हेतु अर्हता प्राप्त कर वह इकलौती भारतीय महिला बनीं। उनकी एक साथी लैशराम सरिता देवी 60 कि.ग्राम वर्ग में चूक गईं।

अपनी माँ और पति के साथ मेरी काम लंदन ओलंपिक में भाग लेने पहुँचीं। उनके प्रशिक्षक चार्ल्स एटकिंसन को ओलंपिक में भाग लेने की अनुमति प्राप्त नहीं हो सकी, क्योंकि उनके पास अंतर्राष्ट्रीय बाक्सिंग एसोसिएशन (AIBA) का थ्री स्टार प्रमाण पत्र नहीं था, जोकि ओलंपिक में प्रवेश हेतु आवश्यक होता है।

लंदन ओलंपिक में 5 अगस्त 2012 को मेरी काम ने प्रथम राउण्ड में पोलैंड की कैरोलिना माइचेलजेंक को 19-14 से पराजित कर क्वार्टर फाइनल में अगले दिन ट्यूनेशिया की मेरोना रहाली को 15-6 से पराजित किया। 8 अगस्त 2012 को सेमीफाइनल में उनका इंग्लैंड की निकोला एडम्स से हुआ, जिसमें वे सफल नहीं हो सकीं और तीसरे स्थान पर रहीं। इस प्रकार उन्हें लंदन ओलंपिक में कांस्य पदक से ही संतोष करना पड़ा। उन्हें लंदन ओलंपिक के समापन समारोह में भारतीय ध्वज लेकर चलने का सौभाग्य मिला। स्वदेश वापस होने पर उनका भव्य स्वागत किया गया।

राजस्थान और मणिपुर की सरकारों ने उन्हें 50-50 लाख रुपए की नकद धनराशि पुरस्कार स्वरूप प्रदान की। नार्थ ईस्टर्न कौंसिल ने उन्हें 40 लाख रुपए की धनराशि प्रदान की गई तथा असम सरकार ने बीस लाख रुपए और अरुणांचल व केन्द्रीय सरकारों के जनजाति मंत्रालयों ने उन्हें 10-10 लाख रुपए की नकद धनराशि पुरस्कार स्वरूप प्रदान की।

मेरी काम को वर्ष 2003 में सरकार द्वारा अर्जुन पुरस्कार प्रदान किया गया था। 2006 में उन्हें पद्मश्री तथा 2007 में राजीव गांधी खेल रत्न पुरस्कार और 2007 में ही मेरी काम को लिम्का बुक ऑफ वर्ल्ड रिकार्ड द्वारा पीपुल आफ द इयर द्वारा सम्मानित किया गया। इनके अतिरिक्त देश के अनेक औद्योगिक घरानों एवं खेल संस्थानों द्वारा मेरी काम को आइकन (Icon) घोषित किया गया।

39. क्रान्ति ज्योति

आज बढ़ते अपराधों के कारण देश की राजधानी दिल्ली सर्वाधिक असुरक्षित जगह बन चुकी है। कोई अपने घर से निकलकर सुरक्षित अपने गंतव्य तक पहुँच कर अपने घर वापस आ जाए तो आश्चर्य की ही बात है। कहने को तो दिल्ली की अपनी सरकार है, लेकिन दिल्ली के नागरिक सुरक्षा के लिए केन्द्र की ओर देखने के लिए विवश हैं, क्योंकि दिल्ली पुलिस केन्द्रीय सरकार के नियंत्रण में है। दिल्ली पुलिस के कार्यों में दिल्ली सरकार का कोई हस्तक्षेप नहीं है। दिल्ली की मुख्यमंत्री शीला दीक्षित स्वयं एक महिला हैं, फिर भी उनके शासन में महिलाएं सुरक्षित नहीं है। दिल्ली में प्रायः प्रतिदिन महिलाओं के साथ छेड़छाड़, अपहरण, हत्या और यौन शौषण जैसी घटनाएं घटित होती रहती हैं। ऐसी घटनाओं के विरुद्ध मीडिया द्वारा कुछ दिनों तक चिल्ल-पो मचती हैं, लेकिन शीघ्र ही जांच के बहाने ऐसी घटनाओं को दबा दिया जाता है और नतीजा ढाक के तीन पात। कहने का आशय यह है कि आज देश की राजधानी दिल्ली अपराधों की राजधानी बन चुकी है, उपलब्ध सरकारी अपराधिक आकड़े इस बात की पुष्टि करते हैं।

गत वर्ष 16 दिसम्बर को हुई एक मेडीकल छात्रा के साथ अपहरण तथा बाद में बर्बरतापूर्ण यौन शोषण और अन्ततः उसकी मौत की घटना में दिल्ली ही नहीं संपूर्ण देश को हिला कर रख दिया। इस दुर्भाग्यपूर्ण घटना की प्रतिक्रिया व चर्चा अंतर्राष्ट्रीय स्तर पर हुई और देश की केन्द्रीय सरकार को एक कठोर महिला सुरक्षा कानून बनाने के लिए विवश कर दिया।

घटना क्रम के अनुसार 16 दिसम्बर 2012 को एक मेडीकल छात्रा अपने एक मित्र के साथ दिल्ली के द्वारिका क्षेत्र में बस की प्रतीक्षा में सड़क के किनारे खड़ी थी। प्रतीक्षा के उपरांत एक बस आकर रुकी, जिसमें वे दोनों बैठ गए। शाम को अंधेरे का लाभ उठाते हुए बस में पूर्व से बैठे पाँच लोगों ने पहले छात्रा के मित्र को मारपीट

कर घायल अवस्था में चलती बस से बाहर फेंक दिया तथा सभी ने छात्रा के साथ सामूहिक बलात्कार किया। छात्रा ने दरिन्दों का जमकर मुकाबला किया, लेकिन उसके साथ बर्बरतापूर्वक मारपीट की गई तथा उसके गुप्तांग में लोहे की शलाख घुसेड़ दी गई। दिल्ली की सड़कों पर चलती बस में पीड़ित छात्रा के साथ एक लंबे समय तक दुष्कर्म होता रहा और अन्ततः घायल, बेहोशी की हालत में उसे सड़क के किनारे छोड़कर दरिन्दे बस लेकर सकुशल फरार हो गए। यह दिल्ली की सुरक्षा व्यवस्था के लिए बहुत बड़ी चुनौती थी। छात्रा के साथ हुई घटना के दौरान बस दरिन्दों के साथ दिल्ली के कई थाना क्षेत्रों से गुजरी, तिराहे, चौराहों की लाल बत्ती पर रुकी भी होगी, पीड़ित छात्रा रोती चिल्लाती रही, लेकिन पुलिसकर्मियों को इसकी खबर नहीं हुई। यह वस्तुतः चिन्ता और शर्म की बात है।

पीड़ित छात्रा के मित्र जोकि स्वयं बुरी तरह घायल था और घटना का प्रत्यक्षदर्शी था, ने जब पुलिस को सूचित किया तो कई घंटे के बाद दिल्ली पुलिस हरकत में आई। पुलिस ने घायल छात्रा को गंभीर अवस्था में दिल्ली के सफदरजंग अस्पताल में भर्ती करवाया, जहाँ उसका उपचार प्रारंभ हुआ। घायल छात्रा की हालत चिंताजनक थी और उसकी आंतें फटकर बाहर निकल आई थी। उसके कई बार आपरेशन हुए और अस्पताल में उसका दस दिन तक इलाज होता रहा। घायल होने के बावजूद पीड़ित छात्रा की मानसिक हालत एकदम ठीक थी। वह उपचार के दौरान लगातार बातचीत करती रही। उसने न्यायालय के समक्ष अपना बयान दर्ज करवाया। "उसने कहा कि उसने वहशी दरिंदों का अत्यन्त बहादुरी से मुकाबला किया था और वह जीना चाहती है।" यह बात उसने अपनी माँ को किए गए एस.एम.एस. द्वारा भी कही थी। छात्रा का उपचार कर रहे चिकित्सकों ने उसकी हालत चिंताजनक बताई और कहा कि वह खतरे से बाहर नहीं है।

दिल्ली पुलिस की सक्रियता से वह बस भी बरामद कर ली गई, जिसमें यह घटना हुई थी और शीघ्र ही चार अभियुक्तों को भी गिरफ्तार भी कर लिया। पांचवां अभियुक्त भी कुछ दिनों बाद बंदी बना लिया गया। बाद में जानकारी प्राप्त हुई कि घटना का मुख्य अभियुक्त अवयस्क है, जिसे कानून की व्यवस्था के अनुसार मृत्युदंड नहीं दिया जा सकता है।

इस वीभत्स और दरिंदगी पूर्ण घटना से दिल्ली थर्रा गई। अनेक युवा संगठन, मानवाधिकार व स्वैच्छिक संगठनों के युवा लोग विद्यालय व विश्वविद्यालय छोड़कर सड़कों पर उतर आए। यह लोग अभियुक्तों को फांसी देने की मांग कर रहे थे। धीरे-धीरे प्रदर्शन व विरोध ने जनान्दोलन का रूप धारण कर लिया। पूरी

दिल्ली में कोहराम मच गया। स्वयंसेवी महिला एवं मानवाधिकार संगठनों व युवाओं ने जन्तर-मन्तर पर जोरदार धरना प्रदर्शन किया। धीरे-धीरे लाखों की भीड़ एकत्र हो गई और असंगठित भीड़ ने राष्ट्रपति भवन की ओर कूच किया। पुलिस प्रशासन जनता के आक्रोश को समझ नहीं सका और उसने भीड़ को तितर-बितर करने के लिए पुलिसिया या उत्पीड़नात्मक तरीकों का सहारा लिया। भीड़ अपने स्थान से हटने को तैयार नहीं थी। यह आंदोलन स्वतः स्फूर्त था, लोग किसी के बहकाने से नहीं आए थे। लोग मरने मिटने को तैयार थे और दरिंदों को मृत्युदंड तथा पीड़िता को न्याय की मांग कर रहे थे। निहत्थे आंदोलनकारी युवाओं पर पुलिस ने लाठियाँ भांजीं और आंसू गैस के गोलों का उपयोग किया। इस प्रकार शांतिपूर्ण आंदोलन को पुलिस के बल पर कुचलने का विफल प्रयास किया गया। सरकार ने आंदोलन को विफल करने के लिए झूठे मुकदमों का भी सहारा लिया। अन्त में जनाक्रोश के सामने सरकार को झुकना पड़ा और इस प्रकार की घटनाओं की पुनरावृत्ति रोकने के लिए महिला सुरक्षा हेतु कठोर कानून बनाने का निर्णय लिया गया। देश के अवकाश प्राप्त प्रधान न्यायाधीश न्यायमूर्ति जे.एस.वर्मा के नेतृत्व में आयोग गठित कर प्रभावी कठोर कानून बनाने के लिए एक माह के अन्दर प्रारूप बनाने का काम सौंपा गया। इसके साथ ही दिल्ली उच्च न्यायालय की एक महिला न्यायमूर्ति के नेतृत्व में महिला सुरक्षा हेतु एक अन्य आयोग का भी गठन किया गया।

पीड़ित छात्रा, जिसे प्रचार माध्यमों ने दामिनी, निर्भया आदि अनेकों नामों से प्रचारित किया। लोगों को दामिनी के रूप में अपनी बेटी लगी। ऐसे लोग जिन्होंने दामिनी को न तो कभी देखा था और न ही उसके परिवार से कोई वास्ता था, वे लोग भी दामिनी को अपने परिवार की बेटी को न्याय दिलाने के लिए सड़कों पर उतर आए। महानगरों, नगरों तथा गाँवों तक लोगों द्वारा मोमबत्तियाँ जलाकर प्रदर्शन कर दामिनी के प्रति सहानुभूति प्रकट की गयी।

दामिनी का स्वास्थ्य धीरे-धीरे गिर रहा था और हालत में सुधार नहीं हो रहा था। सफदरजंग अस्पताल के चिकित्सकों ने उसे सिंगापुर के एलिजाबेथ अस्पताल में उपचार हेतु भेज दिया। एक लंबी पीड़ा व संत्रास झेलने के उपरांत अन्ततः बहादुर बेटी ने 29.12.2012 को अपने प्राण त्याग दिए और वह शहीद की कोटि में आ गई। दामिनी ने मरते-मरते महिलाओं के प्रति होने वाले उत्पीड़न व यौन शोषण के विरुद्ध जनमानस में जागरण का क्रांतिकारी कार्य किया। इस पूरे घटनाक्रम में सभी प्रचार माध्यमों की भूमिका बहुत सराहनीय रही।

दिल्ली में हुए इस काण्ड ने पुलिस की लापरवाही व महिला सुरक्षा को लेकर अनेक प्रश्न खड़े हो गए थे, जिसके लिए सरकार को देशभर के युवाओं का विरोध झेलना पड़ा। लोग ऐसे अपराधों के विरुद्ध कड़े व प्रभावी कानून की मांग कर रहे थे। यह आंदोलन इतना जबरदस्त था कि देश ही नहीं संपूर्ण विश्व हिल गया। पीड़ित दामिनी तो वहशी दरिन्दों की दरिंदगी का मुकाबला करते हुए विवश होकर जिन्दगी और मौत से लड़ती हुई शहीद हो गयी। वह मरने के बाद विश्व की महिलाओं के लिए एक संघर्ष और जोश भरा अध्याय जोड़ गई। दामिनी ने जिस तरह बहादुरी से दरिन्दों से संघर्ष किया, जिससे वह संपूर्ण विश्व के लिए आदर्श बन गई। ऐसा पहली बार हुआ था, वरना पहले भी ऐसी अनेक वारदातें होती रही हैं।

यह सुखद है कि न्यायमूर्ति जे.एस.वर्मा और महिला न्यायमूर्ति ने नियत समय के अंदर अपनी आख्या सौंप दी। उनकी संस्तुतियों के आधार पर महिला सुरक्षा हेतु कठोर व प्रभावी कानून का प्रारूप तैयार किया गया। इसको पहले अध्यादेश जारी कर बाद में भारतीय संसद द्वारा कानून का स्वरूप प्रदान किया गया।

दामिनी को भारत सरकार ने मरणोपरांत महिला दिवस के अवसर पर स्त्री शक्ति पुरस्कार से सम्मानित किया गया, जिनको उनकी माता तथा पिता श्री बद्रीनारायण पटेल ने प्राप्त किया। 3 मार्च 2013 को कूर्मि क्षत्रीय महासभा उत्तरप्रदेश द्वारा अपने समाज की इस बहादुर बेटी को मरणोपरान्त बहादुरी पुरस्कार के साथ 51 हजार रुपए का चेक प्रदान किया गया। इस अवसर पर दामिनी के सभी परिजन उपस्थित थे। संयुक्त राज्य अमेरिका द्वारा वाशिंगटन में आयोजित महिला दिवस के कार्यक्रम में बहादुर बेटी दामिनी को मरणोपरांत इंटरनेशनल वुमैन ऑफ करेज एवार्ड से सम्मानित किया गया, जिसे उनके परिवारजनों की अनुपस्थिति में अमेरिका में भारतीय राजदूत सुश्री निरुपमा राव ने ग्रहण किया। इस कार्यक्रम की अध्यक्षता अमेरिकी राष्ट्रपति की पत्नी और वहाँ की प्रथम महिला मिशैल ओबामा ने की। कार्यक्रम में अमेरिकी विदेश मंत्री जान केरी ने दामिनी के परिवार का संदेश पढ़कर सुनाया और उन्होंने कहा कि पीड़ित छात्रा (दामिनी) की बहादुरी ने करोड़ों लोगों को इस संदेश के साथ सामने आने के लिए प्रेरित किया कि लिंग आधारित हिंसा, बस और नहीं।

40. क्रांति ज्योति मलाला

एक दौर था जब अफगानिस्तान में तालिबानी शासन था। उनका कहर औरतों पर इस कदर बरस रहा था कि उन्हें सिर से पाँव तक बुरके में बंदकर उनके स्कूल, कॉलेज जाने पर प्रतिबंध लगा दिया गया। उन्हें सिनेमा और टेलीविजन देखने तथा गीत-संगीत सुनने पर भी पाबंदियाँ लगा कर रोक दिया गया। उनके मानवीय अधिकारों से भी उन्हें वंचित कर दिया गया। अफगानिस्तान में तालिबानी शासन के खात्मे के उपरांत तालिबानी ताकतों को खदेड़ा गया, तब वे जान बचाने के लिए पाकिस्तान की स्वातघाटी आदि क्षेत्रों में बस कर सक्रिय हो गए। इन तत्वों ने तहरीके तालिबान पाकिस्तान (TTP) संगठन बनकर अपनी गतिविधियाँ जारी रखीं और महिलाओं के विरुद्ध अपना पूर्व निर्धारित एजेन्डा लागू कर दिया।

जो समाज जितना कट्टर होता है, वहाँ की महिलाएँ उतनी ही असुरक्षित होती हैं। तभी तो इस्लाम आज सदियों के बाद भी महिलाओं के अनेकानेक सीमाएँ व वर्जनाएँ लगाने की वकालत करता रहा है ताकि उनके अंधसमर्थक औरतों को गुलाम बनाकर उनकी तरक्की के रास्ते बंद कर सकें। न जाने क्यों धर्म के लाखों उपदेशों के बावजूद इस्लाम अपने आदमियों को इतना भी नहीं बदल सका कि मुसलमान मर्द अपने को नियंत्रित कर औरतों को उनके हक-हकूक दिलवा सकें।

एक कहावत है–'बंदर के हाथ में उस्तरा।' आज तालिबानी ताकतें मुस्लिम देशों में अपनी शक्ति के बल पर अपने वजूद को ही समाप्त करने को उतारू हैं और उपरोक्त सुपरिचित कहावत को चरितार्थ कर रही हैं। आज तालिबान महिलाओं के विरुद्ध विभिन्न प्रकार की पाबन्दियाँ लगाकर उन्हें पढ़-लिखकर आत्मनिर्भर बनने से रोक रही हैं। हद तो यह है कि मुस्लिम समाज का प्रबुद्ध वर्ग आँखें मूंदकर यह सब देखने को विवश है और अपना मुँह खोलने की हिम्मत नहीं

जुटा पा रहा है और किंकर्तव्यविमूढ़ शान्तभाव से चुपचाप एक ओर खड़ा है। ऐसे माहौल में एक चौदह साल की बेटी खुलकर ऐसी ताकतों के विरुद्ध लोहा लेती है और ऐसी शक्तियों के विरुद्ध प्रबल चुनौती बनकर खड़ी है तथा ललकार कर कहती है कि तालिबानी खूनी पंजे उसकी राह के काँटे नहीं बन सकते। इस जाबांज बाल क्रांति ज्योति का नाम है—मलाला युसूफ जई, जो बाली उम्र में ही अपनी हिम्मत व हौसले से कोटि-कोटि जनमानस की प्रेरणास्रोत बन चुकी है। इस बहादुर बेटी का जन्म पाकिस्तान की खैबर प्रांत के स्वात जिले के मिंगोरा कस्बे में 12 जुलाई 1997 में हुआ। उनके पिता का नाम जियाउद्दीन युसूफ जई, एक अच्छे कवि तथा खुशाल पब्लिक स्कूल नाम से कई स्कूलों का संचालन करते हैं। मलाला बचपन से ही पढ़ने-लिखने में तेज थी और 11 वर्ष की अल्पायु से ही स्त्री शिक्षा के लिए आवाज उठा रही थी तथा तालिबानी ताकतों के लिए सिरदर्द बनी हुई थी। मलाला तथा उसके परिवार को लगातार धमकियाँ मिल रही थीं कि वह पढ़ाई लिखाई छोड़कर अपनी गतिविधियाँ बंद कर दे। लेकिन मलाला लगातार अपना अभियान चला रही थी और वह किसी भी तालिबानी कार्यवाही के प्रति अनजान व बेपरवाह थी। उसे दो बार मार डालने की धमकियाँ भी मिल चुकी थीं। स्त्री शिक्षा की प्रबल समर्थक यह निडर बाला न सिर्फ अपने मार्ग पर अडिग खड़ी रही अपितु उसने गरीब निर्धन लड़कियों की शिक्षा के लिए एक कोष की स्थापना कर अपने अभियान की गति को और अधिक बढ़ा दिया।

9 अक्बूबर 2012 की दोपहर पाकिस्तान के स्वात जिले के मिंगोरा कस्बे में एक स्कूल बस लड़कियों को लेकर रवाना हुई थी कि नकाबपोश हमलावरों ने बस रुकवा दी। वे सशस्त्र हमलावर नकाबपोश बस में चढ़ गए और उनमें से एक ने चिल्लाकर कहा कि तुम लोगों में मलाला कौन है बताओ, नहीं तो सभी को मार डाला जाएगा। यह देखकर बस में बैठी लड़कियाँ डर से सहम गईं। तभी उन लड़कियों में एक लड़की ने कहा कि मैं हूँ मलाला। यह सुनकर हमलावर ने मलाला पर फायर कर दिए जिससे वह वहीं पर गिर पड़ी, उसके एक गोली सिर में तथा दूसरी गर्दन पर लगी थी। बस में अफरातफरी मच गई और हमलावर भाग गए। बाद में तालिबानी प्रवक्ता ने टिप्पणी की कि यदि मलाला बच जाती है तो वह फिर उसे मारने का प्रयास किया जाएगा। घायलावस्था में मलाला को तत्काल पेशावर के सैनिक अस्पताल में ले जाया गया, जहां उसका उपचार हुआ और 3 घंटे के ऑप्रेशन के बाद गोलियाँ तो निकाल दी गईं, लेकिन उसे होश नहीं आया। इस कायरतापूर्ण हमले की सर्वत्र निंदा और आलोचना हुई। मीडिया के माध्यम में

दुनिया भर में चर्चा होने लगी और आक्रोश की लहर फैल गई। पाकिस्तान के कई शहरों में मलाला के प्रति सहानुभूति उत्पन्न हुई और विरोध प्रदर्शन होने लगे। तालिबानों द्वारा की गई यह प्रथम घटना नहीं थी, इससे पूर्व भी ऐसे काण्ड होते रहते थे, लेकिन चर्चा के अभाव में मामले दब जाते थे। इस घटना ने लोगों को झकझोर दिया। पाकिस्तान ही नहीं पूरा विश्व मलाला के समर्थन में खड़ा हो गया। मौलानाओं और उलेमाओं ने भी इस घटना के प्रति चिंता प्रकट की। मलाला के जीवन के लिए मंदिरों, मस्जिदों और गिरजाघरों में हर वर्ग व सम्प्रदाय के लोगों द्वारा प्रार्थनाएँ व दुआएँ की गईं।

अस्पताल में मलाला लंबे समय तक कोमा में रही, डाक्टरों ने उसकी हालत चिन्ताजनक बताई तथा यह भी बताया कि मलाला दिमागी तौर पर ठीक है। यह आशा व्यक्त की गई कि वह शीघ्र स्वास्थ्य लाभ करने के बाद पूर्व की भांति अपने स्कूल जा सकेगी और अपनी शिक्षा पूरी करेगी। मलाला के बेहतर इलाज के लिए चारों ओर से पेशकश होने लगी। संयुक्त अरब अमीरात के शाही परिवार ने मलाला के इलाज के लिए विशेष एअर एम्बुलेंस भेजने की भी पेशकश की तथा भेजी, जिससे उसे ब्रिटेन के बुलेट इन्जरी के लिए प्रख्यात बर्मिंघम अस्पताल में उपचार हेतु भेज दिया गया। अब मलाला पूर्णतया स्वस्थ है फिर भी वरिष्ठ डाक्टरों की देखरेख में हैं।

इग्लैंड की संसद के उच्च सदन (House of Lords) ने तालिबानों की मुखालफत कर अपनी बहादुरी व जीवट से स्वात घाटी की प्रतिकूल व विषम परिस्थितियों में लड़कियों की शिक्षा की वकालत करने वाली मलाला को वीरता पुरस्कार से सम्मानित किया। यह सम्मान हाउस आफ लॉर्ड्स के चोलमंडले रूम में वर्ल्ड एण्ड प्रासपेरिटी फाउन्डेशन के अध्यक्ष प्रिंस अली खाँ ने प्रदान किया, जिसे मलाला की ओर से ब्रिटेन में पाकिस्तान के उच्चायुक्त एस. जुल्फिकार गरदेजी ने ग्रहण किया। अस्वस्थ होने के कारण मलाला पुरस्कार लेने नहीं पहुँच सकी थीं।

संयुक्त राष्ट्र संघ के महासचिव बान की मून और पूर्व अमेरिकी राष्ट्रपति की पत्नी हिलेरी क्लिंगटन ने कहा कि लड़कियों की शिक्षा और उनके हकों के लिए बहुत बहादुर लोग ही खड़े हो सकते हैं। संयुक्त राष्ट्र ने प्रथम बालिका अंतर्राष्ट्रीय दिवस को भी मलाला के नाम पर समर्पित किया। पाकिस्तान के प्रधानमंत्री युसूफरजा गिलानी ने 19 दिसम्बर 2011 को नेशनल यूथ पीस प्राइज से सम्मानित किया। बाद में इस सम्मान का नाम नेशनल मलाला पीस प्राइज कर दिया गया।

15 अक्टूबर 2012 में पाकिस्तानी सरकार ने उन्हें अपने तृतीय सर्वोच्च नागरिक वीरता पुरस्कार सितारा ए सज्जात से सम्मानित किया। स्वात घाटी के एक सरकारी कॉलेज का नाम मलाला के नाम पर करने का निर्णय लिया गया। 26 नवम्बर 2012 टाइम मैगजीन ने परसन आफ द इअर 2012 के लिए नामित किया। 28 नवंबर 2012 उन्हें मदर टेरेसा मेमोरियल अवार्ड फार सोशलाजी से सम्मानित किया गया। उनका नाम विश्व के सर्वोच्च सम्मान नोबेल पुरस्कार के लिए भी नामित किया गया है। ब्रिटेन की महारानी एलिजाबेथ ने मलाला बेकिंघम पैलेस में निमंत्रित कर सम्मानित किया।

हालांकि इस प्रकार की अनेक घटनाएं प्राय विश्व के प्रत्येक देश में होती रहती हैं। मलाला की घटना से पूर्व इंडोनेशिया में शिक्षित होने के लिए प्रयासरत एक किशोरी को दरिंदगी का सामना करना पड़ा। देह व्यापार में संलग्न लोगों द्वारा उसको एक सप्ताह तक बंधक बनाकर उसके साथ सामूहिक बलात्कार किया गया। बाद में पता चला कि दरिंदगी की शिकार उस लड़की को विद्यालय की बदनामी के डर से विद्यालय से निष्कासित कर दिया गया। दरिन्दों का कुछ भी बिगड़ा। यह दुःखद है कि यह घटना तब घटी जब संयुक्त राष्ट्र संघ प्रथम बालिका दिवस का आयोजन कर रहा था। मलाला के ऊपर हुआ हादसा लैंगिक समानता के लिए जारी वैश्विक संघर्ष इस सदी का सबसे बड़ा नैतिक संघर्ष है जो बीसवीं सदी के खिलाफ संघर्ष की याद ताजा करता है।

उपचार के बाद अस्पताल से मुक्त होने के बाद मलाला ने अपनी आत्मकथा 'आई एम मलाला' लिखी जिसमें उसने हमले के वीभत्स पहलू उजागर किए हैं। आत्मकथा में प्रकाशित अंश के अनुसार मलाला ने हमले के बाद होश में आने पर सबसे पहले भगवान को धन्यवाद देते हुए कहा–"अल्लाह का शुक्र है कि मैं मरी नहीं" मलाला ने लिखा है कि तालिबान के वीभत्स हमले से बुरी तरह घायल होने के बाद उसने ब्रिटेन के अस्पताल में अपनी आँखें खोलीं तो सबसे पहले मेरे मन में यही शब्द आए– "अल्लाह का शुक्र है कि मैं मरी नहीं।" मलाला ने लिखा कि होश में आने के बाद उसके मन में तरह-तरह के सवाल तैर रहे थे। यही नहीं मलाला ने अपनी आत्मकथा में तालिबानी हमले की घटना का भी उल्लेख किया कि किस प्रकार दरिन्दों ने उसकी जान लेने के लिए हमला किया था।

महिलाओं के प्रति तालिबानी तानाशाही ने मलाला को भयभीत तो किया, लेकिन वे मलाला को विचलित नहीं कर सके और उसने उनके विरुद्ध लड़ने का संकल्प ले लिया। इस कार्य में उसके पिता जियाउद्दीन युसूफजई ने उसका मनोबल

बढ़ाने के लिए सदैव उसके साथ खड़े रहे। स्वात घाटी में तालिबानी प्रतिबंधों को धता देते हुए मलाला युसूफजई ने 'गुल मकई' छद्‌म नाम से ब्रिटिश ब्राडकास्टिंग कारपोरेशन (BBC) के उर्दू कार्यक्रमों में ब्लॉग लिखकर अपनी पीड़ा जाहिर करनी प्रारंभ कर दी और लड़कियों को तालिबानी खतरे के बावजूद अपनी पढ़ाई जारी रखने का संदेश दिया। निश्चित तौर पर इस कार्य में मीडिया ने खुलकर मलाला का पूरा साथ दिया।

मलाला के ऊपर हुआ यह हमला इस बात की तस्दीक करता है कि लड़कियाँ मानवाधिकार और शिक्षा के समान अधिकार से वंचित हैं, जिसकी कि वे अधिकारी हैं। मलाला इसकी पक्षधर हैं, इसी कारण वह समाज विरोधी ताकतों के निशाने पर है। अपनी शिक्षा के प्रारंभिक दौर में मलाला पढ़-लिखकर डॉक्टर अपने का स्वप्न देखती थी, लेकिन आज वह मरहूम बेनजीर भुट्टो एवं अपने नायक अमेरिकी राष्ट्रपति बराक ओबामा की तरह राजनीतिज्ञ बनने का इरादा रखती है, ताकि वह लड़कियों को शिक्षा का समान अवसर प्रदान कर उन्हें बेहतर नागरिक बना सके।

पाकिसतान का कायर और डरपोक प्रशासन तालिबानी सशस्त्र गुटों के विरुद्ध कार्यवाही करने से हिचकता रहा है। तालिबानी ताकतें जानती हैं कि महिलाओं की शिक्षा उनके लिए सबसे बड़ा खतरा है, इसी कारण लड़कियों की शिक्षा की वकालत करने वाली मलाला को उन्होंने अपना निशाना बनाया। तालिबानों के लिए अमेरिकी मिसाइलों से भी अधिक खतरनाक है महिलाओं की शिक्षा है।

मलाला के साथ हुई हिंसक घटना ने विश्व समाज को आंदोलित किया है। लड़कियों में पढ़ाई के प्रति रुझान में वृद्धि हुई है। यह मात्र मलाला की ही लड़ाई नहीं, बल्कि शिक्षा के प्रकाश और अंधकार के बीच दो भिन्न विचारधाराओं की लड़ाई है।

(नोट- पुस्तक के प्रकाशित होने तक मलाला को उसकी उत्कृष्ट सेवाओं के लिए भारत के कैलाश सत्यार्थी के साथ वर्ष 2015 के नोबेल शान्ति पुरस्कार से सम्मानित किया जा चुका है।)